INDICATEUR

DU MERCURE

DE FRANCE

Paris. — Imprimerie de Cusset et C°, 26, rue Racine.

INDICATEUR

DU MERCURE

DE FRANCE

1672—1789

Contenant, par ordre alphabétique, les noms des personnages sur lesquels on trouve, dans cette collection, des Notices biographiques et généalogiques, avec renvoi aux années, tomes et pages ;

PAR

JOANNIS GUIGARD

Auteur de la *Bibliothèque héraldique de la France*.

Ouvrage qui a obtenu de l'Institut une Mention très-honorable.

PARIS

LIBRAIRIE BACHELIN-DEFLORENNE

3, quai Malaquais, 3

MÊME MAISON A LONDRES, GARRICK-STREET, COVENT-GARDEN

1809

On est souvent embarrassé à propos d'un nom ou d'une date. Les *Biographies universelles*, les *Dictionnaires historiques* ne satisfont pas toujours les besoins et la curiosité du travailleur.

Il existe bien une foule de collections dans lesquelles on peut puiser à pleines mains; mais la plupart sont dénuées des moyens d'investigation qui économisent le temps.

De ce nombre est le *Mercure*, véritable magasin où se trouvent entassés des trésors que la patience la plus tenace ne parvient que très-difficilement à découvrir. Pourtant il contient de nombreux et utiles renseignements qu'on chercherait vainement ailleurs. Ceux qui ont trait à la partie biographique et généalogique surtout sont des plus importants, si l'on réfléchit qu'ils offrent pour ainsi dire, l'histoire de chaque membre de la vieille société française.

C'est pourquoi nous avons entrepris la laborieuse

tâche de dresser la table raisonnée de ces renseignements bibliographiques et généalogiques.

Et tel est le livre que nous publions aujourd'hui.

Il donne, avec renvoi aux années, tomes et pages, les noms des divers personnages français, morts à Paris, sur lesquels il existe des notices, depuis 1672, — date de la fondation du *Mercure*, — jusqu'en 1789, époque où ces notices s'arrêtent. Alors, en effet, ce recueil cesse de s'occuper de l'individu pour se mêler au grand mouvement général.

J.-G.

Angély. V. Baune.
Angennes de Rambouillet. *Févr.*,
1704, p. 164; *juin*, 1707, p. 36;
juill., 1708, p. 159; *avr.*, 1712,
p. 308; *mars*, 1714, p. 59; *juin*,
1714, p. 155; *juin*, 1714, p. 159;
oct., 1716, p. 215; *déc.*, 1er vol.,
1716, p. 192; *déc.*, 2e vol., 1749,
p. 196; *avril*, 1755, p. 199.
Anglebermer. V. Furstemberg.
Angervilliers. V. Bauyn.
Angest. *Nov.*, 1752, p. 210.
Angeville. *Août*, 1706, p. 44.
Anglezy. V. Damas.
Anglure. *Nov.*, 1697, p. 236; *déc.*,
1697, pp. 146-167; *janv.*, 1698,
p. 257; *févr.*, 1698, p. 211; *mars*,
1699, p. 156; *juin*, 1706, pp. 117-
142; *oct.*, 1706, p. 222; *nov.* et
déc., 1707, p. 37; *août*, 4e part.,
1711, p. 57; *mai*, 1717, p. 164;
août, 1752, p. 1882.
Anglure en Maconnois. *Avril*, 1699,
p. 227.
Ango de la Motte. *Févr.*, 1758, p. 369.
Angran. *Avril*, 1755, p. 819. V. en-
core Flau.
Angran d'Alleray. *Déc.*, 1740, p. 2755.
Angran de Fontpertuis. *Juin*, 1er vol.,
1747, p. 214.
Anisson. *Déc.*, 1711, 4e part., p. 97;
janv., 1712, p. 257; *nov.*, 1721,
p. 185; *avril*, 1740, p. 894.
Anjorrant ou Anjorand. *Juill.*, 1722,
p. 180; *mai*, 1727, p. 1046; *févr.*,
1730, p. 421.
Anjou. V. Vallier.
Anlezy. *Févr.*, 1765, p. 192.
Annery. V. Ailly.
Annonville. V. Pons.
Anteroche. *Août*, 1729, p. 1902.
Antezy (d'). *Févr.*, 1712, p. 62.
Anthelmy. *Janv.*, 1755, p. 208.
Antigny. V. Damas.
Antin. V. Epernon et Gondrin de
Pardaillan.
Antraigues. *Oct.*, 1757, p. 2504.
Antrechaux. *Nov.*, 1764, p. 159.
Anviray. *Juill.*, 1757, p. 1670.
Apchier. V. Tour (la).
Apchon. *Oct.*, 1704, p. 48.
Apligny. V. Pilleur (le).
Appellevoisin. *Oct.*, 2e v., 1770, p. 214.
Appougny. *Janv.*, 1705, p. 187.
Arches. *Déc.*, 1774, p. 270.
Archiac. V. Desmiers.

Arclais. *Nov.*, 1752, p. 209.
Arco. *Avr.*, 2e vol., 1764, p. 208.
Arcussia. *Mars*, 1757, p. 616; *juill.*,
1740, p. 1676-1681.
Arcy. V. Cullon.
Ardier. *Mars*, 1688, p. 205.
Areau, *Oct.*, 2e vol., 1759, p. 209.
Aremberg (d'). *Févr.*, 1775, p. 212.
V. encore Ligne.
Arestel. *Janv.*, 1704, p. 106; *août*,
1708, p. 58.
Argence. *Janv.*, 1698, p. 214. V. en-
core Tizon.
Argenlieu. V. Gon.
Argens. *Oct.*, 1er vol., 1762, p. 197;
mars, 1771, p. 211; *juill.*, 1er vol.,
1772, p. 215.
Argenson. V. Voyer de Paulmy
d'Argenson et Boffin.
Argental. V. Fériol.
Argenteuil. *Mai*, 1717, p. 168-174;
mai, 1748, p. 189; *janv.*, 1750,
p. 198. V. encore Bacle (le).
Argentré. V. Plessis d'Argentré (du).
Argenvilliers. *Févr.*, 1759, p. 215.
Argeville. V. Mazade.
Argouges. *Janv.*, 1685, p. 104;
mars, 1697, p. 265; *févr.*, 1701,
p. 117; *janv.*, 1702, p. 182;
janv., 1706, p. 22; *mars*, 1709,
p. 262; *août*, 4e part., 1711, p. 45;
mai, 1712, p. 47; *août*, 1751,
p. 2043; *nov.*, 1751, p. 2685;
oct., 1755, p. 2528; *mai*, 1742,
p. 1262; *avr.*, 1745, p. 202;
sept., 1748, p. 235; *oct.*, 1748,
p. 225; *juin*, 1er vol., 1752,
p. 210; *avr.*, 2e vol., 1767, p. 199;
janv., 2e vol., 1768, p. 211; *févr.*,
1770, p. 212. V. encore Rames.
Argout. *Mai*, 1775, p. 225.
Arlon. *Sept.*, 1770, p. 229.
Armagnac. V. Lorraine.
Armancour. V. Perrault.
Armand de Châteauvieux. *Déc.*, 2e v.,
1756, p. 2976; *avr.*, 1755, p. 208.
Armanville. V. Aubry.
Armenon. V. Goyer.
Arménonville. V. Fleuriau.
Armentières. V. Conflans.
Armissan. *Oct.*, 1722, p. 163.
Armoises (des). *Déc.*, 1er vol., 1750,
p. 205.
Arnaud. *Sept.*, 1775, p. 224.
Arnault de Pomponne. *Oct.*, 1699,
p. 248; *oct.*, 1701, p. 267; *août*,

Aubeterre. V. Esparbez.

Auboroye. *Févr.* 1765, p. 206.

Aubigné (d'). *Sept.*, 1688, pp. 501-516 ; *avr.* 1698, pp. 216-230 ; *mai*, 1705, p. 359 ; *janv.*, 1705, p. 232 ; *févr.*, 1705, p. 206 ; *janv.*, 1706, p. 272 ; *juin*, 1706, p. 536 ; *avr.*, 1710, p. 279 ; *mai*, 1721, p. 160 ; *août*, 1728, p. 1891 ; *nov.*, 1759, p. 2712 ; *févr.*, 1752, p. 210 ; *janv.*, 2° vol., 1763, p. 204 ; *juill.*, 2° vol., 1770, p. 215.

Aubigné de Figny. *Oct.* 1745, p. 198.

Aubignon. V. Vaguier.

Aubigny, V. Morell.

Aubin. *Mai*, 1745, p. 232.

-Aubinet de Montbrun. *Juill.*, 1759, p. 1678.

Aubourg. *Janv.*, 1685, p. 292 ; *oct.*, 1733, p. 2506.

Aubret. *Mars*, 1757, p. 620.

Arcambal. V. Eslacs.

Arcan. V. Tarik-Sénar.

Arces. *Févr.*, 1772, p. 209.

Archer (l'). *Févr.*, 1752, p. 210.

Archeries. *Avr.*, 1er vol., 1757, p. 206.

Aprimont, *Janv.*, 1er v., 1773, p. 212.

Aquin de Châteauregnard. *Juin*, 1716, p. 162.

Arambure. *Févr.*, 1777, p. 212.

Aranthon d'Allex. *Déc.*, 1695, p. 204.

Arbois (d'). *Juin*, 1698, p. 251.

Arboulin. *Nov.*, 1752, p. 209.

Arbouville. V. Chambon.

Aubrière (l'). V. Fèvre (le).

Aubry. *Avr.*, 1715, p. 255 ; *Avr.*, 1755, p. 828 ; *nov.*, 1759, p. 2715.

Aubry d'Armanville. *Juin*, 1er vol., 1756, p. 1240.

Aubry de Barneville. *Févr.*, 1755, p. 211.

Aubusson. *Nov.*, 1701, pp. 376-584 ; *Févr.*, 1704, p. 518 ; *mars*, 1704, p. 215 ; *juin*, 1704, pp. 20-40 ; *juill.*, 1708, p. 97 ; *janv.*, 1715, p. 279 ; *sept*, 1716, p. 204 ; *janv.*, 1725, p. 183 ; *févr.*, 1725, p. 590 ; *févr.*, 1751, p. 401 ; *juin*, 1er vol., 1755, p. 1242 ; *sept.*, 1741, p. 2116 ; *nov.*, 1741, p. 2538 ; *juin*, 2° vol., 1752, p. 202 ; *sept.*, 1752, p. 203 ; *août*, 1760, p. 202 ; *avril*, 1er vol., 1762, p. 201.

Audibert. *Sept.*, 1751, p. 2266 ; *avr.*, 1740, p. 817.

Audibert de Lussan. *Juin*, 1741, p. 1258 ; *janv.*, 1er vol., 1770, p. 215 ; *févr.*, 1771, p. 213.

Audiffret. *Juill.*, 1755, p. 1679 ; *juin*, 1741, p. 1489.

Aufay. V. Beuzelin.

Auffay. *Sept.*, 1769, p. 226.

Augeard. *Nov.*, 1751, p. 192.

Auger. *Avr.*, 1706, p. 220 ; *août*, 1708, p. 288.

Auger de Chalonges. *Août*, 1756, p. 1923.

Auger ou Auget de Monthyon. *Mai*, 1756, p. 1055 ; *avr.*, 1741, p. 826.

Auget. *Mars*, 1727, p. 625.

Auget de la Chabossière. *Mai*, 1752, p. 1020.

Augis. *Avr.*, 1755, p. 827.

Aulede de Lestonac. *Oct.*, 1748, p. 227.

Aulnoy. V. Motte (la).

Aultanne. V. Fournier.

Aultry. *Août*, 1756, p. 236.

Aumale. *Janv.*, 1712, p. 270 ; *juill.*, 1742, p. 1687 ; *sept.*, 1750, p. 194 ; *janv.*, 1er vol., 1757, p. 229 ; *avr.*, 1er vol., 1762, p. 204 ; *avr.*, 1er v., 1774, p. 212.

Aumont (d'). *Nov.*, 1691, p. 251 ; *mars*, 1704, pp. 520-554 ; *mars*, 1708, p. 219 ; *juin*, 1708, p. 150 ; *avr.*, 1723, p. 851 ; *juill.*, 1723, p. 181 ; *nov.*, 1723, p. 1003 ; *avr.*, 1724, p. 784 ; *déc.*, 1724, p. 2124 ; *juin*, 1er vol., 1725, p. 1250 ; *avr.*, 1727, p. 848 ; *oct.*, 1728, p. 2544 ; *avr.*, 1729, p. 827 ; *oct.*, 1749, p. 2316 ; *janv.*, 1747, p. 199 ; *déc.*, 2° vol., 1751, p. 205 ; *mars*, 1759, p. 214.

Aumont de Villequier. *Mars*, 1759, p. 214.

Aunay (l'). *Avr.*, 2° vol., 1763, p. 202 ; *juill.*, 1er vol., 1772, p. 210. V. Cordier et Jourdan.

Aunillon. *Déc.*, 2° vol., 1750, p. 2967 ; *déc.*, 1760, p. 195.

Auneuil ou Aunueil. V. encore Barjot. *Mai*, 1706, p. 160 ; *juin*, 1714, p. 150.

Auriac. V. Castanier.

Auteuil. V. Combault.

Autrey. V. Fabry.

Autry. *Oct.*, 1749, p. 210.

Auvergne. *Oct.*, 1704, p. 55.

Auvet. *Mars*, 1771, p. 209.

B

Baillon. *Août*, 1736, p. 1931.
Baillot. *Févr.*, 1733, p. 597.
Bailly. *Févr.*; 1689, p. 245; *sept.*, 1701, p. 596; *juill.*, 1702, p. 196; *mai*, 1715, p. 286; *mai*, 1759, p. 204.
Bailly de la Berchère. *Juill.*, 1709, p. 81.
Balagny. V. Lecuyer.
Balaine de Pommeraye. *Juin*, 1716, p. 162.
Balainvilliers. *Déc.*, 1767, p. 245.
Balaisseau ou Balay-Saulx. V. Cléradius.
Balbis. *Mai*, 1751, p. 206.
Balebat. *Août*, 1699, p. 177 et 209.
Balincourt. V. Testu de Balincourt.
Balleroy. *Avril*, 1745, p. 201. V. encore Cour (la).
Ballet de la Chenardière. *Févr.*, 1742, p. 597.
Ballivières. *Janv*, 1703, p. 337.
Balme. *Janv.*, 1706, p. 39.
Bally de Roison. *Mars*, 1775, p. 234.
Balsac d'Entragues. *Août*, 1753, p. 1804.
Baltefort. V. Barefort.
Balthazard. *Oct.-nov.*, 1705, p. 286; *nov.*, 1742, p. 2549; *déc.*, 2e vol., 1753, p. 201; *oct.*, 1754, p. 214.
Baltimore. V. Caloert.
Balzac. V. Guet (du).
Balzac de Saint-Pau. *Sept.*, 1774, p. 249.
Banay. V. Guyon.
Bandeville. V. Bazin et Sévin.
Bannes d'Avejean. *Oct.*, 1699, p. 153; *juill.*, 1705, p. 05; *avril*, 1722, p. 185; *mars*, 1753, p. 605; *juin*, 1er vol., 1758, p. 1225; *juin*, 1741, p. 1255; *avril*, 1750, p. 212; *janv.*, 1er vol., 1775, p. 252.
Baons-le-Comte. V. Pertuis.
Bapaume. *Sept.*, 1753, p. 202.
Bar. *Mai*, 1704, p. 202; *juin*, 1706, p. 540; *janv.*, 1712, p. 276; *juill.*, 1er vol., 1776, p. 230.
Baracé. V. Mothe (la).
Baradat. *Avril*, 1710, p. 205.
Barail. *Févr.*, 1750, p 205; *juill.*, 1er vol., 1775, p. 212. V. encore Prévost.
Baral. *Oct.*, 1755, p. 2334.
Barassy. *Déc.*, 2e vol., 1753, p. 201.
Barbaçan. *Juill.*, 1751, p. 1831.
Barbançois. *Oct.*, 1er v., 1767, p. 208.

Barbanson. V. Prat (du).
Barbantane. V. Pujet.
Barbarin de Reignac. *Juin*, 2e vol., 1754, p. 203.
Barbaut. *Oct.*, 1742, p. 2318.
Barbazan. *Août*, 1716, p. 204.
Barbe-Deville. *Août*, 1751, p. 2044.
Barben. V. Forbin.
Barberie. *Janv.*, 1699, p. 169; *juin*, 1er vol., 1750, p. 1256; *avril*, 1751, p. 815; *janv.*, 1756, p. 176; *oct.*, 1754, p. 215.
Barberie de Courteille. *Janv.*, 2e v., 1756, p. 233; *janv.*, 2e vol., 1768, p. 211.
Barberie de Saint-Contest. *Juin-juill.*, 2e part. 1721, p. 80; *juin*, 1er vol., 1750, p. 1256; *mars*, 1746, p. 211; *juill.*, 1753, p. 210; *sept.*, 1754, p. 216; *oct.*, 2e vol., 1756, p. 229; *avril*, 2e v., 1772, p. 212.
Barberin. *Mars*, 1724, p. 575; *janv.*, 1746, p. 203.
Barbery. V. Barberie.
Barbezieux. V. Tellier (le).
Barbessières. *Janv.*, 1710, p. 151.
Barbier. *Janv.*, 1755, p. 186.
Barbin. *Mai*, 1747, p. 202.
Barbinays (la). *Juill.*, 1709, p. 47.
Barckley. *Août*, 1751, p. 167.
Barcos. *Nov.*, 1758, p. 2505; *juin*, 1764, p. 200.
Barde (de la). *Mars*, 1700, p. 101.
Bardet. *Juin*, 1724, p. 1228.
Bardonenches. *Juin*, 1698, p. 281.
Bareau de Girac. *Juin*, 1776, p. 237.
Barefort de l'Aubespin. *Sept.*, 1697, pp. 85-97; *août*, 1705, p. 27; *nov.*, 1704, p. 204; *oct.*, 1705, p. 46; *févr.*, 1710, p. 182; *avril*, 1752, p. 799; *nov.*, 1756, p. 2581.
Barentin. *Mars*, 1689, p. 508; *août*, 1694, p. 214; *juin*, 1698, p. 257; *sept.*, 1700, p. 265; *févr.*, 1704, p. 510; *sept*, 1705, p. 225; *sept.*, 4e part., 1711, p. 48; *juill.*, 1716, p. 189; *juin-juill.*, 2e part., 1721, p. 70; *juill.*, 1724, p. 1639; *janv.*, 1728, p. 186; *juill.*, 2e vol., 1762, p. 188.
Barge (la). V. Charrier.
Barillon. *Mai*, 1686, p. 156; *juill.*, 1691, p. 516; *juill.*, 1695, pp. 196 et 222 230; *sept.*, 1696, p. 511; *mai*, 1699, p. 208; *avr.*, 1700, p. 268; *déc.*, 1701, p. 536; *janv.*,

1702, p. 180; *mai*, 1704, p. 174; *févr.*, 1716, p. 284; *mars*, 1716, p. 57; *mai*, 1716, p. 286; *févr.*, 1725, p. 596; *févr.*, 1727, p. 406; *mars*, 1755, p. 605; *mars*, 1755, p. 606; *juin*, 1741, p. 1470; *juill.*, 1741, p. 1691; *nov.*, 1745, p. 252; *janv.*, 1er vol., 1756, p. 225.

Barin. V. BARRIN.

Barjavel. *Mars*, 1712, p. 147.

Barjot d'Auneuil. *Janv.*, 1694, p. 235; *janv.*, 1700, p. 242; *févr.*, 1705, p. 41; *janv.*, 1706, p. 252; *mai*, 1706, p. 160. V. encore AUNEUIL.

Barjot de Roncée. *Mars*, 1726, p. 613; *juill.*, 1751, p. 214.

Barlemont. *Janv.*, 1706, p. 45.

Barmont. *Oct.*, 1754. p. 2312. V. encore PERROTIN.

Barmontel. V. VILLELUME.

Barneville. *Oct.*, 1706, p. 203. V. encore AUBRY et JUMEL.

Barnier. *Mars*, 1729, p. 624.

Baron. *Juin*, 1689, p. 245; *juill.*, 1689, p. 288; *févr.*, 1re part., 1715, p. 109; *août*, 1749, p. 1749, p. 195.

Baron de Soissons. *Mai*, 1749, p. 229. V. encore SOISSONS.

Baromat de Polémieux. *Janv.*, 1698, p. 211; *mars*, 1698, p. 168.

Baronnie (la). *Janv.*, 1710, p. 150.

Barouillière (la). *Août*, 1705, p. 51.

Barouville. V. LATTAIGNANT.

Baroux. *Nov.*, 1755, p. 208.

Barral. *Juin*, 1764, p. 200.

Barral de Montferrat. *Avr.*, 1741, p. 240.

Barre (la). *Oct.*, 1701, p. 593; *févr.*, 1707, p. 196; *mai*, 1754, p. 1050; *févr.*, 1755, p. 405; *juill.*, 1755, p. 1664; *janv.*, 1757. p. 167; *oct.*, 1759, p. 2521; *oct.*, 2e vol., 1764. p. 207. V. encore FÉVRE DE LA BARRE.

Barré. *Janv.*, 1757, p. 157; *mars*, 1747, p. 203.

Barren. *Mars*, 1771, p. 210.

Barres (des). V. RÉGNAULT.

Barrin de la Gallissonnière. *Mars*, 1757, p. 612; *janv.*, 2e vol., 1765, p. 181. V. GALLISSONNIÈRE (LA).

Barroire (la). V. BIZET.

Barry (du). *Août*, 1775, p. 211.

Bart (Jean). *Juill.*, 1755, p. 224.

Bartal. *Juin*, 1764 p. 200.

Barthélemy de Bélisy. *Mai*, 1701, t. 1, p. 531.

Barthélemy-Grammont. *Juill.*, 1745, p. 1656.

Bartholy. *Oct.*, 1705, p. 525.

Bartillat. *Juin*, 1er vol., 1755, p. 1245.

Bartillat d'Uriel. *Juill.*, 1701, p. 221.

Bartilliet. *Mars*, 1776, p. 251.

Barville. *Mars*, 1751, p. 608.

Bas (le). *Mars*, 1708, p. 518; *avr.*, 1751, p. 815; *févr.*, 1757, p. 404; *avr.*, 1758, p. 818; *août*, 1742, p. 1901; *avr.*, 1748, p. 212.

Bas de Montargis (le). *Mars*, 1715, 1re part., p. 206; *avr.*, 1726, p. 855; *avr.*, 1741, p. 856.

Bas du Plessis (le). *Nov.*, 1751, p. 2684; *févr.*, 1472, p. 411.

Basan. V. BAZAN.

Baschi. *Avr.*, 2e vol., 1772, p. 210; *janv.*, 2e vol., 1778, p. 212.

Baschi d'Aubaïs. *Juin*, 2e vol., 1752, p. 1444; *mars*, 1755, p. 606; *avr.*, 1740, p. 827; *févr.*, 1742, p. 408; *juill.*, 1746, p. 200; *déc.*, 1er vol., 1751, p. 205; *juill.*, 1755, p. 222; *nov.*, 1756, p. 216; *avr.*, 2e vol., 1758, p. 201; *nov.*, 1775, p. 213; *avr.* 1er vol., 1777, p. 213.

Baschi de Cayla. *Sept.*, 1766, p. 206.

Bascle. V. BÂCLE.

Baslin. *Juin-juill.*, 2e part., 1721, p. 79.

Basquiat. *Oct.*, 1er vol., 1765, p. 200.

Basquiat de la Houze. *Avr.*, 2e vol., 1773, p. 211; *oct.*, 2e vol., 1774, p. 212; *mai*, 1775, p. 225.

Bassabat. *Nov.*, 1710, p. 88.

Bassancourt. V. DROUET.

Basselas. *Juill.*, 1er v., 1776, p. 251.

Bassincourt. *Mars*, 1778, p. 207.

Bassompière. *Oct.*, 1706, p. 229; *nov.*, 1714, p. 526; *juin*, 1er vol., 1727, p. 1254; *mars*, 1728; p. 646; *déc.*, 1er vol., 1728, p. 2974; *mai*, 1754, p. 1050; *janv.*, 1748, p. 212; *mars*, 1749, p. 210; *avr.*, 1749, p. 252; *mai*, 1762, p. 201; *mai*, 1775, p. 212.

Bastide (la). V. JOUBERT.

Bastide de Châteaumorand. *Mai*, 1740, p. 1041.

Bastie (la). *Avr.*, 1709. p. 254; *janv.*, 1752, p. 197; *mars*, 1759, p. 610; *sept.*, 1754, p. 215; *avr.*,

2ᵉ vol., 1767, p. 196. V. encore MONTFERRAT.

Bastie d'Arvillar (la). *Avr.*, 1741, p. 840.

Bastonneau. *Janv.*, 1756, p. 178; *sept.*, 1756, p. 2152; *juin*, 1741, p. 1249.

Basville. V. LAMOIGNON.

Baudean. V. BEAUDEAN.

Baudeau. *Mars*, 1716, p. 27.

Baudin. *Févr.*, 1754, p. 595; *déc.*, 2ᵉ vol., 1753, p. 202.

Baudon. *Juin*, 1ᵉʳ v., 1751, p. 1389.

Baudory. *Juin*, 2ᵉ v., 1749, p. 202.

Baudouin. *Avr.*, 1740, p. 816; *déc.*, 1ᵉʳ vol., 1750, p. 205; *déc.*, 1ᵉʳ vol., 1755, p. 198; *janv.*, 1ᵉʳ vol., 1770, p. 214; *janv.*, 2ᵉ v., 1771, p. 224.

Baudouyn. *Oct.*, 1712, p. 252; *déc.*, 1717, p. 297; *avr.*, 1720, p. 190.

Baudran, *Mai*, 1700, p. 209.

Baudron de Sénecé. *Nov.*, 1698, p. 286.

Baudry. *Nov.* et *déc.*, 1707, p. 585; *févr.*, 1750, p. 416; *déc.*, 1745, p. 2752; *janv.*, 1744, p. 189; *juill.*, 1ᵉʳ vol., 1769, p. 226.

Bauds. *Janv.*, 1749, p. 217.

Bauffremont. *Nov.*, 1697, p. 143; *juin*, 1705, p. 100; *janv.*, 1706, pp. 262-272; *févr.*, 1706, p. 254; *juill.*, 1753, p. 1678; *janv.*, 1ᵉʳ vol., 1756, p. 222; *janv.*, 2ᵉ vol., 1765, p. 180; *avr.*, 1ᵉʳ vol., 1769, p. 213; *juin*, 1769, p. 224.

Baugier. *Oct.*, 1722, p. 162.

Bauhin de Péreuse. *Janv.*, 1ᵉʳ vol., 1770, p. 211.

Baulène. *Déc.*, 2ᵉ vol., 1729, p. 5166.

Bault de Langy. *Févr.*, 1754, p. 401.

Baume (la). *Mai*, 1732, p. 1016; *avr.*, 1ᵉʳ vol., 1759, p. 212.

Baume de la Suze (la). *Sept.*, 1690, p. 230; *mars*, 1705, p. 142; *avr.*, 1705, p. 78; *avr.*, 1709, p. 257; *févr.*, 1722, p. 161; *déc.*, 1775, p. 254.

Baume de Talard (la). *Mars*, 1696, p. 232; *mars*, 1704, p. 191.

Baume-le-Blanc (la). V. VALLIÈRE (LA).

Baume-Montrevel (la). *Juill.*, 1707, p. 245; *avr.*, 1710, p. 184; *oct.*, 1716, p. 226; *févr.*, 1722, p. 163; *déc.*, 1ᵉʳ vol., 1756, p. 2795; *sept.*, 1757, p. 2103; *sept.*, 1745, p. 214;

juin, 1ᵉʳ vol., 1752, p. 207; *oct.*, 1754, p. 213; *janv.*, 1ᵉʳ vol., 1756, p. 220; *juin*, 1759, p. 214.

Baune (la). *Déc.*, 1731, p. 2915; *juin*, 1740, p. 1248.

Baune d'Angély. *Janv.*, 1ᵉʳ vol., 1773, p. 211.

Bauquemare. *Févr.*, 1697, p. 263; *mars*, 1728, p. 645; *mars*, 1743, p. 612.

Baussan. *Oct.*, 1702, p. 240; *mai*, 1710, p. 155; *avr.*, 1719, p. 157; *févr.*, 1740, p. 597; *mars*, 1755, p. 199; *août*, 1756, p. 254.

Baussans. *Nov.*, 1752, p. 201; *janv.*, 1755, p. 201.

Baussay de Longuetoise. *Avr.* 1703, p. 65.

Bausset. V. BEAUSSET.

Baustan. *Nov.*, 1751, p. 2684.

Bautru. *Mars*, 1700, p. 215; *nov.* et *déc.*, 1707, p. 549; *févr.*, 1708, pp. 199-211; *sept.*, 4ᵉ part., 1711, p. 146; *oct.*, 1714, p. 295; *déc.*, 1ᵉʳ vol., 1725, p. 2557; *avr.*, 1726, p. 851; *févr.*, 1752, p. 406; *juin*, 1ᵉʳ vol., 1756, p. 1237; *sept.*, 1756, p. 2150; *mars*, 1759, p. 615; *août*, 1742, p. 1699; *juin*, 1743, p. 1445; *déc.*, 1ᵉʳ vol., 1746, p. 188; *juin*, 1ᵉʳ vol., 1755, p. 207; *déc.*, 1757, p. 203; *janv.*, 1ᵉʳ vol., 1758, p. 197. V. encore NOGENT.

Bautyn. *Juill.*, 1689, p. 289; *déc.*, 1695, p. 277; *mars*, 1698, p. 166; *mai*, 1698, p. 265; *janv.*, 1701, p. 588; *mai*, 1705, p. 257; *mars*, 1724, p. 576; *déc.*, 1740, p. 2965; *avr.*, 1741, p. 854; *juin*, 2ᵉ vol., 1755, p. 193.

Baunyn d'Angervilliers. *Janv.*, 1755, p. 171; *févr.*, 1740, p. 596; *oct.*, 1ᵉʳ vol., 1761, p. 218.

Bauyn de Bersan. *Févr.*, 1755, p 405.

Bayn de Cormery. *Févr.*, 1740, p. 590.

Bauyn de Jallais. *Juin*, 2ᵉ vol., 1755, p. 193.

Bavière. *Juill.*, 1747, p. 211.

Bâville. V. OZONNE et LAMOIGNON.

Bayane. *Janv.*, 1709, p. 220.

Bayard. V. TERRAIL (DU).

Baye. *Juin*, 1761, p. 216; *avril*, 2ᵉ vol., 1767, p. 194; *oct.*, 1ᵉʳ vol., 1776, p. 212.

Beaupré. *Sept.*, 1751, p. 2266. V. encore CROISEUL-BEAUPRÉ, MAU-LÉON et PELLETIER (LE).
Beauran. *Mai*, 1778, p. 212.
Beaurecueil. *Janv.*, 2e v., 1773, p. 212.
Beauregard. *Mai*, 1727, p. 1044. V. encore MOUCHE (LA), ROLLOT et SOURCHES.
Beaurepaire. *Mai*, 1755, p. 209.
Beaurepaire. *Mars*, 1711; p. 120; *oct.*, 1755, p. 2334.
Beaussans. V. BAUSSANS.
Beausset. *Avr.*, 2e vol., 1767, p. 200; *nov.*, 1767, p. 211; *sept.*, 1771, p. 212; *sept.*, 1776, p. 212.
Beauteville. *Mai*, 1776, p. 211.
Beautru. *Mai*, 1769, p. 212.
Beauvais. *Août*, 1707, p 173; *juill.*, 1714, p. 202; *août*, 1729, p. 1899; *avril*, 1739, p. 821; *août*, 1741, p. 2011; *févr.*, 1752, p. 408; *févr.*, 1755, p. 598.
Beauvais de Gentilly. *Août*, 1697, p. 277. V. encore CAHOUET.
Beauveau. *Nov.*, 1694, p. 253; *nov.*, 1701, p. 101; *juill.*, 1702, pp. 208-215; *janv.*, 1705, p. 282; *févr.*, 1705, p. 55; *janv.*, 1706, p. 55; *avr.*, 1706, p. 295; *août*, 1715, pp. 255-262; *juin*, 1717, p. 182; *sept.*, 1717, p. 187; *sept.*, 1721, pp. 169-174; *mars*, 1735, p. 605; *juin*, 1er vol., 1751, p. 1218; *févr.*, 1755, p. 613; *nov.*, 1755, p. 2528; *sept.*, 1756, p. 2150; *juin*, 1er vol., 1737, p. 1227; *juil.*, 1758, p. 1662; *août*, 1759, p. 1886; *juin*, 1741, p. 1261; *juill.*, 1742, p. 1685; *juin*, 1743, p. 1240; *déc.*, 1er vol., 1750, p. 198 et 203; *avr.*, 1753, p. 201; *nov.*, 1755, p. 204; *juin*, 1er vol., 1754, p. 209; *janv.*, 1er vol., 1756, p. 220; *août*, 1763, p. 199; *déc.*, 1763, p. 196; *déc.*, 1767, p. 237; *avr.*, 1er vol, 1770, p. 224; *avr.*, 2e vol., 1770, p. 212; *août*, 1774, p. 213.
Beauveau-Tigny. *Avr.*, 1er vol., 1770, p. 224.
Beauverger de Montgon. *Oct.*, 1721, p. 2255; *juill.*, 1er vol., 1771, p. 210; *oct.*, 1er vol., 1774, p. 235. V. encore CORDEBOEUF et MONTGON.
Beauvilliers de Saint-Aignan. *Avr.*, t. 2, 1701, p. 512; *janv.*, 1705,

p. 253; *janv.*, 1707, p. 351; *févr.*, 1710, p. 252; *Avr.*, 1713, p. 172; *sept.*, 1714, p. 222; *sept.*, 1718, p. 212; *nov.*, 1729, p. 2738; *sept.*, 1735, p. 2091; *nov.*, 1754, p. 2524; *févr.*, 1742, p. 596; *janv.*, 1745, p. 151; *janv.* 1746, p. 200; *déc.*, 1er vol., 1748, p. 251; *mars*, 1750, p. 198; *déc.*, 1er vol., 1751, p. 186; *oct.*, 1755, p. 212; *déc.*, 1er vol., 1755, p. 196; *déc.*, 2e vol., 1755, p. 195; *déc.*, 1757, p. 202; *déc.*, 1758, p. 205; *déc.*, 1764, p. 205; *févr.*, 1771, p. 212; *nov.*, 1771, p. 213; *févr.*, 1776, p. 212.
Beauvoir. *Nov.*, 1721, p. 181. V. GRIMOARD et VIRIEU.
Bec-de-Lièvre. *Avr.*, 1725, p. 831; *sept.*, 1755, p. 2096; *nov.*, 1755, p. 2525; *déc.*, 1er vol., 1755, p. 2745; *déc.*, 1740, p. 2964; *mai*, 1742, pp. 1260 et 1265; *mars*, 1754, p. 209; *déc.*, 1er vol., 1754, p. 207; *nov.*, 1771, p. 213.
Bec de Vardes (du). *Mars*, 1745, p. 612.
Béchameil. V. NOINTEL.
Bédé des Faugerais. *Janv.*, 1750, p. 184.
Bédoyère (la). V. HUCHET.
Béduer. *Nov.*, 1702, p. 67. V. encore LOSTANGES.
Begon. *Janv.*, 1698, p. 269; *sept.*, 1708, p. 78; *déc.*, 1708, p. 95; *avr.*, 1710, p. 144; *janv.*, 1714, p. 169; *sept.*, 1759, p. 2088; *mars*, 1754, p. 208.
Bègue. V. BESGUE.
Bel (le). *Mars*, 1706, p. 242; *oct.*, 1757, p. 2505; *juill.*, 1758, p. 1657; *août*, 1758, p. 1877; *nov.*, 1758, p. 2499; *déc.*, 1er vol., 1748, p. 250; *oct.*, 1er vol., 1768, p. 213; *déc.*, 1775, p. 226.
Bélanger de Tourolle. *Déc.*, 1710, p. 54; *juin*, 2e vol., 1755, p. 1458. V. encore BELLANGER.
Belfond. *Avr.*, 1755, p. 819.
Belhomme. *Oct.*, 1755, p. 2323.
Bélidor. *Oct.*, 1er vol., 1761, p. 219.
Bélisy. V. BARTHÉLEMY.
Bellanger. *Janv.*, 1758, p. 185; *sept.*, 1747, p. 168; *juin*, 2e vol., 1749, p. 198. V. encore BELANGER.
Bellay (du). *Avr.*, 1724, p. 784; *nov.*, 1725, p. 2745; *avr.*, 1747,

p. 202; *nov.*, 1755, p. 208; *janv.*, 2e vol., 1776, p. 215.
Bellay de Langey (du). *Mai*, 1705, p. 181.
Bellebrune. *Avr.*, 1741, p. 824.
Belle-Combe. *Janv.*, 1705, p. 106; *avr.*, 1er vol., 1765, p. 215.
Bellefond. V. Buq (du).
Bellefons. V. Gigault.
Bellefourrière. *Mai*, 1759, p. 1055.
Bellegarde. *Mai*, 1706, p. 171; *mai*, 1755, p. 211. V. encore Lalive.
Belleguise. V. Durand.
Belle-Isle. V. Fouquet et Perron.
Bellejamme. V. Maitre (le).
Bellen. *Avr.*, 2e vol., 1772, p. 210.
Bellenave. V. Loup (le).
Belleriant. *Sept.*, 1706, p. 161.
Belleville. *Mai*, 1769, p. 212.
Belley (du). *Févr.*, 1721, p. 128; *janv.*, 1er vol., 1772, p. 211.
Bellièvre. *Oct.*, 1697, p. 218; *févr.*, 1698, p. 266.
Bellinzani. *Déc.*, 1740, p. 2752; *août*, 1752, p. 201.
Bellocq. *Oct.*, 1704, p. 405.
Bellois. *Févr.*, 1712, p. 55.
Bellon de Thurin. *Mai*, 1705, p. 99; *fév.*, 1720, p. 168; *juill.*, 1740, p. 1667.
Bellot. *Janv.*, 1er vol., 1775, p. 234. V. Belot.
Belloy. *Janv.*, 1755, p. 169. V. encore Buirette.
Belmont. V. Arestel.
Belon de Fontenay. *Oct.*, 1er vol., 1769, p. 225.
Belot. *Avr.*, 2e vol., 1757, p. 202. V. Bellot.
Belval. V. Raullin.
Belzunce. *Mai*, 1709, p. 216; *juin*, 1701, p. 115; *févr.*, 1708, p. 283; *avr.*, 1709, p. 216; *mai*, 1709, pp. 216-228; *avr.*, 1710, p. 214; *mai*, 1715, pp. 200-206; *juill.*, 1728, p. 1692; *juin*, 2e vol., 1756, p. 1471; *avr.*, 1759, p. 819; *juill.*, 1740, p. 1676; *nov.*, 1741, p. 2540; *oct.*, 1742, p. 2320; *juill.*, 1755, p. 225; *août*, 1755, p. 260; *juill.*, 2e vol., 1762, p. 188; *févr.*, 1764, p. 201. V. encore Castelmoron.
Bénac. V. Montaut.
Bénard de Rezay. *Juin*, 1689, p. 242; *nov.*, 1755, p. 2522; *janv.*, 1757, p. 164.

Bence. *Août*, 1754, p. 1891.
Bendeville. V. Saint-Périer.
Benoise. *Oct.*, 1698, p. 231; *avr.*, 1699, p. 216; *janv.*, 1712, p. 205; *août*, 1712, p. 158; *juin*, 2e vol., 1725, p. 1454; *mars*, 1754, p. 620; *déc.*, 1742, p. 2760; *avr.*, 1750, p. 208. V. encore Mareuil.
Benoist. *Avr.* 1715, p. 255; *déc.*, 1er vol., 1755, p. 198.
Benoît. *Mai*, 1758, p. 1029; *mai*, 1749, p. 228.
Bénouville. *Juin*, 1760, p. 251; *mai*, 1768, p. 198.
Bense. *Nov.*, 1744, p. 207.
Benseville. *Janv.*, 2e vol., 1772, p. 211.
Béon. V. Béarn et Luxembourg.
Béranger. V. Bérenger.
Bérard de Montalet de Villebreuil. *Oct.*, 1er vol., 1770, p. 215.
Bérard de Ville-Breuil. *Août*, 1765, p. 198. V. encore Ville-Breuil.
Béraud. V. Bérault et Villiers-Béraud.
Béraud de Courville. *Juin*, 1776, p. 236. V. encore Courville.
Béraud de Sanois. *Mars*, 1772, p. 209.
Bérault. *Janv.*, 1755, p. 185; *déc.*, 1758, p. 2921; *avr.*, 2e vol., 1767, p. 200. V. encore Béraud et Villiers.
Berbier de Metz. *Nov.*, 1699, p. 231; *oct.*, 1750, p. 2528; *juin*, 1710, p. 1241.
Berbis. *Déc.*, 1er vol., 1728, p. 2751.
Berbisey. *Nov.*, 1718, p. 114.
Berbizy. *Nov.*, 1725, p. 2742.
Bercel de la Clue. *Nov.*, 1761, p. 174.
Bercheni. *Avr.*, 1er vol., 1762, p. 203; *janv.*, 2e vol., 1767, p. 187; *juill.*, 1er vol., 1777, p. 210; *janv.*, 1er vol., 1778, p. 227.
Berchère (la). V. Bailly et Goux (le).
Bercy. *Juill.*, 1er vol., 1776, p. 235.
Bercy-Malon. *Oct.*, 1705, p. 291; *oct.*, 1706, p. 278; *août*, 1709, p. 282; *juill.*, 1710, p. 265; *juin*, 1715, p. 222; *sept.*, 1715, p. 252; *févr.*, 1742, p. 599; *oct.*, 1745, p. 196; *nov.*, 1747, p. 205.
Bérenger. *Oct.*, 1727, p. 2557; *nov.*, 1751, p. 194; *janv.*, 1er vol.,

Berthier. *Juill.*, 1708, p. 207; *sept.*, 1759, p. 2514; *déc.*, 1767, p. 240; *févr.*, 1769, p. 225.

Berthier de Sauvigny. *Juin*, 2ᵉ vol., 1756, p. 1475; *sept.*, 1745, p. 219; *déc.*, 1ᵉʳ vol., 1747, p. 206.

Bertillat. *Mars*, 1706, p. 242.

Bertin. *Juill.*, 1712, p. 256; *déc.*, 1ᵉʳ v., 1729, p. 2965; *déc.*, 1ᵉʳ v., 1750, p. 199; *oct.*, 2ᵉ vol., 1774, p. 212.

Bertin de Blagny. *Oct.*, 1742, p. 2327.

Bertin de Brelincourt. *Janv.*, 1700, p. 199.

Bertin de Vaugien. *Fév.*, 1742, p. 595.

Berton de Crillon. *Févr.*, 1742, p. 400; *déc.*, 1ᵉʳ vol., 1747, p. 202; *mai*, 1751, p. 206; *juill.*, 1755, p. 222; *janv.*, 1ᵉʳ vol., 1764, p. 185; *juill.*, 2ᵉ vol., 1771, p. 212.

Berton de la Violay. *Déc.*, 1ᵉʳ vol., 1751, p. 181.

Bertrana de Vieuville. *Avril*, 2ᵉ vol., 1778, p. 212.

Bertraud de la Bazinière. *Oct.*, 1686, p. 520; *sept.*, 1727, p. 2154.

Bérulle. *Nov.*, 1679, pp. 105-116; *janv.*, 1705, p. 522; *janv.*, 1727, p. 192; *mai*, 1730, p. 1048; *juin*, 1ᵉʳ vol., 1752, p. 1258; *juin*, 2ᵉ vol., 1756, p. 1472; *déc.*, 1ᵉʳ vol., 1747, p. 203; *févr.*, 1775, p. 213.

Berville. V. Ogier.

Berwick. *Avril*, 1720, p. 190; *juin*, 1ᵉʳ vol., 1731, p. 1591; *juin*, 2ᵉ v., 1754, p. 1449.

Béry. V. Joly.

Besançon. *Sept.*, 1710, p. 52; *déc.*, 1715, p. 188. V. encore Plessis.

Besanné. *Oct.*, 2ᵉ part., 1715. p. 226.

Besenval. *Sept.*, 1755, p. 2096; *mars*, 1756, p. 602; *nov.*, 1758, p. 2499.

Besgue (le). *Janv.*, 1757, p. 169.

Besgue de Majainville. *Juill.*, 1704, p. 181; *juin*, 2ᵉ vol., 1749, p. 204.

Besmaux. *Janv.*, 1707, p. 557.

Besnard. *Févr.*, 1752, p. 408.

Besnard de Maisons. *Mai*, 1740, p. 1040.

Besons. V. Bazin.

Bessay de Lusignan. *Déc.*, 1ᵉʳ vol., 1755, p. 200. V. encore Lusignan.

Besse de la Richardie. *Avril*, 1755, p. 208; *déc.*, 1767, p. 239; *juill.*, 2ᵉ vol., 1777, p. 212.

Besset. *Août*, 1754, p. 205; *janv.*, 1755. p. 215.

Bessey. V. Pouilly.

Bessey (du). *Juin*, 1ᵉʳ vol., 1729, p. 1261.

Bessière-Cantoynet. *Sept.*, 1706, p. 80.

Besson de Rozefort. *Nov.*, 1697, p. 232.

Bétaud. *Févr.*, 1723, p. 594.

Bétault de Chémeaux. V. Berthault de Chémault.

Bethencourt. *Mai*, 1709, p. 100.

Béthizy. *Févr.*, 1718, p. 126; *mai*, 1721, p. 160; *sept.*, 1722, p. 195; *janv.*, 1728, p. 188; *mai*, 1755, p. 1052; *juin*, 2ᵉ vol., 1755, p. 189.

Béthomas. V. Beaulieu.

Béthune. *Nov.*, 1685, pp. 260-67; *juin*, 1692, p. 59; *juill.*, 1694, p. 85; *sept.*, 1699, p. 253; *janv.*, 1702, p. 296; *janv.*, 1703, pp. 312 et 536; *janv.*, 1704, p. 76; *janv.*, 1705, p. 208; *août*, 1706, p. 227; *janv.*, 1703, p. 515; *mars*, 1708, p. 262; *juill.*, 1708, p. 142; *janv.*, 1709, p. 541; *mai*, 1709, p. 268; *avr.*, 1710, p. 505; *nov.*, 1712, p. 46; *déc.*, 1712, p. 215; *août*, 1714, p. 260; *nov.*, 1714, p. 551; *avr.*, 1716, p. 171; *avr.*, 1717, p. 209; *nov.*, 1719, p. 210; *août*, 1720, p. 189; *août*, 1722, p. 204; *nov.*, 1725, p. 2745; *janv.*, 1726, p. 191; *mai*, 1727, p. 1047; *oct.*, 1727, p. 2356; *févr.*, 1728, p. 415; *nov.*, 1728, p. 2560; *févr.*, 1729, p. 400; *nov.*, 1729, p. 2759; *avr.*, 1752, p. 800; *déc.*, 1755, p. 2714; *nov.*, 1754, p. 2551; *févr.*, 1755, p. 401; *juill.*, 1755, p. 1665; *mai*, 1756, p. 1028; *nov.*, 1756, pp. 2572 et 2574; *jan.*, 1757, p. 171; *avr.*, 1757, p. 829; *oct.*, 1757, p. 2504; *mars*, 1759, p. 617; *nov.*, 1759, p. 2716; *mai*, 1742, p. 1259; *juin*, 1744, p. 1487; *oct.*, 1744, p. 2554; *févr.*, 1746, p. 208; *nov.*, 1746, p. 289; *nov.*, 1747, p. 207; *avr.*, 1748, p. 208; *avr.*, 1749, p. 230; *avr.*, 1751, p. 190; *nov.*, 1755, p. 204; *juill.*, 1755, p. 219 et 221; *avr.*, 1ᵉʳ vol., 1757, p. 209; *mai*, 1758, p. 211; *mars*, 1759, p. 215; *mars*, 1760, p. 202; *mai*, 1761, p. 225; *janv.*, 2ᵉ vol., 1767, p. 187; *janv.*, 2ᵉ vol., 1769,

p. 214 ; *janv.*, 2ᵉ vol., 1770, p. 214; *oct.*, 2ᵉ vol., 1772, p. 211; *nov.*, 1772, p. 215; *juill.*, 2ᵉ vol., 1776, p. 215; *déc.*, 1776, p. 235; *avr.*, 1ᵉʳ vol., 1778, p. 211.

Béthune d'Orval. *Janv.*, 1755, p. 209. V. encore ORVAL.

Beuf (le). *Oct.*, 1722, p. 162 ; *juin*, 2ᵉ vol., 1729, p. 1471; *juin*, 1741, p. 1465.

Beuil, *Mai*, 1704, p. 183 ; *janv.*, 1748, p. 210.

Beuvine (la). *Mai*, 1751, p. 1193.

Beuvron. V. HARCOURT.

Beuzelin d'Aufay. *Juin*, 1706, p. 209.

Beuzelin de Bosmelet. *Janv.*, 1755, p. 209.

Bezançon. *Nov.*, 1708, p. 213.

Bézard, *Déc.*, 1696, p. 291.

Bèze du Lys. *Juill.*, 1742, p. 1676.

Béziade. *Juin*, 2ᵉ vol., 1757, p. 208.

Béziades d'Avaray. *Mai*, 1728, p. 1064; *oct.*, 1751, p. 2508; *déc.*, 2ᵉ vol., 1735, p. 2950 ; *avr.*, 1745, p. 205 ; *oct.*, 1751, p. 205; *mai*, 1758, p. 206.

Biancolelli. *Déc.*, 2ᵉ vol., 1720, p. 5165.

Biandos. *Juill.*, 1755, p. 224.

Biandos de Casteja. *Mai*, 1761, p. 226; *déc.*, 1767, p. 215; *mars*, 1775, p. 211; *avril*, 1ᵉʳ vol., 1774, p. 215; *oct.*, 2ᵉ vol., 1774, p. 211.

Biard. *Mars*, 1720, p. 167.

Bibiane d'Assigny. *Nov.*, 1755, p. 210.

Bidal d'Asfeld. *Janv.*, 1ᵉʳ vol., 1756, p. 210; *janv.*, 1ᵉʳ v., 1770, p. 214. V. encore ASFELD.

Bidault. *Févr.*, 1714, p. 262.

Bidé de la Grandville. *Févr.*, 1750, p. 207.

Biencourt. *Août*, 1770, p. 228; *juill.*, 1ᵉʳ vol., 1771, p. 211.

Rigault. *Nov.*, 1777, p. 211.

Bignon. *Nov.*, 1678, p. 544; *janv.*, 1697, pp. 282 et 285-295; *févr.*, 1698, p. 282; *févr.*, 1701, p. 201; *oct.*, 1705, p. 298; *sept.*, 1715, p. 502; *déc.*, 1ᵉʳ vol., 1725, p. 2557; *déc.*, 2ᵉ vol., 1750, p. 2967; *févr.*, 1758, p. 571; *mars*, 1745, pp. 607 et 611; *janv.*, 1746, p. 205; *janv*, 1747, p. 197; *avril*, 1ᵉʳ vol., 1772, p. 224.

Bigot (le). *Nov.*, 1698, p. 287; *sept.*,

1708, p. 68; *juill.*, 1742, p. 1670; *mai*, 1746, p. 201.

Bigot de la Mothe. *Déc.*, 2ᵉ vol., 1755, p. 201.

Bigres. *Avril*, 1719, p. 160; *juill.*, 1742, p. 1677.

Biligneux. V. MURARD.

Billancourt. *Avril*, 1751, p. 192.

Billard. *Janv.*, 1746, p. 205.

Billard de Lorière. *Janv.*, 1ᵉʳ vol., 1756, p. 226.

Billard de Vaux. *Nov.*, 1755, p. 210. V. encore VAUX.

Billarderie (la). *Avril*, 1710, p. 501; *mai*, 1758, p. 1028. V. encore FLAHAUT.

Billet de Maizon. *Avril*, 1753, p. 204; *juin*, 2ᵉ vol., 1754, p. 202.

Billouard de Kerleret. *Oct.*, 1ᵉʳ vol., 1770, p. 214.

Billy. *Déc.*, 1696, p. 291; *nov.*, 1705, p. 289; *sept.*, 1ᵉʳ vol., 1729, p. 2044; *juin*, 1759, p. 1219; *mars*, 1751, p. 210; *juill.*, 1ᵉʳ vol., 1772, p. 212; *juill.*, 1ᵉʳ vol., 1774, p. 212.

Binet. *Nov.*, 1761, p. 198.

Binet de Boisgiron. *Févr.*, 1751, p. 205.

Binot de Villiers. *Juill.*, 1ᵉʳ v., 1774, p. 211. V. encore VILLIERS.

Bionville. *Janv.*, 1708, p. 181.

Biotière de Chassincour. *Avril*, 2ᵉ v., 1758, p. 198.

Biran de Goas. *Août*, 1747, p. 190.

Biron. V. GONTAUT.

Biscaras. V. ROTONDY.

Bische. *Janv.*, 1708, p. 157.

Bissy. *Mai*, 1704, p. 283; *avr.*, 1710, p. 291; *oct.*, 1721, p. 195; *févr.*, 1771, p. 212. V. encore THYARD et CHOMEL.

Bitaut. *Déc.*, 1758, p. 2716.

Bizemont. *Mai*, 1750, p. 204.

Bizet de la Barroire. *Oct.*, 1691, p. 221.

Bizy. V. FAUBERT.

Blacfort. V. LANGLOIS.

Blache (la). *Avr.*, 2ᵉ vol., 1772, p. 209. V. encore FALCOT.

Blachette (la). V. JOVEN.

Blagny. V. BERTIN.

Blaignac. *Mars*, 1705, p. 51; *nov.*, 1708, p. 209; *mars*, 1710, p. 154.

Blainville. *Juin*, 1ᵉʳ vol., 1749, p. 207.

Blair. *Oct.*, 1757, p. 2507; *mai*, 1744, p. 1057.

p. 175; *août*, 1752, p. 198; *janv.*, 1753, p. 207; *août*, 1761, p. 199; *avr.*, 1er vol., 1770, p. 225.

Bois de Guédreville (du). *Oct.*, 1686, p. 96; *sept.*, 1746, p. 191; *déc.*, 1er vol., 1746, p. 184.

Bois de Guiheveuc (du). *Avr.*, 1720, p. 188.

Bois de Villers (du). *Févr.*, 1752, p. 214. V. encore VILLERS.

Bois du Ménillet (du). *Oct.*, 1686, p. 97.

Boisadam. *Sept.*, 1708, p. 73.

Boischot. *Oct.*, 1729, p. 2540.

Boisemont. V. BLAIR et DROUIN.

Boisfranc. V. SEIGLIÈRE.

Boisgelin. *Avr.*, 1er vol., 1762, p. 202; *janv.*, 1er v., 1765, p. 203.

Boisgelin de Cucé. *Juin*, 2e v., 1749, p. 199.

Boisgiron. V. BINET.

Bois-Herpin, *Août*, 1758, p. 1877.

Bois-Jourdain (du). *Nov.*, 1759, p. 2715.

Bois-l'Abbé. V. SÉBIRÉ.

Boislève. *Août*, 1708, p. 289; *oct.*, 1759, p. 2523.

Bois-le-Vicomte. V. HERVART.

Boisot. *Mars*, 1708, p. 82; *avr.*, 1709, p. 261; *juin*, 1er vol., 1750, p. 209; *nov.*, 1766, p. 209.

Boispoirier (du). *Nov.*, 1751, p. 194.

Boisroger. *Oct.*, 2e vol., 1775, p. 210. V. RUE (LA) et VALLON.

Boissat de Cuirieu. *Sept.*, 1712, pp. 147-161.

Boisse de la Farge. *Juin*, 2e vol., 1753, p. 194.

Boissel. *Févr.*, 1733, p. 597; *nov.*, 1744, p. 206.

Boissel de Darville. *Nov.*, 2e vol., 1744, p. 206.

Boisseleau. V. RAYNIER.

Boisseret. *Juin*, 1716, p. 150.

Boisset d'Arville. *Mai*, 1746, p. 197.

Boissi. *Nov.*, 1726, p. 2605.

Boissier. *Nov.*, 1745, p. 2525. V. encore DURFORT.

Boissière (la). V. CHANHUON et FONTAINE-SOLARE (LA).

Boissieu. V. SALVAING.

Boissieux. V. FRÉTAT.

Boissiec. V. THUMERY.

Boisson. *Mai*, 1752, p. 211.

Boissy. V. AUXY.

Boistel. *Févr.*, 1707, p. 64; *sept.*, 1716, p. 207; *août*, 1755, p. 1891.

Boiteulx de Gormont (le). *Sept.*, 1759, p. 2089.

Boitiroux. *Avr.*, 1726, p. 852.

Boivau. *Janv.*, 1705, p. 179.

Boivin. V. BOYVIN.

Boizot. V. BOISOT.

Bolbec. V. FONTAINE-BOLBEC.

Bolivière. V. CORNU.

Bolleviller. V. ROSEN.

Bombal. *Oct.*, 1er vol., 1774, p. 254.

Bombelles. *Sept.*, 1760, p. 218; *sept.*, 1776, p. 212; *févr.*, 1778, p. 210.

Bombon. *Sept.*, 1746, p. 197. V. encore BRENNE DE BOMBON.

Bompar. *Avr.*, 2e vol., 1775, p. 213; *janv.*, 2e vol., 1774, p. 212.

Bon. *Août*, 1707, p. 89-115.

Bon de Saint-Hilaire. *Juin*, 1er vol., 1735, p. 1245.

Bonac. V. USSON.

Bonafou de Presque. *Avr.*, 1er vol., 1773, p. 210.

Bonamour. V. TALHOUET.

Bonamy. *Août*, 1770, p. 250.

Boncoroz. V. PUIDEVALE.

Boncourt. V. CHAMISSAT.

Bonde d'Iberville (la). *Sept.*, 1752, p. 201.

Bonelles. *Juin*, 1705, p. 264; *mars*, 1706, p. 254; *août*, 1706, p. 174.

Bonenfant. *Mars*, 1729, p. 623.

Boneuil. *Avr.*, 1er vol., 1774, p. 210.

Bongard. V. BONGARS.

Bongars. *Sept.*, 1777, p. 212; *avr.*, 2e vol., 1778, p. 210.

Boniface. *Avr.*, 1711, 2e part., p. 85.

Bonnail. *Mars*, 1729, p. 624.

Bonnardy. *Déc.*, 1er vol., 1737, p. 2731.

Bonne de Créquy. *Avr.*, 1740, p. 819; *avr.*, 1747, p. 203.

Bonneau. *Oct.* 1740, p. 2523.

Bonneau de Rubelles. *Mars*, 1696, p. 324; *août*, 1703, p. 58; *mars*, 1720, p. 166.

Bonneguise. *Avr.*, 1er vol., 1769, p. 213.

Bonnelles. *Juin-juill.*, 2e part., 1721, p. 79. V. encore BULLION.

Bonnemare. V. SOUARD.

Bonnemay. *Mars*, 1726, p. 609.

Bonnet. *Oct.*, 1er vol., 1777, p. 212.

Bonnet de Gault. *Déc.*, 2e vol., 1753, p. 202.

Bonnet de Saint-Léger. *Oct.*, 1737, p. 2511.

p. 2152 ; *nov.*, 1757, p. 2529 ; *déc.*, 1er vol., 1757, p. 2729 ; *avr.*, 1742, p. 839 ; *oct.*, 1742, p. 2325 ; *sept.*, 1757, p. 221 ; *nov.*, 1757, p. 202.

Boucher d'Orsay. *Nov.*, 1706, p. 174 ; *mars*, 1709, p. 266 ; *juill.*, 1725, p. 184 ; *mars*, 1730, p. 615 ; *nov.*, 1757, p. 2529 ; *févr.*, 1741, p. 410 ; *nov.*, 1752, p. 208 ; *juill.*, 2° v., 1772, p. 213.

Boucher de Villiers le Bascle. *Juin*, 1er vol., 1752, p. 207.

Boucherat. *Juill.*, 1695, p. 230 ; *juill.*, 1698, p. 284 ; *sept.*, 1699, pp. 217-243 ; *juill.*, 1700, p. 173 ; *oct.*, 1709, p. 192 ; *sept.*, 1714, p. 230 ; *nov.*, 1750, p. 2533.

Bouchet (du). *Avr.*, 1741, p. 856 ; *janv.*, 1er vol., 1775, p. 234 ; *déc.*, 1776, p. 255. V. encore Abot, Bas (le) et Bosc.

Bouchet de Sourches (du). *Avr.*, 1706, p. 548 ; *oct.*, 1706, p. 210 ; *mars*, 1707, p. 517 ; *avr.*, 1758, 2° vol., p. 200 ; *juin*, 1714, p. 145 ; *janv.*, 1715, p. 196 ; *nov.*, 1715, pp. 186-193 ; *déc.*, 1715, p. 223 ; *mars*, 1716, p. 222 ; *mai*, 1746, p. 200 ; *févr.*, 1717, p. 201 ; *déc.*, 2° vol., 1747, p. 190 ; *juin*, 2° v., 1748, p. 210 ; *juin*, 1er vol., 1749, p. 214 ; *déc.*, 2° vol., 1750, p. 180 ; *avr.*, 1751, p. 191 ; *janv.*, 1755, p. 206 ; *fév.*, 1755, p. 203 ; *oct.*, 1755, p. 211 ; *oct.*, 2° vol., 1756, p. 252 ; *avr.*, 2° vol., 1758, p. 100 et 200 ; *avr.*, 2° vol., 1765, p. 206 ; *déc.*, 1767, p. 244 ; *janv.*, 1er v., 1769, p. 214 ; *avr.*, 1er vol., 1772, p. 225 ; *avr.*, 1er v., 1777, p. 211.

Bouchu. *Déc.*, 1699, p. 276 ; *janv.*, 1702, p. 525 ; *déc.*, 1702, p. 268 ; *janv.*, 1705, p. 107 ; *mai*, 1705, p. 61 ; *mai*, 1705, p. 237 ; *mai*, 1706, p. 51 et 57 ; *oct.*, 1715, p. 216 ; *nov.*, 1715, p. 181 ; *mars*, 1718, p. 172 ; *mars*, 1731, p. 609 ; *déc.*, 1755, p. 2745.

Boucot. *Oct.*, 1699, p. 257 ; *nov.*, 1699, p. 250 ; *déc.*, 1699, p. 279 ; *mai*, 1725, p. 1009 ; *mai*, 1731, p. 1025 ; *janv.*, 1756, p. 178.

Boucot de Judinville. *Mai*, 1755, p. 210.

Boudart de Couturelle. *Juill.*, 2° v., 1764, p. 192 ; *mai*, 1777, p. 215.

Boudet. *Avr.*, 1741, p. 838.

Boudeville. *Déc.*, 1er vol., 1755, p. 2744 ; *avr.*, 1746, p. 205 ; *janv.*, 2° vol., 1775, p. 213.

Boudeville de Salles. *Avr.*, 1746, p. 205. V. encore Salles.

Boudin. *Oct.*, 1702, pp. 279-296 ; *janv.*, 1754, p. 195.

Bouet de Blémur. *Janv.*, 1er v., 1778, p. 228.

Boufflers. *Déc.*, 1695, p. 279 ; *févr.*, 1694, p. 177 ; *sept.*, 1703, pp. 18-28 ; *janv.*, 1704, p. 525 ; *avr.*, 1710, p. 252 ; *sept.*, 4° part., 1711, p. 23 ; *sept.*, 1720, p. 156-160 ; *mars*, 1729, p. 624 ; *août*, 1731, p. 2047 ; *nov.*, 1758, p. 2500 ; *janv.*, 1759, p. 191 ; *juill.*, 1742, p. 1682 ; *févr.*, 1743, p. 593 ; *janv.*, 1744, p. 190 ; *févr.*, 1746, p. 208 ; *mai*, 1746, p. 198 ; *juin*, 2° vol., 1747, p. 204 ; *juill.*, 1747, p. 210 ; *juill.*, 1751, p. 210, *déc.*, 1er vol., 1751, p. 188.

Bougainville. *Août*, 1765, p. 198.

Bouguer. *Oct.*, 1er v., 1758, p. 206.

Bougy. *Juill.*, 1754, p. 1681.

Bouhier. *Mai*, 1703, p. 59 ; *nov.*, 1717, p. 214 ; *avr.*, 1751, p. 829 ; *janv.*, 1737, p. 173 ; *mars*, 1737, p. 619 ; *nov.*, 1744, p. 206 ; *mars*, 1746, p. 210 ; *avr.*, 1746, p. 203 ; *mars*, 1751, p. 211 ; *juin*, 2° vol., 1752, p. 201 ; *nov.*, 1755, p. 256 ; *août*, 1760, p. 203.

Bouillé. *Août*, 1706, p. 156 ; *avr.*, 2° vol., 1767, p. 197.

Bouillerot. *Nov.*, 1752, p. 209.

Bouillon. *Mai*, 1704, p. 187 ; *févr.*, 1706, p. 135 ; *juin*, 1714, p. 286 ; *déc.*, 1er vol., 1725, p. 5159 ; *juin*, 2° vol., 1752, p. 1440 ; *déc.*, 1758, p. 2920 ; *juin*, 1740, p. 1259 ; *févr.*, 1745, p. 402 ; *déc.*, 1743, p. 2755 ; *nov.*, 1766, p. 209. V. encore Marck (la) et Tour d'Auvergne. (la).

Boulainvilliers. *Déc.*, 1710, p. 47 ; *sept.*, 1721, p. 169 ; *janv.*, 1722, p. 193 ; *mars*, 1727, p. 625 ; *févr.*, 1756, p. 590 ; *mars*, 1736, p. 608 ; *mai*, 1740, p. 1057 ; *janv.*, 1746, p. 196 ; *août*, 1751, p. 167 ; *août*, 1756, p. 235 ; *mars*, 1775, p. 208 ; *avr.*, 1er vol., 1775, p. 213.

Bourgogne. *Juin*, 1er vol., 1731, p. 1393; *janv.*, 1732, p. 197; *févr.*, 1749, p. 192.

Bourgoin. *Févr.*, 1685, p. 157; *déc.*, 1699, p. 275; *juill.*, 1726, p. 1695; *juin*, 1er vol., 1750, p. 1256.

Bourgoing de Faulin. *Mai*, 1736, p. 1032; *janv.*, 2e vol., 1767, p. 188.

Bourgthéroulde. *Août*, 1707, p. 171; *oct.*, 1707, p. 159.

Bourlamaque. *Juill.*, 1751, p. 1685; *juin*, 1er vol., 1752, p. 210.

Bourlémont. V. ANGLURE.

Bourlon. *Août*, 1702, p. 258.

Bournazel. *Juin*, 1701, p. 110.

Bournel. *Août*, 1752, p. 190; *déc.*, 1767, p. 245.

Bournel de Namps. *Déc.*, 1742, p. 2763.

Bourneuf. *Mai*, 1704, p. 207.

Bourniers. *Janv.*, 1er vol., 1775, p. 212.

Bournonville. *Déc.*, 1693, p. 270; *mai*, 1694, p. 519; *sept.*, 1705, pp. 205-214; *janv.*, 1706, p. 248; *juin*, 1715, p. 223; *mars*, 1719, p. 169; *avr.*, 1720, p. 190; *janv.*, 1727, p. 188; *juill.*, 1748, p. 187; *janv.*, 1753, p. 206; *oct.*, 2e vol., 1764, p. 207; *mai*, 1774, p. 225; *mars*, 1777, p. 235.

Bourouillan (du). *Avr.*, 1706, p. 217.

Boursault. *Juin*, 1er vol., 1748, p. 175. V. encore DAUVET-DESMARETS.

Boursier (le). *Nov.*, 1760, p. 208.

Boursin. V. WARANS.

Boursolles. *Juin*, 1772, p. 222.

Boury. V. PELLEVÉ.

Bourzac. V. CROPTE DE BOURZAC (LA).

Bousière (la). *Mai*, 1710, p. 158.

Bousies. V. PIERRE (LA).

Boussay. *Déc.*, 1758, p. 205. V. encore MENOU.

Boussey. V. DROUAS.

Boussu. *Juin*, 1722, p. 151.

Bouste (le). *Janv.*, 1750, p. 182.

Bouteiller de Rancé. *Avr.*, 1726, p. 851.

Bouteillier. *Mars*, 1705, p. 227.

Boutenaz. *Août*, 1686, p. 106.

Bouterou. *Juin*, 1711, 4e part, p. 50; *mai*, 1746, p. 202.

Bouthelier de Chavigni. *Juin*, 1776, p. 236.

Bouthillier. *Mai*, 1699, p. 188;

janv., 1705, p. 98; *juin*, 1708, p. 113; *août*, 1708, p. 277; *mai*, 1709, p. 110; *juill.*, 1709, p. 251; *nov.*, 1718, p. 113; *juin*, 1er vol., 1728, p. 1253; *août*, 1729, p. 1899; *sept.*, 1er vol., 1729, p. 2015; *nov.*, 1730, p. 2553; *sept.*, 1731, p. 2269; *avr.*, 1755, p. 850; *août*, 1742, p. 1901; *juin*, 1er vol., 1752, p. 206; *juin*, 2e vol., 1753, p. 191; *nov.*, 1755, p. 209; *sept.*, 1774, p. 249.

Boutière (la). *Avr.*, 1700, p. 269.

Bouton de Chamilly. *Janv.*, 1703, p. 316; *mars*, 1705, p. 215; *oct.*, 1706, p. 291; *janv.*, 1715, p. 178; *févr.*, 1720, p. 172; *janv.*, 1722, p. 194; *juin*, 2e vol., 1750, p. 1477.

Bouteville. V. LUXEMBOURG.

Bouvard de Fourqueux. *Oct.*, 1702, p. 244; *mars*, 1704, p. 146; *févr.*, 1re part., 1715, p. 143; *mars*, 1725, p. 620; *mars*, 1726, p. 612; *févr.*, 1728, p. 414; *août*, 1752, p. 1884; *sept.*, 1752, p. 2079; *janv.*, 1755, p. 190; *déc.*, 1740, p. 2758; *oct.*, 1754, p. 214; *oct.*, 2e vol., 1776, p. 224.

Bouvart. *Janv.*, 1758, p. 175.

Bouvier de Cépoy. *Déc.*, 1774, p. 272.

Bouvier de Fontenelle (le). *Mars*, 1757, p. 233; *avr.*, 1757, p. 54 et 58.

Bouvier de la Motte. *Janv.*, 2e vol., 1760, p. 207. V. encore MOTTE (LA).

Bouville. *Avr.*, 1710, p. 800; *oct.*, 1755, p. 2522; *déc.*, 1er vol., 1754, p. 206; *avr.*, 1er vol., 1762, p. 204; *janv.*, 1er vol., 1771, p. 227. V. encore JUBERT.

Bouzet (du). *Mai*, 1726, p. 1075.

Bouzetat de Courcelles. *Juin*, 1741, p. 1247.

Bouzier d'Estouilly. *Mars*, 1716, p. 225.

Bouzoles. *Janv.*, 1706, p. 507; *févr.*, 1706, p. 249; *juill.*, 1706, p. 85; *juill.*, 1708, p. 153; *avr.*, 1710, p. 297; *avr.*, 2e vol., 1767, p. 106; *mai*, 1775, p. 235. V. encore MONTAIGU.

Bove (la). V. CAZE DE LA BOVE.

Bovexe de Villemor. *Mai*, 1717, p. 161.

Boyer. *Janv.*, 1er vol., 1756, p. 226; *juin*, 1764, p. 201.
Boyer de Jusas. *Nov.*, 1753, p. 210.
Boyer de Maillac-Tauriac. *Juin*, 1764, p. 201.
Boyetot. *Déc.*, 1758, p. 2717; *juin*, 1740, p. 1245.
Boylesve. V. Boislève.
Boynes, *Juill.*, 1753, p. 215; *mai*, 1772, p. 210.
Boysseulh. *Mars*, 1755, p. 185.
Boyvin de Bacqueville. *Nov.*, 1760, p. 208.
Boyvin de Bonnetot. *Juin*, 1718, p. 195; *juin*, 1744, p. 1275.
Boyvin de Vaurouy. *Avr.*, 2e vol., 1763, p. 202.
Boze. V. Gros.
Bozon. *Févr.*, 1703, p. 52.
Brabant. V. Glime.
Brachet. *Oct.*, 1706, p. 125.
Brachet de Peruse. *Oct.*, 1er vol., 1767, p. 207.
Bragelongne. *Juin*, 1698, p. 254; *oct.*, 1699, p. 155; *déc.*, 1699, p. 271; *janv.*, 1703, p. 97; *avr.*, 1703, p. 278; *août*, 1703, p. 56; *nov.*, 1705, p. 73; *déc.*, 1705, p. 41; *janv.*, 1711, p. 140; *févr.*, 1714, p. 212-216; *déc.*, 1715, p. 221; *sept.*, 1717, p. 186; *déc.*, 1717, p. 297; *nov.*, 1718 p. 115; *janv.*, 1720, p. 165; *juill.*, 1722. p. 180; *déc.*, 1er vol., 1728, p. 2760; *déc.*, 2e vol., 1729, p. 5166; *avr.*, 1730, p. 837; *août*, 1730, p. 899; *juin*, 1741, p. 1245; *mars*, 1745, p. 616; *avr.*, 1746, p. 201; *juin*, 2e vol., 1753, p. 103; *juill.*, 2e vol., 1762, p. 207; *nov.*, 1764, p. 174; *avr.*, 1er vol., 1769, p. 212; *mars*, 1773, p. 208; *juill.*, 2e vol., 1774, p. 212; *févr.*, 1775, p. 237; *juin*, 1776, p. 254.
Brague. V. Nize.
Braignon. V. Thépault.
Bramont. *Janv.*, 2e vol., 1778, p. 211.
Brancas. *Nov.*, 1685, p. 229; *nov.*, 1694, p. 253; *janv.*, 1710, p. 255; *avr.*, 1715, p. 252; *mai*, 1715, p. 191; *oct.*, 1716, p. 245; *nov.*, 1724, p. 2497; *sept.*, 1731. p. 2266 et 2270; *mars*, 1733, p. 605; *déc.*, 2e vol., 1734, p. 2945; *janv.*, 1759, p. 189;

févr., 1759, p. 595; *mai*, 1740, p. 1033; *sept.*, 1741, p. 2121; *mars*, 1745, p. 615; *mars.*, 1747, p. 204; *nov.*, 1748, p. 211; *nov.*, 1750, p. 228; *juin*, 1er vol., 1753, p. 206; *juin*, 2e vol., 1754, p. 204; *mai*, 1755, p. 202; *mai*, 1758, p. 207; *avr.*, 1er vol., 1760, p. 216; *avr.*, 2e vol., 1760, p. 216; *sept.*, 1761, p. 229; *juill.*, 2e vol., 1763, p. 209.
Brancion. *Sept.*, 1761, p. 230.
Brandelis. *Avr.*, 1725, p. 851.
Brandelis de Champagne, *Juill.*, 1746, p. 209. V. encore Champagne.
Braque. *Oct.*, 1701, p. 598; *août*, 1709, p. 88; *juin*, 1er vol., 1730, p. 1253; *juin*, 1er vol., 1731, p. 1391; *août*, 1735, p. 1893; *déc.*, 1735, p. 2746; *mai*, 1736, p. 1038; *avr.*, 1737, p. 826; *juill.*, 1739, p. 1675; *nov.*, 1739, p. 2719; *avr.*, 1740, p. 818; *août.*, 1749, p. 194.
Brassac. V. Galard de Béarn.
Brasseuses. V. Doria.
Braux de Sorthon. *Juin*, 1er vol., 1756, p. 1235.
Brayer. *Oct.*, 1714, p. 298; *janv.*, 1750, p. 184.
Bréard. Ouvrier en étamine qui avait traduit, en vers latins le poëme de la *Religion*, de Jean Racine. *Juin*, 1er vol., 1749, p. 214.
Bréauté. *Mai*, 1697, p. 222; *août*, 1711, 4e part., p. 54.
Brécourt. V. Cotty.
Breget. *Déc.*, 1er vol., 1750, p. 405; *oct.*, 1er vol., 1774, p. 255; *janv.*, 1er vol., 1777, p. 237.
Bréhan. *Mai*, 1er vol., 1722, p. 194; *juin*, 2e vol., 1734, p. 1418; *févr.*, 1735, p. 611; *juin*, 1er vol., 1737, p. 1225; *mars*, 1738, p. 607; *juin*, 1er vol., 1738, p. 1222; *nov.*, 1745. p. 2526-2533; *mai*, 1750, p. 211; *févr.*, 1756, p. 233; *juill.*, 2e vol., 1764, p. 194.
Bréhan de la Roche-Bonnœil. *Juin*, 1706, p. 214.
Bréhan-Mauron. *Janv.*, 2e vol., 1756, p. 250.
Bréhan de Plélo. *Mars*, 1737, p. 610.
Bréhant. V. Bréhan.

Bréhier. *Nov.*, 1749, p. 211.

Breil de Ponthriant (du). *Mai*, 1758, p. 1029; *avr.*, 1749, p. 251; *déc.* 2ᵉ vol. 1750, p. 179; *juin*, 2ᵉ vol., 1751, p. 205.

Breil de Raïs (du). *Juill.*, 1740, p. 1672.

Breille. V. Solar.

Breilly. *Sept.*, 1741, p. 2120.

Brelincourt. V. Bertin.

Brémond d'Ars. *Déc.*, 1ᵉʳ vol., 1755, p. 197.

Brendlé. *Avr.*, 1758, p. 819.

Brenne. *Sept.*, 1746, p. 197.

Brenne de Bombon. *Janv.*, 2ᵉ vol., 1757, p. 233. V. encore Bombon.

Bréquigny. V. Meneust.

Bressey de Velfray. *Mars*, 1704, p. 125; *avr.* 1705, p. 76.

Brest (le). *Févr.* 1742, p. 594.

Bret (le). *Oct.* 1699, p. 154; *nov.*, 1705, p. 45; *juill.*, 1708, p. 192; *sept.*, 1710, p. 275; *oct.*, 1734, p. 2510; *avr.*, 1735, p. 825; *déc.*, 1ᵉʳ vol., 1757, p. 2751; *juill.*, 2ᵉ vol., 1765, p. 193.

Bret de Flacourt (le) *Déc.*, 1ᵉʳ vol., 1746, p. 185.

Bretagne. *Mai*, 2ᵉ pᵉ, 1711, p. 75; *févr.*, 1720, p. 165; *juill.*, 1725, p. 179; *mai*, 1731, p. 1195; *janv.*, 1751, p. 190; *janv.*, 1755, p. 182; *juin.* 1ᵉʳ vol., 1755, p. 1246; *nov.*, 1740, p. 2550; *oct.*, 1745, p. 2519; *sept.*, 1746, p. 195; *oct.*, 2ᵉ vol.; 1766, p. 211; *févr.*, 1778, p. 211. V. encore Avaugour.

Brétesche (la). *Mars*, 1697, p. 262; *juin*, 1704, p. 85; *oct.*, 1706, p. 75; *nov.*, 1706, p. 186.

Breteuil. V. Tonnelier (le).

Brethe. V. Berthe.

Brétignères. *Mars*, 1696, p. 267; *mai*, 1778, p. 212.

Breton de Villandry (le). *Mai*, 1721, p. 160.

Bretonnière (la). *Mai*, 1704, p. 198; *mars*, 1727, p. 624; *mars*, 1778, p. 203.

Bretonvilliers. *Août*, 1709, p. 267; *mars*, 1760, p. 205. V. encore Ragois (le).

Breuil (du). *Juill.*, 1702, p. 219; *nov.*, 1709, p. 79; *nov.*, 1741, p. 2541; *mars*, 1762, p. 214. V. encore Damas.

Brévendent de Sahurs. *Sept.*, 1772, p. 212.

Brèves. V. Savary.

Brezé. *Sept.*, 1712, p. 49; *mars.*, 1759, p. 616. V. encore Dreux.

Brezolles. V. Morais.

Brian. *Juill.*, 2ᵉ vol., 1769, p. 230.

Briançon. V. Grasse.

Brianville. V. Finé.

Brice. *Nov.*, 1703, p 56; *nov.*, 1734, p. 2550; *mai*, 1759, p. 1043; *juill.*, 2ᵉ vol., 1756, p. 235.

Brichanteau. *Juill.* 1708, p. 57; *mai.* 1712, p. 45; *mai*, 1715, pp. 110-115; *oct.* 1742, p. 2524.

Briçonnet. *Mai*, 1694, p. 81; *sept.*, 1694, p. 255; *mars.*, 1699, p. 151; *avr.*, 1699, p. 236; *oct.*, 1701, p. 599; *avr.*, 1702, p. 584; *mars.*, 1705, p. 65; *fév.*, 1705, p. 501; *mai.*, 1716, p. 266; *janv.*, 1717, p. 153; *juill.*, 1725, p. 1684; *mai*, 1728, p. 1065; *juin.*, 1ᵉʳ vol., 1728, p. 1252; *sept.*, 1728, p. 2152; *juill.*, 1734, p. 1685; *déc.*, 1ᵉʳ vol., 1757, p. 2722; *oct.*, 1738, p. 2301; *mai*, 1740, p. 1040; *sept.*, 1747, p. 179; *déc.*, 1ᵉʳ vol., 1747, p. 203.

Bridou. *Juin*, 1ᵉʳ vol., 1748, p. 175.

Brienne. V. Loménie.

Briffe (la). *Sept.*, 1700, p. 285; *mars*, 1701, p. 188; *janv.*, 1703, p. 249; *mars*, 1719, p. 171; *avr.*, 1724, p. 784; *mars*, 1735, p. 603; *sept.*, 1756, p. 2155; *avr.*, 1740, p. 822; *mai*, 1747, p. 207; *juin*, 2ᵉ vol., 1748, p. 210; *juill.*, 2ᵉ vol., 1762, p. 187; *mai*, 1766, p. 210; *juin*, 1776, p. 234; *oct.*, 2ᵉ vol., 1776, p. 224.

Briffe d'Amilly (la). *Juill*, 2ᵉ vol., 1777, p. 213.

Briffe de Ferrière (là). *Nov.*, 1752, p. 209.

Brigneuil. *Oct.*, 2ᵉ vol., 1770, p. 214.

Brilhac. *Sept.*, 1751, p. 2268; *nov.*, 1751, p. 2685; *août*, 1755, p. 1891.

Brillac. *Févr.*, 1705, p. 44-56; *janv.*, 1707, p. 158; *juill.*, 1708, p. 145; *déc.*, 1ᵉʳ vol., 1755, p. 197.

Brillard. *Janv.*, 1752, p. 201.

Brillet de Limon. *Juill.*, 1698, p. 254.

Brillon. *Avril*, 1703, p. 68; *août*, 1756, p. 1926.

Brillon de Jouy. *Mars*, 1759, p. 617.

1688, pp. 182-187, *avr.*, 1690,
265; *sept.*, 1692, p. 205; *janv.*,
1696, p. 282; *oct.*, 1697, p. 217;
mai, 1698, p. 264; *déc.*. 1698,
p. 263; *avr.*, 1699, p. 255; *mai*,
1699, p. 188; *mars*, 1702, p. 512;
déc., 1703, p. 544; *janv.*, 1704,
p. 102; *déc.*, 1704, p. 202; *janv.*,
1705, pp. 8-21 et 58; *juill.*, 1707,
p. 69; *nov.*, 1714, p. 527; *mars*.
1716, p. 25; *nov.*, 1727, p. 2560;
févr., 1752, p. 410; *juin*, 2ᵉ vol.,
1752, p. 1445; *avr.*, 1757, p. 824;
mai, 1758, p. 1025; *nov.*, 1759,
p. 2711; *janv.*, 1740, p. 180;
juill., 1742, p. 1676; *févr.*, 1744,
p. 402; *mai*, 1746, p. 201; *mai*,
1750, p. 209; *déc.*, 1ᵉʳ vol., 1750,
p. 200; *janv.*, 1751, p. 199; *juin*,
2ᵉ vol., 1755, p. 195; *juill.*, 1755,
p. 212; *août*, 1755, p. 211; *oct.*,
1ᵉʳ vol., 1761, p. 218; *janv.*, 2ᵉ v.,
1762, p. 221; *janv.*, 1ᵉʳ vol.,
1771, p. 227; *juill.*, 1ᵉʳ vol., 1771,
p. 211.

Brulart de Genlis. *Juill.*, 1755,
p. 212.

Brulart de Puisieux. *Janv.*, 1ᵉʳ vol.,
1771, p. 227.

Brun (le). *Janv.*, 1723, p. 202; *juin*,
2ᵉ vol., 1727, p. 1486; *mars*,
1741, p. 627; *mars*, 1746, p. 210.

Brun d'Interville (le). *Mars*, 1735,
p. 616; *janv.*, 1ᵉʳ vol., 1776,
p. 212.

Brun de Villeneuve (le). *Mai*, 1710,
p. 155.

Brune. *Oct.*, 1ᵉʳ vol., 1772, p. 212.

Bruneau de Crillon. *Oct.*, 2ᵉ vol.,
1664, p. 208.

Brunerière. *Juill.*, 1702, p. 198.

Brunes de Montlouet. *Déc.*, 1765,
p. 260.

**Brunet de Chailly, de Montforant,
de Rency et de Sérigny.** *Mai*,
1692, p. 253; *avr.*, 1696, p 299;
janv., 1701, p. 108; *avr.*, 1701,
p. 518; *janv.*, 1703, p. 250; *juill.*,
1703, p. 566; *janv.*, 1706, p. 212;
janv., 1710, p. 144; *janv.*, 1712,
p. 206; *sept.*, 1715, p. 502; *oct.*,
1716, p. 247; *sept.*, 1717, p. 185;
juin, 2ᵉ vol., 1737, p. 1461; *févr.*,
1758, p. 571; *juin*, 1759, p. 1462;
févr., 1740, p. 595; *juill.*, 1742,
pp. 1674 et 1679.

Brunet de Chailly. *Oct.*, 1716, p. 247;
févr., 1740, p. 595; *juill.*, 1742,
p. 1679; *juill.*, 1744, p. 1702.

Brunet de Neuilly. *Sept.*, 1753,
p. 205.

Brunet de Rency. *Sept.*, 1715, p. 502;
sept., 1717, p. 185; *juill.*, 1742,
p. 1674; *mai*, 1717, p. 207; *juin*,
2ᵉ vol., 1747, p. 211; *mars*, 1755,
p. 196.

Brunet de la Vaissière. *Févr.*, 1759,
p. 215.

Brunettière (la). *Juill.*, 1702, p. 198.

Brusca. V. MONTLEZUN.

Bruscoli. *Déc.*, 1696, p. 287; *mai*,
1739, p. 1037.

Bruslars. V. GUÉRIN.

Brusse. *Juin*, 1742, p. 1478.

Brusse de Montbérard. *Janv.*, 1ᵉʳ v.,
1774, p. 229.

Brussel. *Oct.*, 1745, p. 2520; *déc.*,
1745, p. 2755.

Bruyère (la). *Nov.*, 1752, p. 208.

Buade de Frontenac. *Avr.*, 1699,
p. 253; *nov.*, 1702, p. 522.

Buat. V. PERNOT.

Bucaille (la). V. PAULMIER.

Budes. *Févr.*, 1728, p. 417; *juill.*,
2ᵉ vol., 1765, p. 195.

Budos de Portes. *Sept.*, 1695, p. 264.

Bueil. *Juill.*, 1698, p. 274; *mars*,
1708, p. 297.

Bugnons. *Avr.*, 1703, p. 63; *janv.*,
1706, p. 289.

Bugy. *Août*, 1755, p. 210.

Buirette de Belloy. *Avr.*, 1ᵉʳ vol.,
1775, p. 211. V. encore BELLOY.

Buisson. *Janv.*, 1721, p. 111. V. encore DUBUISSON.

Buisson de Beauteville. *Mai*, 1776,
p. 211.

Buissy. *Juill.*, 1ᵉʳ vol., 1760, p. 209.

Bulkelei. *Nov.*, 1748, p. 210; *déc.*,
2ᵉ vol., 1753, p. 199; *juin*, 1ᵉʳ v.,
1754, p. 196.

Bullion. *Févr.*, 1685, p. 286; *févr.*,
1689, p. 529; *févr.*, 1698, p. 258;
juin, 1698, p. 215; *nov.*, 1700,
p. 176; *juin*, 1704, p. 85; *févr.*,
1705, p. 53; *janv.*, 1706, p. 257;
mars, 1706, p. 255; *août*, 1706,
p. 173; *janv.*, 1707, p. 298; *nov.*
et *déc.*, 1707, p. 410; *avr.*, 1708,
p. 298; *août*, 1709, p. 197; *avr.*,
1710, p. 277; *oct.*, 1711, pp. 288-
205; *mai*, 1716, p. 274; *mai*, 1721,

p. 163; *juin-juill.*, 2ᵉ part., 1721, p. 79; *août*, 1723, p. 417; *févr.*, 1755, p. 405; *déc.*, 2ᵉ vol., 1756, p. 2973; *juin*, 1759, p. 1461; *mai*, 1745, p. 204; *juin*, 1ᵉʳ vol., 1745, p. 206; *juin*, 2ᵉ v., 1747, p. 206; *nov.*, 1749, p. 216; *mars*, 1750, p. 198; *sept.*, 1760, p. 218.

Bullion d'Esclimont. *Avr.*, 1755, p. 202.

Bullion de Fervaques. *Nov.*, 1749, p. 216. V. encore FERVAQUES.

Bully. V. LESTENDART.

Bulteau. *Mai*, 1710, p. 279.

Bunault. *Juin*, 1740, p. 1241.

Buons. *Déc.*, 1709, p. 201.

Buq de Bellefond (du). *Mars*, 1773, p. 208.

Buquet. *Avr.*, 1722, p. 192.

Burle-Vallorie. *Déc.*, 1774, p. 272.

Burteau. *Mai*, 1753, p. 211.

Bury. *Juin*, 1775, p. 211.

Busenval. V. CHOUART.

Busset. Cet art. contient les noms des principaux membres du corps de la noblesse d'alors. *Janv.*, 1704, pp. 15-47.

Busseul. *Janv.*, 1ᵉʳ v., 1775, p. 212.

Bussière. V. CHOISEUL.

Bussière (la). V. MONERON.

Bussy. *Juin*, 1775, p. 234. V. encore FRAGUIER et GUIBERT.

Bussy-Rabutin. *Avr.*, 1695, pp. 194-201; *sept.*, 1705, p. 273; *avr.*, 1729, p. 827; *nov.*, 1756, p. 2577; *mars*, 1761, p. 216; *juin*, 1761, p. 216; *juin*, 1764, p. 202.

Butler. *Juin*, 2ᵉ vol., 1753, p. 105.

Butty. *Oct.*, 2ᵉ vol., 2764, p. 207.

Buzancy de Chamarande. *Août*, 1706, p. 145; *sept.*, 1706, p. 111; *oct.*, 1706, p. 239; *sept.*, 1775, p. 213.

C

Cabalby. *Avr.*, 1ᵉʳ vol., 1764, p. 205; *mai*, 1764, p. 206; *janv.*, 1ᵉʳ vol., 1777, p. 256.

Cabanes. *Nov.*, 1741, p. 2557.

Cabazac. *Août*, 1748, p. 215.

Caboud. *Avr.*, 1722, p. 192.

Cabre de Saint-Paul. *Août*, 1734, p. 1889; *juill.*, 1759, p. 1677.

Cabrespine. V. MALET.

Cadeau. *Oct.*, 1730, p. 2326; *janv.*, 1754, p. 191.

Cachet de Garnerans. *Juin*, 1699, p. 47.

Cadarcet. V. ABADIE.

Caderousse. *Janv.*, 1705, p. 109; *avr.*, 1715, p. 231; *juin*, 2ᵉ vol., 1754, p. 201; *déc.*, 1767, p. 242. V. encore GRAMMONT.

Cado. *Nov.*, 1749, p. 214.

Cadot. V. KADOT.

Cadrieu. *Mars*, 1745, p. 603; *avr.*, 1ᵉʳ vol., 1776, p. 256.

Cahouet de Beauvais. *Déc.*, 1ᵉʳ vol., 1727, p. 2754.

Cailhou d'Esignac. *Mars*, 1756, p. 603; *déc.*, 1758, p. 2716; *juin*, 2ᵉ vol., 1749, p. 201; *oct.*, 2ᵉ vol., 1756, p. 230.

Caille (la). *Avr.*, 2ᵉ vol., 1762, p. 207.

Caillebot de la Salle. *Août*, 1707, p. 52; *avr.*, 1722, p. 185; *déc.*, 1ᵉʳ vol., 1728, p. 2757; *mars*, 1754, p. 620; *août*, 1734, p. 1890; *déc.*, 2ᵉ vol., 1756, p. 2977; *juill.*, 1742, p. 1662; *août*, 1755, p. 210; *avr.*, 1ᵉʳ vol., 1760, p. 215.

Caillières. *Mars*, 1717, p. 187.

Cailly. *Févr.*, 1ʳᵉ part., 1715, p. 111. V. encore DELPECH.

Cainsy. *Avr.*, 1706, p. 293.

Cais. *Déc.*, 1708, p. 266.

Caland. *Oct.*, 1ᵉʳ vol., 1759, p. 232.

Calande. V. BLOIS.

Caligny. V. BRINON.

Caloert de Baltimore. *Avr.*, 2ᵉ vol., 1770, p. 212.

Calonne de Courtebonne. *Avr.*, 1701, p. 517; *janv.*, 1703, p. 503; *déc.*, 1703, p. 570; *févr.*, 1705, p. 298; *févr.*, 1705, p. 596; *mars*, 1706, p. 501; *janv.*, 1708, p. 43; *févr.*, 1750, p. 419; *mai*, 1757, p. 1040; *déc.*, 2ᵉ vol., 1745, p. 189; *nov.*, 1755, p. 207; *mars*, 1755, p. 193; *déc.*, 1765, p. 261; *nov.*, 1766, p. 209; *juill.*, 1ᵉʳ v., 1776, p. 236.

Calvière. *Déc.*, 1777, p. 213.
Calvisson, V. Louet de Calvisson.
Calvo. *Janv.*, 1703, p. 556; *déc.*, 1703, p. 547; *avr.*, 1708, p. 65.
Cambefort. *Janv.*, 1708, p. 85.
Cambis. *Janv.*, 1736, p. 172; *déc.*, 2e vol., 1751, p. 201; *avr.*, 2e vol., 1756, pp. 225-227; *févr.*, 1757, p. 227; *avr.*, 1er vol., 1762, p. 203; *juill.*, 2e vol., 1765, p. 195; *juill.*, 2e vol., 1771, p. 212; *sept.*, 1774, p. 249.
Cambis-Velleron. *Mai* 1776, p. 212.
Cambout de Coislin (du). *Févr.*, 1691, p. 272; *sept.*, 1692, p. 202; *juin*, 1695, p. 215; *sept.*, 1705, p. 215, *févr.*, 1706, p. 199; *mai*, 1710, p. 156; *sept.-oct.*, 1710, p. 248; *juill.* 1729, p. 1681; *déc.*, 2e vol., 1732, p. 2022; *mai*, 1750, p. 205; *sept.*, 1733, p. 2081.
Camilli. V. Blouet.
Camole. *Janv.*, 1er vol., 1775, p. 234.
Campet de Saujon. *Juill.*, 1702, p. 207; *mars*, 1724, p. 575; *mars*, 1740, p. 611; *févr.*, 1716, p. 208.
Campron. *Avr.*, 1er v., 1772, p. 223.
Camus (le). *Mars*, 1687, pp. 158-152; *janv.*, 1688, p 195; *sept.*, 1690, p. 228; *mai*, 1695, p. 260; *déc.*, 1695, p. 232; *août*, 1696, p. 125; *févr.*, 1698 p. 269; *sept.*, 1698, p. 260; *mai*, 1700, p. 214, *nov.*, 1701, p. 108; *juin*, 1702; p. 445; *janv.*, 1703, p. 85; *avr.*, 1703, p. 279; *juin*, 1703, p. 25; *juin*, 1703, p. 165; *juill.*, 1703, p. 38; *mars*, 1704, p. 150; *févr.*, 1705, p. 268; *nov.*, 1705, pp. 67-73; *janv.*, 1706, p. 234; *avr.*, 1706, p. 504; *juill.*, 1707, p. 236; *sept.*, 1707, p. 351; *oct.*, 1707, pp. 106-109; *mai*, 1708, p. 210; *janv.*, 1710, p. 138; *juill.*, 1710, p. 270; *sept.-oct.* 1710, p. 275; *mai* 2e part., 1711, p. 76; *avr.* 1712, p. 187; *janv.*, 1715, p. 277; *mars*, 1e part., 1715, p. 222; *avr.*, 1715, p. 320; *févr.*, 1716, p. 284; *mars*, 1716, p. 57; *juin*, 1716, p. 161; *oct.*, 1716, p. 245; *juin*, 1718, p. 195; *févr.*, 1719, p. 152; *oct.*, 1722, p. 162; *févr.*, 1726, p. 395; *janv.*, 1727, p. 189; *mars*, 1728, p. 643; *nov.*, 1729, p. 2738; *janv.*, 1730,

p. 185; *juin*, 1er vol., 1731, p. 1390; *févr.*, 1752, p. 408; *mai*, 1732, p. 1019; *déc.*, 1er vol., 1734, p. 2742; *avr.*, 1755, p. 828; *août*, 1755, p. 1889; *oct.*, 1747, p. 155; *nov.*, 1751, p. 192; *sept.*, 1752, p. 205; *juin*, 2e vol., 1755, p. 194; *juin*, 2e vol., 1754, p. 196; *juill.*, 1755, p. 217; *juill.*, 1755, p. 225; *janv.*, 1er vol., 1756, p. 225; *oct.*, 1er vol., 1756, p. 256; *mars*, 1774, p. 211; *avr.*, 1er vol., 1775, p. 213; *janv.*, 1er vol., 1776, p. 211.
Camus de Bligny (le). *Avr.*, 2e vol., 1767, p. 195.
Camus de Pontcarré (le). *Mars*, 1702, p. 555; *avr.*, 1703, p. 277; *juin*, 1703, p. 161; *janv.*, 1704, p. 112; *févr.*, 1705, p. 268; *janv.*, 1706, p. 254; *janv.*, 1716, p. 128; *sept.*, 1752, p. 205.
Camus des Touches. *Nov.*, 1711, p. 2542; *déc.*, 2e vol., 1746, p. 215. V. encore Destouches.
Camuset. *Sept.*, 1755, p. 209.
Canablin. *Nov.*, 1756, p. 222.
Canaples. V. Créquy.
Canappeville. V. Papavoine.
Canaye. *Oct.*, 1686, p. 89; *janv.*, 1716, p. 139; *juill.*, 1752, p. 1687; *févr.*, 1744, p. 404.
Canchy. *Déc.*, 1696, p. 260.
Candale. V. Foix.
Candar. *Mai*, 1755, p. 210.
Canillac. *Févr.*, 1742, p. 400; *juin*, 1772, p. 223, *oct.*, 1er vol., 1772, p. 213.
Canonville de Raffetot. *Mai*, 1759, p. 1010; *oct.*, 1742, p. 2524; *janv.*, 1er vol., 1756, p. 221; *oct.*, 2e v., 1756, p. 229; *janv.*, 2e vol., 1765, p. 181. V. encore Raffetot.
Canteleu. *Févr.*, 1721, p 128.
Cantin. V. Caudron.
Cantoynet. V. Bessière.
Capéronnier. *Juill.*, 1er vol., 1775, p. 212.
Capdeville. *Mai*, 1700, p. 219.
Capistrou. V. Galbert.
Caplaune. *Déc.*, 1er vol., 1749, p. 212
Caraman. *Avr.*, 1er vol., 1777, p. 211. V. Maillé et Riquet.
Carbonet Montreuil. *Août*, 1702, p. 256.
Carbonières. *Juin*, 1er vol., 1752, p. 1258; *oct.*, 1er vol., 1756, p. 233.

p. 179; *oct.,* 1706, pp. 121-135; *juin-juill.,* 2ᵉ part., 1721, p. 82.

Catinat. *Juill.,* 1700, p. 282; *févr.,* 1701, p. 190 et 270; *mars,* 1712, p. 115; *juill.,* 1711, p. 192; *sept.,* 1726, p. 2176; *avr.,* 1746, p. 198.

Cauchon. *Mars,* 1752, p. 619; *nov.,* 1751, p. 195.

Cauchon de Sommière. *Mai,* 1770, p. 210.

Caudron de Cantin. *Févr.,* 1758, p. 188.

Caulet. *Déc.,* 1708, p. 266; *nov.,* 1771, p. 212.

Caulet de Gramont. *Nov.,* 1775, p. 212.

Caulincourt. *Mars,* 1748, p. 207; *janv.,* 1755, p. 215; *janv.,* 1ᵉʳ vol., 1757, p. 229; *févr.,* 1761, p. 219; *juill.,* 2ᵉ vol., 1774, p. 212.

Caumartin. V. Fèvre de Caumartin.

Caumont. V. Gauville, Nompar et Scyptres.

Caumont-la-Force. *Juill.,* 1ᵉʳ vol., 1770, p. 250; *oct.,* 1ᵉʳ vol., 1771, p. 223; *déc.,* 1772, p. 211. V. encore Nompar de Caumont.

Caurel du Tagny. *Avr.,* 1701, p. 57; *févr.,* 1707, p. 106.

Causans. V. Mauléon.

Causé de Nazelles. *Oct.,* 2ᵉ part., 1715, p. 225.

Caussade (la). *Déc.* 1758, p. 2719. V. Estuer.

Cauvisson. V. Calvisson.

Caux. *Avr.,* 1755, p. 208.

Cavalier de Chauveau. *Janv.,* 2ᵉ v., 1777, p. 212.

Cavoye. V. Doger.

Cayeux. *Janv.,* 1703, p. 293. V. encore Rouault.

Cayla (du). *Sept,* 1720, p. 155; *juill.,* 1746, p. 200; *juin,* 1772, p. 222; *oct.,* 1ᵉʳ vol., 1772, p. 210; *mars,* 1775, p. 232. V. encore Baschi et Langlade.

Caylus. *Mai,* 1756, p. 1025; *nov.,* 1741, p. 2536; *août,* 1750, p. 204; *juin,* 2ᵉ vol., 1754, p. 202; *déc.,* 1765, p. 261. V. encore Thubières.

Cayssac. V. Corn.

Caze (la). V. Gillet

Caze. *Juin,* 2ᵉ vol., 1755, p. 228.

Caze de Jouvancourt. *Janv.,* 1740, p. 180.

Caze de la Bove. *Déc.,* 2ᵉ vol., 1750, p. 195.

Cazeau. V. Gaune.

Céhérel. *Sept.,* 1757, p. 224.

Celetz. V. Reverssat.

Céli ou Coeli. V. Harlai.

Celle de Chanteauclou (la). *Nov.,* 1753, p. 206.

Cépoy. V. Bouvier.

Cerda (la). V. Gallevon.

Cerf de la Motte. *Mai,* 1776, p. 212.

Cerisaye (la). V. Voisin.

Cérisy. V. Richier.

Cerny. V. Maillet.

Cette (la). *Oct.,* 1ᵉʳ vol., p. 257.

Chaban de la Fosse. *Déc.,* 2ᵉ vol., 1757, p. 2922. V. encore Fosse (la).

Chabannes. *Juin,* 1ᵉʳ vol., 1755, p. 1241; *déc.,* 1ᵉʳ vol., 1757, p. 2727; *déc.,* 1759, p. 2947; *déc.,* 1742, p. 2757; *mars,* 1743, p. 614; *nov.,* 1745, p. 226; *sept.,* 1749, p. 211; *mai.,* 1750, p. 202; *mars,* 1755, p. 198; *janv.,* 2ᵉ vol., 1757, p. 234; *avril,* 1ᵉʳ v., 1757, p. 206; *sept.,* 1758, p. 212; *oct.,* 2ᵉ v., 1759, p. 209; *sept.,* 1760, p. 217; *mars,* 1764, p. 222; *déc.,* 1767, p. 259.

Chabannes de Curton. *Juill.,* 1696, p. 250; *oct.,* 1701, p. 587; *oct.,* 1702, p. 429; *oct.,* 1704, p. 532; *mai,* 1714, p. 145; *déc.,* 1742, p. 2757; *avril.,* 1ᵉʳ vol., 1759, p. 213; *avril,* 1ᵉʳ v., 1772 p. 225.

Chabannes de Pionsac. *Mars,* 1748, p. 210. V. encore Pionsac.

Chabanois. V. Colbert-Chabanois.

Chabenat. *Avril,* 1742, p. 859.

Chabenat de Bonneuil. *Juill.* 1698, p. 258; *déc.,* 2ᵉ vol., 1747, p. 194; *nov.* 1752, p. 201.

Chabert. *Août,* 1711, 4ᵉ part, p. 44; *janv.* 1ᵉʳ vol., 1772, p. 209.

Chaboissière (la). *Janv.,* 1685, p. 2444.

Chabossière (la). V. Auget.

Chabot. *Août,* 1698, p. 247.

Chabot de la Serre. *Janv.,* 1709, p. 226.

Chabrerie (la). V. Duclusel.

Chabrey de Montigny. *Juill.,* 1706, p. 228.

Chabrilland. *Mai,* 1752, p. 212. V. encore Moreton.

Chabrinat de Condé. *Août,* 1750, p. 210.

Chaillon. *Nov.,* 1758, p. 2500.

Chaillou. *Oct.,* 2ᵉ vol., 1756, p. 231; *janv.,* 1775, p. 255.

Chandry. V. Tyran.

Changy. *Sept.*, 1726, p. 2176.

Chanhuon de la Boissière. *Mai*, 1700, p. 216.

Chanoine (le). *Févr.*, 1749, p. 192.

Chanteauclou. V. Celle (la).

Chantemerle. V. Puis (du).

Chantilly. V. Escorais.

Chantrayne. V. Rollinde.

Chapelennes. V. Largentier.

Chapelier. *Mars*, 1712, p. 82; *mai*, 1714, p. 128.

Chapelle (la). *Janv.*, 1755, p. 184; *juill.*, 1er vol., 1761, p. 208. V. encore Filleul.

Chapelle de Jumilhac. *Sept.*, 1745, p. 214; *nov.*, 1748, p. 211.

Chapizeau. *Avr.*, 1705, p. 355.

Chaponay. *Sept.*, 1705, p. 28; *avr.*, 1706, p. 503.

Châpou de Verneuil. *Juill.*, 2e vol., 1761, p. 206.

Chappuis-la-Fay. *Mai*, 1710, p. 159.

Chapt de Rastignac. *Avr.*, 1702, p. 200; *mai*, 1715, p. 211; *sept.*, 1750, p. 196; *déc.*, 2e vol., 1750, pp. 184-195; *juin*, 2e vol., 1751, p. 204; *juin*, 2e vol., 1755, p. 228; *mai*, 1762, p. 200; *mai*, 1775, p. 225.

Chapuis. *Mars*, 1710, p. 157.

Charbonneau. *Avr.*, 1758, p. 818.

Charbonneau de Fortecuière. *Nov.*, 1698, pp. 115-124.

Charce (la). *Juill.*, 1714, p. 179.

Chardon. *Août*, 1755, p. 1892; *oct.-nov.*, 1741, p. 2549; *avr.*, 1er vol., 1767, p. 210.

Chardonnet (du). *Juin*, 1er vol., 1755, p. 195.

Chareliers (des). V. Chesne (du).

Charentenay. *Août*, 1698, p. 95.

Charette de Montebert. *Janv.*, 1755, p. 206; *févr.*, 1778, p. 211.

Charler. V. Lévi.

Charles (peintre). *Août*, 1747, p. 185.

Charlet. *Févr.*, 1778, p. 210.

Charlet d'Esbly. *Juin*, 1700, p. 192.

Charléval. *Mars*, 1759, p. 215.

Charlevoix. *Mars*, 1761, p. 216.

Charlot. *Mai*, 1714, p. 152.

Charlot de Princé. *Juill.*, 1698, p. 254.

Charlu. V. Lévis.

Charmaisse. *Janv.*, 1745, p. 177.

Charmeaux. V. Tonnelier de Charmeaux.

Charmond. V. Hennequin.

Charmoy. V. Pinette.

Charnisay. V. Menou.

Charny. *Déc.*, 1687, p. 203; *mars*, 2e vol., 1722, p. 164; *déc.*, 1740, p. 2965. V. encore Lottin.

Charon. *Mars*, 1750, p. 193; *août*, 1751, p. 175; *avr.*, 1755, p. 200; *juin*, 1772, p. 222.

Charon de Fresnay. *Févr.*, 1702, p. 161. V. encore Fresnay.

Charon de Ménars. *Avr.*, 1687, p. 285; *févr.*, 1701, p. 194; *févr.*, 1702, p. 161; *juin*, 1703, pp. 178 et 179; *janv.*, 1705, p. 253; *mai*, 1705, p. 69; *oct.*, 1706, p. 82; *avr.*, 1718, p. 187; *mai*, 1728, p. 1064; *sept.*, 1728, p. 2154; *déc.*, 1er vol., 1728, p. 2758; *juin*, 1er vol., 1729, p. 1263; *oct.*, 1750, p. 2329; *févr.*, 1752, p. 408; *sept.*, 1759, p. 2091; *juill.*, 1755, p. 220; *janv.*, 2e vol., 1756, p. 252.

Charost. V. Bethune.

Charpentier. *Mars*, 1709, p. 286; *avr.*, 1709, p. 110; *oct.*, 1714, p. 542; *déc.*, 1er vol., 1727, p. 2754; *déc.*, 1er vol., 1728, p. 2763; *févr.*, 1750, p. 422; *janv.*, 1758, p. 178; *janv.*, 1758, p. 185; *juin*, 1740, p. 1247.

Charpentier d'Ennery. *Avr.*, 1er vol., 1760, p. 216.

Charpin de Génetines. *Juill.*, 1759, p. 1671; *août*, 1752, p. 201.

Charpy. *Mai*, 1754, p. 1050.

Charreton de Montanson et de la Terrière. *Mars*, 1692, p. 264; *mai*, 1693, p. 275; *juill.*, 1693, p. 505; *janv.*, 1695, p. 287; *juin*, 1695, p. 217; *janv.*, 1696, p. 286; *juin*, 1698, p. 256; *sept.*, 1698, p. 141; *avr.*, 1699, p. 228; *mars*, 1700, p. 103; *janv.*, 1718, p. 196.

Charrier de la Barge. *Oct.*, 1708, p. 283.

Charron. V. Charon.

Charruc de Kadennec. *Août*, 1750, p. 211.

Charry des Gaultes. *Oct.*, 1er vol., 1770, p. 214.

Charsigné. V. Piedoux.

Charte ou Chaste. V. Clermont.

Charton. *Janv.*, 1685, p. 86.

Chartraire de Bourbonne. *Mars*, 1737, p. 619. V. BOURBONNE.

Chartraire de Ragni. *Juill.*, 1732, p. 1667; *janv.*, 1734, p. 195; *janv.*, 1737, p. 173; *sept.* 1739, p. 2090; *juin*, 1740, p. 1465; *juill.*, 2ᵉ vol., 1772, p. 212.

Chasan. *Avr.*, 1720, p. 189.

Chaslon. V. HARDOUIN.

Chasot. *Déc.*, 1ᵉʳ vol., 1754, p. 205.

Chassebras. *Oct.*, 1691, p. 225.

Chasseley. V. LESCOT.

Chassepot de Beaumont. *Déc.*, 1698, p. 256; *avr.*, 1702, p. 245; *mars*, 1ʳᵉ part., 1715, p. 199; *mars*, 1724, p. 575; *janv.*, 1730, p. 184; *mai*, 1736, p. 1026.

Chassier (le). *Janv.*, 1728, p. 185.

Chassincour. V. BIOTIÈRE.

Chassonville. *Déc.*, 1721, p. 172.

Chastaigneraye (la). V. MARIN.

Chaste. *Oct*, 1734, p. 2308. V. encore CLERMONT DE CHASTE.

Chasteigner. *Oct.*, 1ᵉʳ v., 1760, p. 205.

Chasteigner de Rouvre. *Janv.*, 1ᵉʳ vol., 1772, p. 212.

Chastelard, Chastelart, Chastellard ou Chastellart. V. CHATELARD.

Chasteler de Moyencourt (du). *Juin*, 1695, p. 216.

Chastelet (du). V. CHATELET.

Chastellux. *Août*, 1695, pp. 231-236; *mai*, 1704, p. 202; *juin*, 1742, p. 1476; *févr.*, 1745, p. 215; *déc.*, 1ᵉʳ vol., 1746, p. 181; *nov.*, 1749, p. 215; *mai*, 1773, p. 212.

Chastenay. *Août*, 1751, p. 2047; *juill.*, 1758, p. 1668.

Chastenay de Lanty. *Janv.*, 2ᵉ vol., 1778, p. 213.

Chastenaye. V. COCHARD.

Chastenet. *Nov.-déc.*, 1707, p. 420; *avr.*, 1710, p. 289; *déc.*, 1ᵉʳ vol., 1737, p. 2731; *juill.*, 1742, p. 1690.

Chastenet de Puységur. *Oct.*, 1743, p. 2315; *oct.*, 1745, p. 194; *déc.*, 2ᵉ vol., 1746, p. 208; *oct.*, 2ᵉ vol., 1777, p. 210.

Chasteuil. *Avr.*, 1706, p. 268; *nov.*, 1708, p. 206.

Chastillon. V. CHATILLON.

Chastre (la). V. CHATRE (LA).

Chastulé. V. PIVART.

Chasy. V. JOLY.

Chateaubrun. V. VIVIEN.

Châteaugués. *Mars*, 1706, p. 118.

Châteaumorand. *Mai*, 1704, p. 202; *oct.*, 1706, p. 205; *juin*, 1709, p. 240; *oct.*, 1722, p. 163; *mai*, 1727, p. 1042; *mai*, 1740, p. 1041; *juill.*, 2ᵉ vol., 1777, p. 212.

Châteauneuf. *Oct.*, 1700, p. 133; *mars*, 1710, p. 158; *sept.*, 2ᵉ vol., 1725, p 2514; *mars*, 1728, p. 643; *janv.*, 1730, p. 184. V. encore CASTAGNIÈRES et BORDAT (DU).

Châteauneuf de Rochebonne. *Mars*, 1740, p. 609.

Châteauregnard. V. AQUIN.

Châteaurenaud. *Mai*, 1710, p. 205; *mai*, 1715, pp. 134-150, *nov.*, 1726, p. 2684; *déc.*, 1ᵉʳ vol., 1728, p. 2759; *mai*, 1759, p. 1038; *févr.*, 1765, p. 205. V. encore ROUSSELET.

Châteauroux. *Déc.*, 1744, p. 209.

Châteauvieux. V. ARMAND.

Châteauvillain. *Avr.*, 1693, p. 87; *août*, 1698, p. 242; *juill.*, 1755, p. 224.

Châtel (du). V. TANNEGUY.

Châtelain. *Oct.*, 1691, p. 228; *juill.*, 1708, p. 44; *mars*, 1712, p. 148; *juin*, 1ᵉʳ vol., 1747, p. 214; *oct.*, 1ᵉʳ vol., 1758, p. 204.

Châtelard. *Avr.*, 1709, p. 264.

Châtelard de Salières. *Déc.*, 1ᵉʳ vol., 1751, p. 190; *janv.*, 1ᵉʳ vol., 1757, pp. 250 et 256. V. encore HAUTERIVE.

Châtelet (du). *Juill.*, 1695, p. 212; *janv.*, 1703, p. 528; *mai*, 1703, p. 217; *août*, 1704, p. 96; *juin*, 1705, p. 87; *déc.*, 1705, p. 44; *nov.-déc.*, 1707, p. 67; *févr.*, 1709, p. 240; *janv.*, 1712, p. 275; *juin*, 1714, p. 129; *juin*, 2ᵉ vol., 1725, p. 1456; *janv.*, 1732, p. 198; *oct.*, 1735, p. 2303; *déc.*, 1753, p. 2746; *oct.*, 1754, p. 2514; *juin*, 1741, p. 1242; *nov.*, 1747, p. 206; *août*, 1752, p. 198; *juin*, 2ᵉ vol., 1753, p. 194; *juill.*, 1753, p. 211; *juin*, 2ᵉ vol., 1754, p 202; *déc.*, 1ᵉʳ vol., 1754, p. 207; *mars*, 1755, p. 198; *févr.*, 1757, p. 227; *mai*, 1766, p. 209; *mars*, 1778, p. 208.

Châtelet d'Haraucourt (du). *Avr.*, 2ᵉ vol., 1770, p. 212.

Châtelet-Lomon. *Oct.*, 1749, p. 211.

Châtenai. *Juill.*, 1727, p. 1709. V. encore CHASTENAY et CHASTENAYE.

Châtillon. *Mars*, 1696, p. 227; *mars*, 1710, p. 289; *janv.*, 1711, p. 115; *juill.*, 1711, p. 199; *déc.*, 1711, p. 521; *avr.*, 1722, p. 185; *mai*, 1725, p. 1053; *juin*, 1er vol., 1728, p. 1254; *déc.*, 2e vol., 1736, p. 2980; *juin*, 1711, p. 1274; *juin*, 2e vol., 1755, p. 191; *mai*, 1751, p. 209; *janv.*, 1er vol., 1765, p. 202; *janv.*, 2e vol., 1765, p. 181; *avr.*, 2e v., 1777, p. 211. V. encore Robert et Plessis-Chatillon (du).

Châtillon-Luxembourg. *Mars*, 1751, p. 609.

Châtillon-sur-Marne. *Avr.*, 1703, p. 53; *avr.*, 1708, p. 179; *juill.*, 1708, pp. 270-280; *juill.*, 1711, p. 199.

Châtre (la). *Mai*, 1691, p. 501; *mai*, 1716, p. 276; *déc.*, 1er vol., 1723, p. 1240; *sept.*, 1750, p. 2115; *juill.*, 1751, p. 1682; *juill.*, 1759, p. 1675; *juin*, 1740, p. 1241; *févr.*, 1750, p. 206; *mars*, 1755, p. 191; *oct.*, 2e vol., 1771, p. 210.

Chattongne. V. Roy (le).

Chauchon. *Mars*, 1777, p. 235.

Chaulieu. V. Anfrie.

Chaulnes. V. Ailly et Albert de Luynes.

Chaulnes d'Epinay. *Mars*, 1716, p. 221.

Chaumejan-Fourille. *Janv.*, 1706, pp. 293-504; *sept.*, 1715, p. 50; *mars*, 1720, p. 165; *août*, 1751, p. 1686; *avr.*, 2e vol., 1765, p. 205.

Chaumont. *Oct.*, 1706, p. 525; *févr.*, 1710, p. 192; *avr.*, 1711, p. 840; *janv.*, 1er vol., 1769, p. 211; *juill.*, 2e vol., 1772, p. 212. V. encore Guiry.

Chaumont de la Galaisière. *Mars*, 1751, p. 209; *nov.*, 1761, p. 197.

Chaumont de la Millière. *Avr.*, 1er vol., 1772, p. 222.

Chaumont-Guitry ou Quitri. *Oct.*, 1756, p. 2372; *sept.*, 1751, p. 211.

Chau-Montauban (la). *Avr.*, 1710, p. 283; *mai*, 1772, p. 211.

Chaussée (la). *Juin*, 1er vol., 1751, p. 209.

Chaune de Vezanne. *Oct.*, 1er vol., 1776, p. 211.

Chaussée d'Eu (la). *Mars*, 1698, p. 251.

Chausseraye. *Avr.*, 1753, p. 819.

Chauveau V. Cavalier.

Chauvelin. *Déc.*, 1709, pp. 162 et 285; *août*, 1715, p. 315; *avr.*, 1721, p. 785; *déc.*, 1er vol., 1725, p. 2940; *janv.*, 1727, p. 193; *déc.*, 1er vol., 1727, p. 2754; *déc.*, 1er vol., 1728, p. 2761; *févr.*, 1729, p. 412; *juin*, 1er vol., 1729, p. 1262; *août*, 1729, pp. 1899 et 1900; *déc.*, 1er vol., 1729, p. 3166; *déc.*, 2e vol., 1750, p. 2969; *févr.*, 1752, p. 408; *juill.*, 1755, p. 1667; *janv.*, 1757, p. 159; *sept.*, 1759, p. 2090; *déc.*, 2e vol., 1746, p. 212; *déc.*, 2e vol., 1750, p. 196; *juin*, 2e vol., 1751, p. 204; *janv.*, 2e vol., 1756, p. 230; *mai*, 1756, p. 257; *mai*, 1758, p. 206; *avr.*, 2e v., 1762, p. 208; *déc.*, 1761, p. 205; *avr.*, 2e vol., 1767, p. 198; *févr.*, 1770, p. 215; *déc.*, 1773, p. 228.

Chauvigny. *Avr.*, 2e vol., 1776, p. 210.

Chauvigny de Blot. *Mai*, 1760, p. 208; *mars*, 1778, p. 208.

Chauvin. *Mars*, 1699, p. 148; *déc.*, 1715, p. 221; *août*, 1729, p. 1900; *avr.*, 1751, p. 827.

Chauviré. *Mars*, 1706, p. 151.

Chauvirey. *Oct.*, 1715, p. 2315.

Chavagnac. *Janv.*, 1er vol., 1773, p. 212; *sept.*, 1776, p. 210.

Chavannes. *Janv.*, 1703, p. 107.

Chavaudon. *Janv.*, 1700, p. 252; *janv.*, 1708, p. 160; *juin*, 1er vol., 1731, p. 1390; *déc.*, 1er vol., 1751, p. 181.

Chavayne. *Mai*, 1716, p. 275.

Chavignard de Chavigny. *Avr.*, 1er vol., 1771, p. 212; *juin*, 1772, p. 223.

Chavigné. *Mars*, 1775, p. 208.

Chavigni. V. Bouthellier.

Chavigny. V. Chavignard et Gamot.

Chazans. V. Godran.

Chazeron. V. Monestay.

Chef-de-Bien. *Oct.*, 1722, p. 165.

Chef-de-Ville. *Déc.*, 2e vol., 1750, p. 2969; *nov.*, 1752, p. 2508.

Cheilus de Saint-Jean. *Déc.*, 2e vol., 1751, p. 2915.

Chélas. V. Merlin.

Chémault. V. Bethault.

Chémerault. *Janv.*, 1705, p. 315; *mars*, 1708, p. 503.

janv., 1690, p. 203, et *déc.*, p. 284; *juill.*, 1695, pp. 195-251; *oct.*, 1698, p. 256; *mai*, 1699, p. 188; *janv.*, 1703, pp. 534 et 535; *mai*, 1705, p. 8; *nov.*, 1705, p. 174, *oct.*, 1706, pp. 214 et 240; *nov.* et *déc.*, 1707, p. 536; *mai*, 1710, p. 160; *nov.*, 1710, p. 98; *avr.*, 3ᵉ part., 1711, pp. 2-66; *juin-juill.*, 2ᵉ part., 1721, p. 84; *juin*, 1726, p. 1271; *mars*, 1728, p. 646; *juin*, 1ᵉʳ vol., 1728, p. 1253; *juill.*, 1728, p. 1694; *déc*, 2ᵉ vol., 1728, p. 2974; *mai*, 1732, p. 1022; *sept.*, 1755, p. 2082; *nov.*, 1756, p. 2568; *janv.*, 1757, p. 167; *juin*, 1ᵉʳ vol., 1757, p. 1217; *nov.*, 1758, p. 2505; *févr.*, 1751, p. 202; *oct.*, 1752, p. 206; *mai*, 1754, p. 207; *juin*, 2ᵉ vol., 1754, p. 202; *janv.*, 1ᵉʳ vol., 1756, p. 218 et 220; *sept.*, 1759, p. 213; *juin*, 1761, p. 216; *avr.*, 2ᵉ vol., 1763, p. 205; *janv.*, 1ᵉʳ vol., 1764, p. 182; *juin*, 1764, ", 202; *nov.*, 1766, p. 209; *avr.*, 2ᵉ vol., 1767, p. 191; *nov.*, 1768, p. 214; *janv.*, 1ᵉʳ vol., 1770, p. 213; *oct.*, 2ᵉ vol., 1770, p. 214; *avr.*, 1ᵉʳ vol., 1775, p. 209. V. encore GOUFFIER.

Choiseul-Beaupré. *Nov.*, 1745, p. 252; *juin*, 2ᵉ vol., 1751, p. 198; *août*, 1755, p. 210, *nov.*, 1755, p. 207; *oct.*, 2ᵉ vol., 1760, p. 211; *avr.*, 1ᵉʳ vol., 1762, p. 204; *déc.*, 1767; p. 259; *févr.*, 1769, p. 224; *oct.*, 2ᵉ vol., 1771, p. 210; *févr.*, 1774, p. 212.

Choiseul – Bussière. *Mars*, 1775, p. 215.

Choiseul d'Aillecourt. *Juill.*, 2ᵉ vol., 1777, p. 211.

Choiseul-Eguilly. *Mai*, 1766, p. 210.

Choiseul-Meuze. *Déc.*, 1772, p. 210.

Choiseul-Stainville. *avr.*, 1ᵉʳ vol., 1761, p. 197; *oct*, 1774, p. 256. V. encore STAINVILLE.

Choisy (des). V. LESMERYE.

Choisy. *Juill.*, 1697, p. 252; *mars*, 1710, p. 277; *oct.*, 1724, p. 2225; *mai*, 1744, p. 1059; *avr.*, 1752, p. 209.

Chol de Torpannes. *Oct.*, 1727, p. 2357; *janv.*, 1757, p. 161.

Chomart. *Sept.*, 1708, p. 60.

Chomel. *Juin*, 2ᵉ vol., 1754, p. 205.

Chomel de Blssy. *Janv.*, 1738, p. 185.

Choppin. *Mars*, 1739, p. 615.

Choppin d'Arnouville. *Janv.*, 1698, p. 265.

Chory. *Juill.*, 1708, p. 29.

Chouly de Permangle. *Nov.*, 1741, p. 2554.

Chouart. V. CHOART.

Chourses. *Juin*, 2ᵉ vol., 1751, p. 198.

Chourses de Beauregard. *Sept.*, 1747, p. 174.

Choynard. *Oct.*, 1740, p. 2325.

Chrétien. *Juin*, 1ᵉʳ vol., 1752, p. 205.

Chubéré. *Avr.*, 1720, p. 188; *juin*, 2ᵉ vol., 1729, p. 1470.

Chuppin. *Nov.*, 1729, p. 2738.

Cillard. V. VILLENEUVE.

Ciptère. *Déc.*, 1ᵉʳ vol., 1727, p 2748.

Circé. *Août*, 1704, p. 240.

Cirier (le). *Mai*, 1731, p. 1196.

Cirier de Neufchelles. *Oct.*, 1753, p. 2297.

Cisternay, *Déc.*, 1700, p. 176.

Cisternay du Fay. *Févr.*, 1742, p. 400.

Cisterne (la). *Avr.*, 1750, p. 212.

Citran. *Mai*, 1760, p. 206. V. encore DONNISSEAU.

Civrac. *Juin*, 1ᵉʳ vol., 1753, p. 195; *oct.*, 1ᵉʳ vol., 1768, p. 215. V. encore DURFOT DE CIVRAC.

Clairac. V. MARNIE (LA).

Clairambault (célèbre musicien). *Janv.*, 1750, p. 200.

Clairaut. *Juill.*, 2ᵉ vol., 1765, p. 193.

Claire. *Févr.*, 1726, p. 594.

Clarbec. V. BOREL.

Clarck. *Déc.*, 2ᵉ vol., 1755, p. 199.

Clare. *Juin*, 1706, p. 555; *juin*, 1ᵉʳ vol., 1754, p. 196; *mai*, 1755, p. 204. V. encore THOMOND,

Clare de Périssac. *Avr.*, 1ᵉʳ vol., 1774, p. 212.

Claye. V. HÉROUVILLE.

Clément. *Juin*, 2ᵉ vol., 1750, p. 183; *avr.*, 1ᵉʳ vol., 1771, p. 212.

Clément de Feillet. *Sept.*, 1743, p. 2106.

Clément du Metz. *Mai*, 1778, p. 212. V. encore METZ (DU).

Cléradius de Pra de Balay-Saulx de Pezeux. *Déc.*, 1ᵉʳ vol., 1742, p. 2765. V. encore PEZEUX.

Clérambault. *Févr.*, 1696, p. 296; *janv.* 1703, p. 294; *août*, 1714,

p. 264; *déc.*, 1750, p. 2966. V. encore GIL 1ER.

Cléramoault de Vendeuil. *Août,* 1745, p. 1884.

Clerc (le). *Avr.,* 1751, p. 815 ; *nov.,* 1751, p. 2685; *mai,* 1754, p.1025; *oct.,* 1754, p. 2307.

Clerc de Juigné (le). *Juin,* 2e vol., 1749, p. 205. V. encore JUIGNÉ.

Clerc de la Bruère (le). *Janv.,* 1755, p. 215.

Clerc de Lesseville (le). *Nov.,* 1690, p. 244 ; *avr.,* 1696, p. 297; *sept.,* 1699, p. 250; *août,* 1700, p.159; *sept.,* 1700, p. 281; *mars,* 1701, p. 189; *avr.,* 1703, p. 276; *mars,* 1705, p. 108; *oct.,* 1707, p. 62; *mai,* 1708, p. 266; *juin,* 4e part. 1711, p. 50; *mars,* 1712, p. 152 ; *août,* 1716, p. 208 ; *avr.,* 1719, p. 158; *janv.,* 1724, p.161; *sept.,* 1er vol., 1725, p. 2111; *mars,* 1727, p. 626; *sept.,* 1727, p.2154; *janv.,* 1728, p. 187 ; *févr.,* 1757, p. 406; *mars,* 1749, p. 210; *juin,* 1er vol., 1755, p. 208.

Clerc des Hayes (le). *Juin,* 1er vol., 1730, p.1257; *nov.,* 1730, p.2532; *févr.,* 1737, p. 405; *mars,* 1771, p. 210.

Clerc du Tremblay (le). *Avr.,* 1704, p. 66; *août,* 1704, p. 243; *sept.,* 1704, p. 257; *oct.,* 1705, p. 521; *nov.,* 1706, p.325; *mars,* 1er vol., 1722, p. 170.

Clère. *Juin,* 1er vol., 1735, p. 1239; *déc.,* 2e vol., 1737, p. 2951.

Clère de Gaupillière. *Sept.,* 1718, p. 212; *févr.,* 1720, p. 172.

Clère de la Devèze. *Juin,* 2e vol., 1748, p. 207. V. encore DEVÈZE (LA).

Clérel de Tocqueville. *Oct.,* 1er vol., 1756, p. 230; *févr.,* 1776, p. 211.

Clérel. *Févr.,* 1728, p. 413.

Clérigny. V. COICAULT.

Clérimbert. *Août,* 1708, p. 72.

Clermont. *Janv.,* 1728, p. 189; *juill.,* 1758, p. 1656. V. encore BERTHE.

Clermont - Chaste. *Janv.,* 1740, p. 175; *mai,* 1740, p. 1054; *juin,* 2e vol., 1753, p. 195. V. encore CLERMONT DE CHARTE.

Clermont d'Amboise. *Août,* 1701, p. 313; *mai,* 1706, p. 28; *janv.,* 1720, p. 165; *juin,* 1er vol., 1754,

p. 1252; *juin,* 1759, p. 1248; *déc.,* 1er vol., 1746, p. 186; *oct.* 1749, p. 209; *déc.,* 2e vol., 1751, p. 205; *avr.,* 1753, p. 198; *avr.,* 1er vol., 1761, p. 197; *nov.,* 1761, p. 197.

Clermont de Charte ou de Chaste. *Oct.,* 1721, p. 195; *nov.,* 1750, p. 224. V. encore CLERMONT-CHASTE.

Clermont de Gallérande. *Août,* 1750 p. 209; *avr.,* 1er vol., 1758, p. 206; *déc.* 1765, p. 262; *juill.,* 2e vol., 1774, p. 212; *févr.,* 1776, p. 210.

Clermont de Montoison. *Août,* 1754. p. 1891; *janv.,* 1746, p. 199.

Clermont de Thoury. *Mars,* 1704, p. 204.

Clermont - Lodève. *Avr.,* 1698, p. 214; *nov.,* 1703, p. 104; *mai,* 1705, p. 264; *févr.,* 1756, p. 235; *déc.,* 1767, p. 243; *août.,* 1775, p. 213.

Clermont - Narbonne. *Avril,* 1702, p. 201; *sept.,* 1705, p. 113; *oct.,* 1705, p. 294.

Clermont-Reynel. *Août,* 1701, p.313; *juin,* 1702, p. 390.

Clermont - Roussillon. *Août,* 1707, p. 52.

Clermont - Tonnerre. *Avr.,* 1692, p. 190; *oct.,* 1692, p. 149; *août,* 1698, p. 254; *févr.,* 1701, p. 199; *nov.,* 1701, p. 110; *mars,* 1704, p. 203; *nov.,* 1705, p. 181; *janv.,* 1709, p. 253; *mars,* 1724, p. 574; *mars,* 1728, p. 644; *août,* 1729, p. 1900; *août,* 1731, p. 2042; *mai,* 1752, p. 1015; *juin,* 1741, p. 1261; *août,* 1747, p. 181; *nov.,* 1747, p. 118; *déc.,* 1er vol., 1751, p. 185; *janv.,* 1753, p. 209; *déc.,* 2e vol., 1753, p. 191; *juill.,* 1er vol., 1756, p. 234; *janv.,* 2e vol., 1757, p. 233; *sept.,* 1769, p. 225; *avr.,* 2e vol., 1772, p. 212; *déc.,* 1774, 272.

Cléry. *Oct.,* 1727, p. 2349; *avr.,* 1742, p. 837.

Cléry-Créquy. *Mars,* 1750, p. 197.

Clieu. V. ERCHIGNY.

Clisson. *Mai,* 1696, p. 295; *juin,* 1706, p. 551; *févr.,* 1720, p. 410.

Clodoré. *Janv.,* 1703, p. 342.

Closen. *Déc.,* 1764, p. 204.

Clue (la). V. Bercet.

Clugny. *Nov.*, 1741, p. 2548; *nov.*, 1750, p. 228; *oct.*, 1752, p. 206; *juin*, 2ᵉ vol., 1753, p. 184; *nov.*, 1755, p. 201; *juill.*, 1ᵉʳ vol., 1775, p. 211; *nov.*, 1776, p. 212.

Clugny - Thémissey. *Mars*, 1775, p. 213; *mai*, 1778, p. 211.

Cluselles. V. Sabrevois.

Coadeletz. *Juill.*, 1706, p. 87.

Coberet. *Nov.*, 1756, p. 227.

Cochard de Chastenaye. *Oct.*, 1ᵉʳ vol., 1772, p. 212.

Cocherel de Bourdonné. *Mai*, 1721, p. 160.

Cochet de Saint-Vallier. *Oct.*, 1700, p. 155; *mai*, 1701, 1ᵉʳ vol., p. 526; *déc.*, 1738, p. 2723; *avr.*, 1ᵉʳ vol., 1775, p. 209.

Cochevillet de Vauvineux. *Sept.*, 1705, p. 219; *déc.*, 1719, p. 189.

Cochin. *Sept.*, 1740, p. 2124; *déc.*, 1740, p. 2758; *mars*, 1747, p. 205.

Cocq (le). *Juin*, 1683, p. 67; *oct.*, 1691, p. 217; *nov.*, 1691, p. 261; *nov.*, 1694, p. 502; *sept.*, 1697, p. 254; *mars*, 1699, p. 140; *mars*, 1700, p. 106; *mars*, 1700, p. 260; *août*, 1716, p. 205; *oct.*, 1716, p. 257; *févr.*, 1720, p. 405; *janv.*, 1737, p. 156; *janv.*, 1740, p. 181.

Cocquebert. *Févr.*, 1711, p. 121; *févr.*, 1ʳᵉ part., 1715, p. 114; *oct.*, 1757, p. 2313; *mars*, 1761, p. 216.

Coëtcandec. V. Choant et Pontevez.

Coëtenfao. *Avr.*, 1706, p. 294; *avr.*, 1710, p. 309; *avr.*, 1712, p. 312; *juill.*, 1715, p. 245; *févr.*, 1721, p. 127; *juin*, 1ᵉʳ vol., 1729, p. 1264; *juill.*, 1732, p. 1667; *déc.*, 2ᵉ vol., 1751, p. 2947. V. encore Kerchoent et Rumain.

Coëtgenval. V. Louet (du).

Coëtlogon. *Oct.*, 1702, p. 538; *juin*, 1703, pp. 44-51; *déc.*, 1706, p. 154; *mai*, 1707, p. 91; *juin*, 1712, p. 112; *mai*, 1714, p. 141; *avr.*, 1729, p. 825; *juin*, 1ᵉʳ vol., 1750, p. 1254; *févr.*, 1751, p. 402; *juill.*, 1755, p. 1668; *mars*, 1744, p. 606; *juin*, 1744, p. 1486; *déc.*, 1744, p. 208; *août*, 1748, p. 215; *avr.*, 1750, p. 209.

Coëtlosquet. *Oct.*, 1ᵉʳ vol., 1765, p. 209; *juill.*, 1ᵉʳ vol., 1770, p. 250.

Coëtmadeuc. V. Lopriac.

Coëtmen. *Nov.*, 1751, p. 194.

Coëtquen. *Nov.*, 1696, p. 321; *juin-juill.*, 2ᵉ part., 1721, p. 86; *juin*, 2ᵉ vol., 1727, p. 1486; *juin*, 1745, p. 1240.

Coëtquen de Combourg. *Mars*, 1755, p. 617.

Coëtyon. V. Bourdonnaye (la).

Cœuret de Nesle. *Déc.*, 1759, p. 5148.

Cœuret d'Osigny. *Juin*, 2ᵉ vol., 1750, p. 185.

Coffin. *Août*, 1749, p. 195.

Cohon du Parc. *Août*, 1758, p. 1878.

Cohorn. *Mars*, 1755, p. 617; *févr.*, 1758, p. 567.

Cohorn de la Palun. *Janv.*, 1755, p. 203; *avr.*, 1754, p. 203.

Cohorne. V. Cohorn.

Coicault de Clérigny. *Janv.*, 1700, p. 250.

Coiffy. V. Geoffroy.

Coignac. V. Princerie (la).

Coignet. *Juill.*, 1742, p. 1666.

Coignet de la Thuillerie. *Déc.*, 1696, pp. 57-85; *oct.*, 1752, p. 2296; *févr.*, 1772, p. 213.

Coigneux (le). *Avr.*, 1686, p. 522; *sept.*, 1687, p. 516; *janv.*, 1688, p. 192; *oct.*, 1694, pp. 287 et 291; *janv.*, 1705, p. 102; *janv.*, 1705, p. 185; *mai*, 1715, p. 211.

Coigni. V. Franquetot.

Coillot de Monthérant. *Déc.*, 1ᵉʳ vol., 1751, p. 188.

Cointre (le). *Oct.*, 1742, p. 2316.

Coislin. V. Cambout (du).

Colandon. V. Corderie (la).

Colandres. *Avr.*, 1710, p. 275.

Colanges. *Mars*, 1716, p. 24.

Colardeau. *Mai*, 1776, p. 211.

Colbert. *Mars*, 1688, p. 207; *juin*, 1693, p. 197; *juill.*, 1696, p. 524; *févr.*, 1698, p. 285; *sept.*, 1698, p. 265; *mars*, 1700, p. 215; *avr.*, 1702, p. 254; *janv.*, 1704, p. 231; *août*, 1704, p. 590; *sept.*, 1704, pp. 218 et 261; *mai*, 1705, p. 216; *juin*, 1705, p. 327; *avr.*, 1706, p. 280; *oct.*, 1706, p. 551; *nov.-déc.*, 1707, p. 396; *janv.*, 1708, p. 290; *juill.*, 1708, p. 143; *juill.*, 1710, p. 48; *juill.*, 1710, p. 173;

avr., 1726, p. 851; déc., 1er vol., 1728, p. 2764; juin, 2e vol., 1729, p. 1470; juill., 1755, p. 1676; avr., 1738, p. 817; oct., 1738, p. 2502; mai, 1744, p. 1055; août, 1755, p. 255; janv., 1er vol., 1756, p. 221; janv., 2e vol., 1756, p. 252; juill., 1er vol., 1761, p. 209; févr., 1774, p. 212; mars, 1775, p. 235; juill., 2e vol., 1777, p. 212. V. encore VAREVILLE.

Coniac. V. DINAN.

Constant. Avr., 2e vol., 1763, p. 204.

Constant de Rebecque. Juin, 1756, p. 254.

Contade. Juin, 1706, p 349; juill., 1708, p. 146; oct., 1735, p. 2525; mai, 1766, p. 210.

Contos. V. SAINT-MARSAL.

Cook. Sept., 1740, p. 2122; sept., 1762, p. 195.

Copley. Août, 1771, p. 215.

Coqfontaine. Févr., 1705, p. 272.

Coquet de Totteville. Août, 1774, p. 215.

Corberon. Avr., 1729, p. 824.

Corbinelli. Sept., 1707, p. 152 ; janv., 2e vol., 1767, p. 214.

Corbonet. Août, 1702, p. 256.

Corcy. V. HUBERT.

Cordebœuf-Beauverger. Mars, 1746, p. 207; janv., 1750, p. 198; oct., 1er vol., 1763, p. 209. V. encore BEAUVERGER.

Cordemoy. V. GÉRAULD.

Corderie-Colandon (la). Déc., 1696, p. 259.

Cordier de l'Aunay. Nov., 1736, p. 2585; sept., 1740, p. 2124.

Cordier du Tronc (le). Déc., 1719, p. 189; févr., 1742, p. 406.

Cordouan. Mai, 1752, p. 1020.

Cordouan de Langey. Mars, 1747, p. 206 ; sept., 1750, p. 196.

Corgenon. Mai, 1710, p. 201.

Coriolis. Août, 1752, p. 201.

Coriolis d'Espineuse. Sept., 1735, p. 2115; déc., 1775, p. 227.

Cormeil. Janv., 1705, p. 115.

Cormier de la Courneufve. Déc., 2e vol., 1755, p. 200.

Cormier de Sainte-Hélène. Janv., 1er vol., 1765, p. 204.

Cormis. Juin, 2e vol., 1749, p. 205; juin, 1er vol., 1734, p. 1252; avr., 1735, p. 824.

Corn de Cayssac. Oct., 1704, p. 57.

Cornier (le). Juin, 1741, p. 1245.

Corpillon. V. MILANI.

Cornu de Bolivière. Juin, 1er vol., 1730, p. 1255.

Cornuau de la Grandière. Juin, 1er vol., 1736, p. 1235.

Corte. Mars, 1778, p. 207.

Cosmans d'Astrie. Déc., 1717, p. 296.

Cosnac. Nov., 1739, p. 2717; sept., 1741, p. 2117.

Cosnac-Cressé. Févr., 1694, pp. 159-164; oct., 1699, p. 252; févr., 1708, p. 190; avr., 1717, p. 212.

Cosnouailles de Saint-George. Oct., 2e vol., 1764, p. 207.

Cosquino. Nov., 1737, p. 2531.

Cossart. V. FLORANT.

Cossé-Brissac. Avr., 1692, pp. 149-165; janv., 1703, p. 540; août, 1707, p. 43; avr., 1708, p. 351; nov., 1708, p. 195; juill., 1709, p. 227; août, 1709, pp. 89-107; mars, 1710, p. 290; mai, 1710, p. 159; déc., 1720, p. 165; févr., 1721, p. 126; juin, 1726, p. 1275; avr., 1752, p. 799; juill., 1752, p. 1669; mars, 1757, p. 616; avr., 1740, p. 820; févr., 1745, p. 592; déc., 1er vol., 1746, p. 181; févr., 1753, p. 212; juin, 2e vol., 1753, p. 195; sept., 1754, p. 216; déc., 1er vol., 1754, p. 206, nov., 1756, p. 230; janv., 2e vol., 1757, p. 235; oct., 1er vol., 1757, p. 202; déc., 1757, p. 203; oct., 1er vol., 1759, p. 235; avr., 1er vol., 1760, p. 214; avr., 2e vol., 1767, p. 198; juin, 1770, p. 249; oct., 1er vol., 1771, p. 222.

Cossé d'Oiselay. Déc., 1767, p. 241.

Cossé de la Motte-Fouqué. Juin, 1er vol., 1737, p. 1228.

Cossin. Août, 1749, p. 198.

Cosson de l'Isle. Avr., 1741, p. 826.

Coste. Mars, 1702, p. 298 ; oct., 1707, p. 296; janv., 1758, p. 178.

Coste (la). Août, 1715, p. 255.

Coste de Champéron. Avr., 1753, p. 204; déc., 2e vol., 1753, p. 201; avr., 1er vol., 1762, p. 202.

Coste de Lengros (la). Oct., 1696, p. 275.

Costé de Saint-Suplix. Sept., 1746, p. 189; juill., 1749, p. 200.

Côte. V. COSTE.

Cousinet. *Juill.*, 1724, p. 1635; *mai*, 1756, p. 1035; *juin*, 1er vol., 1757, p. 1224.

Coustard. *Févr.*, 1719, p. 127; *févr.*, 1730, p. 421; *juin*, 2e vol., 1749, p. 204.

Coustelier. *Mai*, 1738, p. 1024.

Coustelier de Lissiers. *Juin*, 1741, p. 1470.

Coustou. *Juill.*, 2e vol., 1777, p. 213.

Couteulx (le). *Sept.*, 1754, p. 216.

Cousturier (le). *Juill.*, 1742, p. 1662; *févr.*, 1744, p. 402; *mai*, 1744, p. 1054.

Cousturier de Mauregard (le). *Sept.*, 1747, p. 180.

Cousturier de Neuville. *Nov.*, 1733, p. 2524; *déc.*, 2e vol., 1723, p. 2955; *oct.*, 1734, p. 2514.

Coutance. *Sept.*, 1749, p. 213.

Coutand de Coulanges. *Mars*, 1755, p. 195. V. encore COULANGES.

Couturelle. V. BOUDART.

Couturier. *Janv.*, 1728. p. 185; *avr.*, 2e vol., 1770, p. 213.

Couvay. *Juill.*, 1755, p. 222.

Couvrelle. V. VALLON.

Covarruvias. V. VELASQUEZ.

Covet de Marignane. *Juill.*, 1752, p. 197. V. encore MARIGNANE.

Coye. V. ROSE.

Coypel. *Sept.*, 1752, p. 206.

Cramaille. V. DESMARETS.

Cramezel. *Juin*, 2e v., 1751, pp. 199-208; *févr.*, 1752, p. 212; *avr.*, 1752, p. 211; *mai*, 1759, p. 205.

Craon. *Juin*, 1er vol., 1754, p. 209.

Crasse. *Déc.*, 1765, p. 250.

Cray. *Nov.*, 1702, p. 165.

Créansé. *Oct.*, 1er vol., 1762, p. 197.

Crébillon. *Juill.*, 2e vol., 1762. pp. 141-201; *avr.*, 2e vol., 1777, p. 212.

Crécy. *Avr.*, 1710, p. 284; *juin*, 1741, p. 1467. V. encore BEAUMARDY, CRÉCY et VERJUS.

Creil. *Juin*, 1691, p. 207; *févr.*, 1694, p. 519; *déc.*, 1696, p. 287; *mars*, 1697, p. 267; *févr.*, 1698, p. 260; *avr.*, 1698, p. 246; *mars*, 1699, p. 154; *mars*, 1699, p. 145; *mai*, 1703, p. 127; *janv.*, 1700, p. 556; *sept.-oct.*, 1710, p. 272; *mars*, 1718, p. 174; *août*, 1724, p. 1848; *juin*, 2e vol., 1725, p. 1456; *mai*, 1726, p. 1075;

déc., 1er vol., 1726, p. 2803; *août*, 1751, p. 2046; *janv.*, 1734, p. 192; *janv.*, 1755, p. 185; *oct.*, 1755, p. 2528; *déc.*, 2e vol., 1735, p. 2942; *janv.*, 1739, p. 182; *oct.*, 1745, p. 199; *nov.*, 1755, p. 206; *juin*, 1761, p. 217; *juin*, 1775, p. 212.

Creil de Soisy. *Oct.*, 1745, p. 199.

Crémeaux. *Janv.*, 1709, p. 229; *mars*, 1755, p. 602. V. encore ENTRAGUES.

Crenay. *Avr.*, 1er vol., 1775, p. 212. V. CRESNAY.

Créquy. *Févr.*, 1687, pp. 512-520; *août*, 1702, p. 257; *sept.*, 1702, p. 228; *oct.*, 1702, p. 99; *août*, 1707, p. 177; *août*, 4e part., 1711, p. 62; *avr.*, 1713, p. 152; *janv.*, 1715, p. 190; *févr.*, 1re part., 1715, p. 119; *mars*, 1716, p. 12; *avr.*, 1724, p. 784; *mars*, 1737, p. 614; *avr.*, 1757, p. 850; *avr.*, 1740, p. 819; *mars*, 1745, p. 234; *avr.*, 1747, p. 203; *oct.*, 2e vol., 1771, p. 211. V. encore ESDIGUIÈRES et CLÉRY-CRÉQUY.

Cresnay. *Nov.*, 1756, p. 231. V. CRENAY.

Crelon. *Mai*, 1738, p. 1025.

Cressé. V. COSNAC.

Crest de Chigi. *Sept.*, 1770, p. 228.

Crestot. *Juill.*, 1er vol., 1772, p. 213. V. NÉEL.

Crèvecœur. *Nov.*, 1737, p. 2552; *juin*, 1741, p. 1468; *sept.*, 1746, p. 192; *juin*, 2e vol., 1749, p. 201.

Crévolle. *Déc.*, 1770, p. 235.

Crillon. V. BERTON et BRUNEAU.

Crissé. V. TURPIN.

Cristot. V. CRESTOT.

Crochans. V. GUYON.

Croiset. *Sept.*, 1705, p. 294; *nov.*, 1728, p. 2562; *déc.*, 1er vol., 1747, p. 205.

Croisilles. *Mars*, 1724, p. 675.

Croismarc. *Mai*, 1717, p. 165; *avr.*, 2e vol., 1775, p. 212.

Croissi. V. COLBERT.

Croix (la). *Janv.*, 1758, p. 176; *sept.*, 1751, p. 214; *janv.*, 2e vol., 1772, p. 213; *juill.*, 2e vol., 1775, p. 211. V. encore JAGOUX.

Croix de Castries (la). *Mai*, 1693, p. 299; *nov.*, 1702, p. 244; *janv.*, 1716, p. 241; *oct.*, 1716, p. 259;

1747, p. 199; *déc.*, 1er vol., 1751, p. 178.
Cullembourg. *Avr.*, 1729, p. 822.
Cullon d'Arcy. *Déc.*, 1775, p. 226.
Cuminal. *Août*, 1763, p. 199.
Curée (la). *Déc.*, 1765, p. 196.
Curry. *Avr.*, 1710, p. 291.

Cursay. *Août*, 1738, p. 1879; *janv.*, 1739, p. 186. V. encore Rioult.
Curton. V. Chabanes.
Curly. *Déc.*, 1er vol., 1728, p. 2754.
Custine. *Déc.*, 2e vol., 1747, p 193; *janv.*, 1er vol., 1756, p. 224; *août*, 1761, p. 199.

D

Dagonneau. *Juin*, 1er vol., 1729, p. 1264.
Daine. *Janv.*, 2e vol., 1756, p. 228.
Dalesmes. *Avr.*, 2e vol., 1767, p. 198.
Dalmas. *Mars*, 1739, p. 615. V. encore Hureau.
Dalon. *Juill.*, 1701, p. 346; *juill.*, 1703, p. 564.
Damas. *Mai*, 1704, pp. 179 et 186; *oct.*, 1706, p. 217; *mars*, 1708, p. 78; *sept.*, 1722, p. 195; *mai*, 1732, p. 1022; *juin*, 1er vol., 1756, p. 1256; *sept.*, 1757, p. 2104; *juin*, 1745, p. 1258; *avr.*, 1745, p. 199; *avr.*, 1er vol. 1757, p. 205; *mai*, 1758, p. 205; *févr.*, 1764, p. 234; *déc.*, 1775, p. 234; *juill.*, 2e vol., 1777, p. 211. V. encore Fuligny-Damas.
Damas-Crux. *Févr.*, 1775, p. 212. V. encore Crux.
Damas d'Anglezy. *Oct.*, 1er vol., 1769, p. 225.
Damas d'Antigny. *Déc.*, 1750, p. 3151; *janv.*, 1er vol., 1756, p. 221.
Damas de Ruffey. *avr.*, 2e vol., 1765, p. 206.
Damas du Breuil. *Déc.*, 1753, p. 2714. V. encore Breuil (du).
Damas-Marillac. *Mai*, 1773, p. 212.
Damblard. *Avr.*, 2e vol., 1771, p. 213.
Damblard de Lasmatres. *Mars*, 1755, p. 185.
Damian de Felcon. *Oct.*, 1727, p. 2558.
Damoiseau. *Juin*, 2e vol., 1754, p. 204. V. encore Citran.
Damond. *Sept.*, 1697, p. 250.
Dampierre. *Mai*, 1777, p. 212. V. encore Pajot et Picot.

Dampnard. V. Faure.
Dangé. *Sept.*, 1745, p. 212.
Dangeau. V. Courcillon.
Dangenne. *Oct.*, 1704, p. 189-193. V. Angennes.
Danglejan de Beaumefort, *Mars*, 1749, p. 210.
Danguechin. *Avr.*, 1688, p. 110; *janv.*, 1701, p. 101.
Daniau de Saint-Gilles. *Mars*, 1713, p. 160; *janv.*, 1751, p. 599.
Danes. *Mai*, 1751, p. 1193.
Danois (le). *Janv.*, 1755, p. 212; *oct.*, 1er vol., 1756, p. 236.
Danvaux. V. Tisseuil.
Danycan de l'Espine. *Mai*, 1735, p. 1020; *août*, 1742, p. 1900.
Danzay. V. Mangot.
Dappongny. *Oct.*, 1699, p. 244.
Daquin. *Juin*, 1698, p. 255; *avr.*, 1755, p. 820
Darguel. *Avr.*, 2e vol., 1775, p. 212.
Darifat. *Avr.*, 1710, p. 506.
Darlus. *Déc.*, 2e vol., 1747, p. 198.
Darnaud. *Mars*, 1756, p. 598.
Darrots de la Poupe. *Mai*, 1750, p. 1050.
Darville. V. Boissel.
Dassé. *Août*, 1729, p. 1902.
Daubeuf. *Mars*, 1736, p. 604.
Daudesons. *Mars*, 1577, p. 236.
Dauger. *Mars*, 1761, p. 216.
Daugnon. V. Foucaut.
Daugran. V. Foucault.
Daujat. *Juin*, 1719, p. 125; *mai*, 1759, p. 1039.
Daunaut du Bois de la Roche, *Juin*, 2e vol., 1751, p. 1626.
Daurat. *Juin-juill.*, 2e part. 1721, p. 80.
Dauriac. *Déc.*, 1703, pp. 539 et 571.
Daussun. V. Ossun.

Desnos de la Feuillée. *Déc.*, 1er vol., 1753, p. 196; *déc.* 2e vol., 1753, p. 106; *juin*, 1776, p. 237.

Desnotz de Villermont. *Mai*, 1753, p. 210. V. encore VILLERMONT.

Desnoyers de l'Orne. *Janv.*, 1720, p. 169.

Despies. *Oct.*, 1724, p. 2254.

Desplan. *Oct.*, 1705, p. 310.

Desponty. *Déc.*, 1er vol., 1734, p. 2758; *févr.*, 1737, p. 408; *mai*, 1738, p. 1027; *nov.*, 1741, p. 254.

Despréaux. *Déc.*, 1er vol., 1748, p. 231.

Desprots. *Mars*, 1754, p. 209.

Desréaux. V. BEAUX.

Desrus de Sommerive. *Mars*, 1716, p. 211.

Dessales. V. SALLES (DES).

Desseville. *Mai*, 1752, p. 1021.

Destouches. *Mars*, 1726, p. 610. V. encore CAMUS-DESTOUCHES et MÉRICAULT-DESTOUCHES.

Destutt de Tracy. *Juin*, 2e vol., 1755, p. 185; *nov.*, 1766, p. 210.

Desvieux. *Mars*, 1734, p. 619; *juin*, 1er vol., 1734, p. 1251; *déc.*, 1er vol., 1735, p. 2742; *févr.*, 1736, p. 581; *déc.*, 1741. p. 2938; *mars*, 1746, p. 211; *janv.*, 1757, p. 202; *oct.*, 1er vol., 1760, p. 204.

Devèze (la). *Avr.*, 1702, p. 244; *avr.*, 1710, p. 291; *juin*, 2e vol., 1748, p. 207. V. encore LOUPIAC et CLÉRE.

Deville. V. BARBE.

Devizé. V. DONNEAU.

Dezallier. *Juill.*, 1742, p. 1676.

Diacre des Essars. *Avr.*, 1741, p. 858.

Dicy. V. HUE.

Dieskau. *Déc.* 1767, p. 241.

Dignes de Carlande. *Févr.*, 1714, p. 262.

Dillon. *Févr.*, 1753, p. 597; *avr.*, 2e vol., p. 212; *août*, 1772, p. 207.

Dinan de Coniac. *Mars*, 1759, p. 618.

Dionis. *Oct.*, 1758, p. 2303; *oct.*, 1742, p. 2320; *oct.*, 1747, p. 157.

Divonne-Rumilly. *Juin*, 1706, p. 56.

Doat. *Avr.*, 1er vol., 1775, p. 212.

Dodart. *Août*, 1755, p. 1890; *nov.*, 1775, p. 236.

Dodun. *Juill.*, 1736, p. 1750; *mars*, 1745, p. 601.

Dodun de Boulay. *Mars*, 1716, p. 22.

Doë. *Juin*, 2e vol., 1733, p. 189.

Doger de Cavoye. *Févr.*, 1716. pp. 81-95; *avr.*, 1729, p. 823; *avr.*, 1730, p. 837.

Dogre de Vileneuve (le). *Juin*, 1771, p. 256.

Doignon (du). V. MONTMORT et SAINT-QUENTIN.

Dolmen de la Courtaubois. *Oct.*, 2e vol., 1775, p. 212.

Dongermain. *Avr.*, 2e vol., 1767, p. 197.

Donadieu. *Avr.*, 1er vol., 1758, p. 204.

Dondel. *Avril*, 2e vol., 1767, p. 197.

Donges. V. LOPRIAC DE DONGES.

Dongois. *Févr.*, 1698, p. 256; *nov.*, 1708, p. 261; *juill.*, 1717, p. 207; *mars*, 1745, p. 603.

Doni. *Nov.*, 1745, p. 231.

Donjat. *Mars*, 1710, p. 45; *mai*, 1726, p. 1074.

Donneau-Devizé. *Févr.*, 1699, pp. 159-195.; *avr.*, 1700, p. 261; *juin*, 1706. p. 555; *janv.*, 1708, p. 351; *août*, 1708, p. 266; *sept*, 1714, p. 172; *juin*, 1er vol., 1729, p. 1260; *oct.*, 1757, p. 2305.

Donnery. V. FOYAL.

Donnisseau de Citran. *Janv.*, 2e vol., 1772, p. 211. V. encore CITRAN.

Dorat. *Mai*, 1730, p. 1049.

Dorbay. *Juill.*, 1742, p. 1684.

Dorémieulx. *Mars*, 1708, p. 345; *nov.*, 1708, p. 188.

Doresmieux. *Avr.*, 1751, p. 810.

Doria de Brasseuses. *Juin*, 1746, p. 195.

Dorieux. *Juin*, 1716, p. 153.

Dormans. V. BROGLIE.

Dormoy. *Mai*, 1704, p. 209.

Dorlans. *Avr.*, 1706, pp. 557-265; *juill.*, 1707, p. 164; *févr.*, 1708, p. 45; *août*, 1708, p. 64.

Dosquet. *Avr.*, 1er vol., 1777, p. 212.

Dossun. V. OSSUN.

Douart. *Nov.*, 1724, p. 2496.

Douart de Fleurance. *Juin*, 1er vol., 1748, p. 72. V. encore FLEURANCE.

Doublet. *Déc.*, 1714, p. 245; *juill.*, 1722, p. 179; *mars*, 1724, p. 576; *nov.*, 1728, p. 2561; *mars* 1736, p. 601; *juin*, 1740, p. 1242.

Doublet de Crouy. *Juill.*, 1739, p. 1679.

Dumas V. Mas (du).

Dumée. *Oct.*, 1696, p. 275.

Dumenillet. *Juill* , 1750, p. 1686.

Dumesnil. *Janv.*, 1er vol., 1778, p. 228.

Dumesnil de Sommery. *Janv.*, 1er v., 1765, p. 203. V. encore Castellier et Naussion.

Dumesnilurry. *Nov.*, 1749, p. 212.

Dumonceau. *Oct.*, 1729, p. 2541.

Dumoncel. *Oct.*. 2e vol., 1764, p. 207.

Dumont. *Mars*, 1710, p. 155; *déc.*, 1767, p. 240.

Dunois. *Mai*, 1758, p. 207; *mai*, 1760, p. 208.

Dupil. *Avr.*, 1712, p. 508.

Dupille. *Déc.*, 1771, p. 212.

Dupin. *Avr.*, 1727, p. 848.

Dupleix. *Janv.*, 1736, p. 170; *déc.*, 1742, p. 2761; *févr.*, 1764, p. 235.

Dupleix de Bacquencourt. *Déc.*, 2e vol., 1750, p. 196.

Duplessis. V. Foucaud.

Dupouget de Nadaillac. V. Pouget (du).

Duprat V. Prat (du).

Dupré. *Avr.*, 1705, p. 558; *févr.*, 1708, p. 44; *déc.*, 2e vol., 1756, p. 2980; *févr.*, 1757, p. 408; *oct.*, 1er vol., 1762, p. 198.

Dupré Saint-Maur. *Mars*, 1729, p. 626; *janv.*, 1752, p. 196; *janv.*, 1er vol., 1775, p. 233.

Duquesnay. *Sept.*, 1754, p. 212.

Duquesne. V. Quesne (du).

Dur d'Eguebonne. *Oct.*, 1724, p. 2260.

Durand. *Juin*, 2e vol., 1729, p. 1471; *Déc.*, 1er vol., 1729, p. 2065; *févr.*, 1737, p. 404; *mars*, 1740, p. 611; *avr.*, 1755, p. 209; *oct.*, 1er vol., 1705, p. 209.

Durand d'Auxi. *Mars*, 1751, p. 208; *nov.*, 1770, p. 225.

Durand de Belleguise. *Nov.*, 1742, p. 2549.

Durand de Chalas. *Juin*, 1759, p. 1248; *févr.*, 1752, p. 215.

Durand de Lagny. *Oct.*, 1743, p. 2317.

Durand de Monthassu. *Nov.*, 1752, p. 2507.

Durand de Romilly. *Juill.*, 1744, p. 1702.

Durand de Villeblain. *Juill.*, 1742, p. 1669.

Durand de Villegagnon, *Avr.*, 1687, p. 296; *oct.-nov.*, 1705, p. 291;

oct., 1704, p. 58; *juin*, 1er vol., 1729, p. 1260; *juin*, 2e vol., 1755, p. 228.

Duranti. *Juill.*, 1733, p. 1681.

Duras. V. Durfort de Duras.

Durat de la Serre. *Avr.*, 2e vol., 1769, p. 225.

Duret de Chevry. *Janv.*, 1700, p. 246; *juill.*, 1701, p. 346; *mai*, 1726, p. 1075; *juill.*, 1727, p. 1707; *mai*, 1730, p. 1047; *sept.*, 1733, p. 2090; *nov.*, 1739, p. 2714.

Duret de Villejuif. *Janv.*, 2e vol., 1775, p. 212.

Durey. *Mai*, 1708, p. 320; *mars*, 1728, p. 645; *mars*, 1729, p. 622; *août*, 1729, p. 1902; *juin*, 2e vol., 1731, p. 1626; *juill.*, 1732, p. 1669; *juin*, 1739, p. 1248; *mai*, 1740, p. 1059; *juin*, 1742, p. 1476; *juin*, 1er vol., 1747, p. 215; *août*, 1747, p. 189; *févr.*, 1753, p. 212.

Durey de Noinville. *Juill.*, 1755, p. 1670; *juill.*, 1755, p. 216; *sept.*, 1768, p. 213.

Durey de Morsau. *Août*, 1775, p. 211.

Durey de Sauroy. *Avr.*, 1750, p. 210; *nov.*, 1756, p. 231; *févr.*, 1770, p. 215.

Durey du Terrail. *Févr.*, 1764, p. 232. V. encore Terrail (du).

Durfort. *Janv.*, 2e vol., 1769, p. 214; *déc.*, 1770, p. 225; *avr.*, 2e vol., 1771, p. 214; *mai*, 1775, p. 212; *mai*, 2778, p. 211.

Durfort-Boissier. *Nov.*, 1775, p. 237. V. encore Boissier.

Durfort d'Eymé. *Mars*, 1754, p. 208.

Durfort de Civrac. *juill.*, 2e vol., 1762, p. 206; *sept.*, 1765, p. 212; *mai*, 1775, p. 225. V. encore Civrac.

Durfort de Duras. *Janv.*, 1696, p. 515; *sept.*, 1697, p. 255; *oct.-nov.*, 1703, p. 92; *janv.*, 1706, p. 248; *juin*, 1709, p. 214; *mai*, 1716, p. 279; *nov.*, 1725, p. 1005; *sept.*, 1728, p. 2151; *déc.*, 2e vol., 1750, p. 2367; *juin*, 1er vol., 1755, p. 1248; *janv.*, 1737, p. 157; *déc.*, 1er vol., 1757, p. 2726; *janv.*, 1745, p. 180; *avr.*, 1747, p. 203; *janv.*, 1749, p. 217; *sept.*, 1750, p. 197; *janv.*, 1751, p. 198; *juill.*, 1755, p. 211; *déc.*, 1er vol., 1755, p. 200; *avr.*, 2e vol., 1758, p. 198; *mai*,

E

Errard. *Janv.*, 1700, p. 199.
Errault. *Oct*, 1745, p. 201.
Escalopier (l'). *Déc.*, 1696, p. 80; *mai*, 1698, p. 265; *janv.*, 1709, p. 525; *août*, 4e part., 1711, p. 54; *mai*, 1725, p. 1051; *févr.*, 1755, p. 401; *juin*, 2e vol., 1747, p. 205; *juin*, 1er vol., 1755, p. 207; *mai*, 1764, p. 209; *oct.*, 1er vol., 1772, p. 210.
Esbly. V. CHARLET.
Escajeul. *Juill.*, 1er vol., 1772, p. 210; *avr.*, 2e vol., 1776, p. 211.
Escars. *Nov.*, 1708, p. 201; *mai*, 1755, p. 1019; *juin*, 1711, p. 1261; *avr.*, 2e vol., 1758, p. 199. V. encore PÉRUSSE.
Eschartelès-Ernoul (d'). *Déc.*, 1777, p. 210.
Esclainvilliers. *Août*, 1772, p. 126.
Esclignac, *Mai*, 1777, p. 212.
Esclimont. V. BULLION D'ESCLIMONT.
Esclopon. V. VILLENEUVE DE BARGEMONT.
Escorais de Chantilly. *Oct.*, 2e vol., 1762, p. 195.
Escorches de Sainte-Croix. *Mars*, 1775, p. 255; *oct.*, 1er vol., 1776, p. 211.
Escoubleau de Sourdis. *Janv.*, 1690, p. 215; *mars*, 1702, p. 559; *oct.*, 1707, pp. 274-284; *août*, 1716, p. 206; *mai*, 1721, p. 165; *oct.*, 1755, p. 2525; *déc.*, 1774, p. 269.
Escouttes (des). *Juin*, 1740, p. 1215.
Escure (l'). *Janv.*, 1755, p. 208; *janv.*, 2e vol, 1776, p. 215. V. encore LESCURE.
Escuyer. *Oct.*, 1714, p. 284.
Esdiguières (l'). *Janv.*, 1705, p. 550; *nov.*, 1705, pp. 86-104; *août*, 4e part., 1711, pp. 59 et 62; *mars*, 1716, p. 12; *avr.*, 1740, p. 819; *avr.*, 1747, p. 205. V. encore CRÉQUY.
Esgrigny. V. JOUENNE.
Esguisé (l'). *Déc.*, 1759, p. 210; *janv.*, 1er vol., 1760, p. 205.
Esignac. V. CAILHAU.
Eslacs d'Arcambal (d'), *Sept.*, 1770, p. 228.
Esmery. *Déc.*, 1754, p. p. 2758.
Esnault. *Févr.*, 1742, p. 594.
Esneval (Vidame d'). *Mars*, 1693, p. 294.
Espagne. *Déc.*, 1759, p. 210; *avr.*,
1er vol., 1764, p. 205; *mai*, 1764, p. 206. V. encore PREISSAC.
Esparlez. *Nov*, 1764, p. 173; *déc.*, 1764, p. 205.
Esparbez d'Aubeterre. *Juill.*, 1707, p. 74; *mars*, 1715, pp. 172-182; *oct.*, 1726, p. 2400; *sept.*, 1727, p. 2135; *mars*, 1750, p. 614; *mars*, 1751, p. 608; *déc.*, 1er vol., 1754, p. 2748; *avr.*, 1740, p. 824; *janv.*, 1749, p. 212; *févr.*, 1748, p. 209; *août*, 1750, p. 205; *avr.*, 2e vol., 1757, p. 202. V. encore BOUCHARD et LUSSAN.
Esparbez de Lussan. *Juill.*, 1752, p. 192; *juill.*, 1753, p. 215; *oct.*, 1er vol, 1762, p. 198; *févr.*, 1765, p. 205; *sept.*, 1772, p. 212; *avr.*, 2e vol., 1774, p. 212, *mai*, 1775, p 225; *juill.*, 1er vol., 1775, p. 212.
Espare (l'). V MADAILLAN.
Espeisses. V. FAYE.
Espiard de Saux. *Mars*, 1745, p. 598.
Espie. *Juin*, 2e vol., 1754, p. 207; *avr.*, 2e vol., 1767, p. 200. V. encore CASSART.
Espinasse. *Juin*, 1774, p. 234.
Espinay. *Août*, 1691, p. 269; *juill.*, 1694, p. 258; *avr.*, 1705, p. 559; *mars*, 1708, pp. 192-204; *juill.*, 1708, p. 159; *avr*, 1727, p. 845; *août*, 1750, p. 1899; *avr.*, 1751, p. 815; *nov.*, 1754, p. 2526; *juill.*, 1745, p. 214; *août*, 1751, p. 168; *déc.*, 1er vol., 1751, p. 182; *avr.*, 1752, p. 211; *févr.*, 1763, p. 192; *oct.*, 1er vol., 1765, p. 209.
Espinay de Marteville. *Déc.*, 1775, p. 254; *janv.*, 1er vol., 1777, p. 236.
Espinay-Saint-Luc. *Avr.*, 1751, p. 815; *mai*, 1751, p. 1192; *nov.*, 1760, p. 201; *mai*, 1768, p. 198; *oct.*, 2e vol., 1775, p. 211.
Espinchal. *Juill.*, 1705, p. 128; *mai*, 1772, p. 210; *janv*, 1er vol., 1773, p. 212; *janv.*, 2e vol., 1774, p. 213.
Espine (l'). *Févr.*, 1717, p. 168; *mai*, 1755, p. 1020.
Espinette le Mairat (l'). *Juill.*, 1755, p. 225. V. encore MAIRAT (LE).
Espineuse. V. CORIOLIS.
Espinoy. *Mai*, 1704, p. 125; *juill.*, 1704, p. 178; *oct.*, 1704, p. 193; *mars*, 1716, p. 53; *mai*, 1751, p. 1197; *nov.*, 1754, p. 2526; *déc.*,

F

Fabert. *Avr.*, 1728, p. 860; *oct.*, 1730, p. 2527.

Fabry d'Autrey. *Sept.*, 1717, p. 189; *sept.*, 1750, p. 2113.

Fages. *Févr.*, 1750, p. 417.

Fagnier de Viaixnes. *Avr.*, 1740, p. 817.

Fagnier de Vienne. *Juin*, 2ᵉ vol., 1735, p. 1457; *juill.*, 1ᵉʳ vol., 1769, p. 226.

Fagon. *Févr.*, 1742, p. 405; *mai*, 1744, p. 1059; *août*, 1774, p. 213.

Faille (la). *Déc.*, 4ᵉ part., 1711, p. 91; *déc.*, 1758, p. 2717.

Falaise (la). V. CHIBOVILLE.

Falconis. *Juin*, 1ᵉʳ vol., 1757, p. 1219.

Falcot de la Blache. *Mai*, 1749, p. 229.

Faluère (la). V. FÈVRE (LE).

Famechon. *Mai*, 1715, p. 200.

Faoucq. *Juin-juill.*, 2ᵉ part., 1721, p. 85; *juin*, 1ᵉʳ vol., 1734, p. 1248.

Faraman. V. CROZE (LA).

Fare (la). *Oct.*, 1685, p. 246; *juill.*, 1692, p. 149; *déc.*, 1694, pp. 237-243; *oct.*, 1699, p. 258; *dec.*, 1699, p. 82; *avr.*, 1704, p. 528; *oct.*, 1708, p. 196; *avr.*, 1710, p. 208; *juin*, 1712, p. 110; *mars*, 1750, p. 613; *sept.*, 1740, p. 2120; *juin*, 1741, p. 1250; *août*, 1752, p. 201; *nov.*, 1752, p. 209; *janv.*, 2ᵉ vol., 1762, p. 224; *avr.*, 1ᵉʳ vol., 1772, p. 225. V. encore LOPIS.

Farel. *Juin*, 2ᵉ vol., 1756, p. 1470.

Faret de Fournes. *Nov.*, 1752, p. 204.

Farge (la). V. BOISSE.

Fargès. *Janv.*, 1758, p. 182.

Fargest. *Févr.*, 1720, p. 172.

Fargis. V. RIEU.

Farguès. V. MELIET.

Farinvilliers. V. PINGRÉ.

Farolles. V. PIENNES.

Farou de Saint-Marcoule. *Mars*, 1705, p. 257.

Farouard. *Juin*, 2ᵉ vol., 1749, p. 204.

Faubert de Bizy. *Sept.*, 1750, p. 2113.

Faucard de Beauchamps. *Oct.*, 1757, p. 2316.

Faucon de Ris. *Févr.*, 1685, p. 89; *mars*, 1686, p. 195; *juin*, 1691, p. 44; *déc.*, 1694, p. 155; *juin*, 1706; pp. 210 et 558; *févr.*, 1717, p. 167; *févr.*, 1750, p. 420; *mai*, 1745, p. 205.

Faudel. *Sept.*, 1707, p. 531; *déc.*, 1741, p. 2964.

Faudoas. *Mars*, 1695, p. 258; *oct.*, 1701, p. 587; *nov.*, 1701, p. 121; *nov.*, 1703, p. 299; *juin*, 1762, p. 89; *juill.*, 1762, 1ᵉʳ vol., p. 104; *oct.*, 1750, p. 2327; *juin*, 1746; p. 196; *août*, 1756, p. 235; *oct.*, 1ᵉʳ vol., 1756, p. 229; *juill.*, 1ᵉʳ vol., 1762, p. 104; *févr.*, 1765, p. 206; *mars*, 1775, p. 208. V. encore ROCHECHOUART.

Faugerais (des). V. BÉDÉ.

Faugnes. V. PERRINET.

Faulin. V. BOURGOING.

Faultrière (la). *Oct.*, 1742, p. 2315.

Faur (du). *Févr.*, 1742 p. 401.

Faur de Saint-Jory (du). *Juill.*, 2ᵉ vol., 1756, p. 235.

Faure. *Déc.*, 1755, p. 2714; *déc.*, 1758, p. 2717.

Faure de Pibrac. *Mars*, 1755, p. 195; *août*, 1771, p. 213.

Faure de Dampnard. *Janv.*, 1685, p. 87; *juin*, 1705, p. 904; *août*, 1717, p. 155.

Faurie (la). *Déc.*, 1ᵉʳ vol., 1728, p. 2762; *nov.*, 1729, p. 2758; *août*, 1751, p. 2046.

Faurie de Villendrault (la). *Janv.*, 1755, p. 169.

Fauvel. *Fév.*, 1755, p. 400; *avr.*, 1758, p. 818.

Faventines. *Juin*, 1777, p. 212.

Faverge. V. RÉBÉ.

Faverolles. *Juill.*, 1712, p. 235; *mai*, 1758, p. 1026.

Favier de Lancry. *Déc.*, 1759, p. 5152; *nov.*, 1755, p. 204. V. encore BOULAY.

Favières. *Sept.*, 1ᵉʳ vol., 1729, p. 2044; *sept.*, 1749, p. 211; *sept.*, 1750, p. 194; *déc.*, 1ᵉʳ vol., 1750, p. 205; *nov.*, 1755, p. 210.

Favre de Schalens. *Mai*, 1775, p. 223.

Fay (du). *Oct.*, 1707, p. 67 ; *janv.*, 1709, pp. 180-188 ; *janv.*, 1716, p. 240. V. encore Cisternay et Tour-Maubourg (la).

Fay (la). V. Chappuis.

Fay d'Athies. *Juin*, 1er vol., 1738, p. 1226.

Fay d'Haris. *Août*, 1751, p. 211, *sept.*, 1754, p. 215.

Fay d'Hostie de Silly. *Déc.*, 1er vol., 1750, p. 203. V. encore Silly.

Fay de la Tour-Maubourg. *Févr.*, 1753, p. 211 ; *janv.*, 1755, p 214 ; *mars*, 1759, p. 215 ; *juill.*, 2e vol., 1761, p. 191. V. encore Tour-Maubourg (la).

Faye (la). *Mai*, 1708, p. 269 ; *avr.*, 1718, p. 190. V. encore Eriget et Villers.

Faye d'Espeisses. *Janv.*, 1691, p. 29 ; *août*, 1705, p. 210.

Fayet. *Avr.*, 1716, p. 177.

Fayette (la). *Fév.*, 1695, pp. 198-251 ; *avr.*, 1706, p. 507 et 515 ; *juill.*, 1717, p. 202 et 205 ; *juin*, 1er vol., 1729, p. 1259 ; *juill.*, 1754, p. 189 ; *avr.*, 2e vol., 1774, p. 212.

Fays de Rochepierre. *Janv.*, 1er vol., 1756, p. 220. V. encore Rochepierre.

Febvre (le). V. Fevre (le).

Fécan. *Déc.*, 1696, p. 282.

Fégely. *Fév.*, 1752, p. 215.

Feillens. *Févr.*, 1775, p. 212.

Feillet. V. Clément.

Felcourt. V. Hocquart.

Félino. V. Tillat.

Félix. *Juin-juill.*, 2e part., 1721, p. 80 ; *sept.*, 1748, p. 256 ; *sept.*, 1749, p. 211 ; *mars*, 1750, p. 191 ; *juin*, 1er vol., 1751, p. 191 ; *sept.*, 1777, p. 212.

Félix du Muy. *Oct.*, 1er vol., 1759, p. 255 ; *oct.*, 2e vol., 1775, p. 215. V. encore Muy (du).

Felsins de Montmurat. *Avr.*, 1696, p. 257.

Féluis. *Avr.*, 1751, p. 192.

Fenel. *Mars*, 1754, p. 208.

Fenel de Tierci. *Mars*, 1751, p. 608.

Fénelon. *Janv.*, 1715, p. 181 ; *nov.*, 1732, p. 2507 ; *avr.*, 1755, p. 818 ; *sept.*, 1755, p. 2118 ; *juin*, 1741, p. 1478 ; *nov.*, 1746, p. 202 ; *nov.*,

1747, p. 205 ; *janv.*, 1754, p. 189 ; *juin*, 1er vol., 1754, p 210 ; *juin*, 1760, p. 255 ; *déc.*, 1767, p. 241 ; *avr.*, 2e vol., 1776, p. 210.

Fénis. *Févr.*, 1699, p. 61.

Fénis de la Combe. *Août*, 1750, p. 210.

Fenoit (du). *Avr.*, 1702, p. 516.

Férand. *Sept.-oct.*, 1710, p. 506 ; *sept.*, 4e part., 1711, p. 47 ; *août*, 1717, p. 156 ; *mars*, 1720, p. 167 ; *févr.*, 1723, p. 594.

Férapy-Dusieux. *Juin*, 2e vol., 1749, p. 201.

Ferchaud de Réaumur. *Déc.*, 1757, p. 205.

Fercourt. V. Payen et Perrot.

Fériol d'Argental. *Janv.*, 1er vol., 1775, p. 254. V. encore Ferriol.

Fériol de Pont de Vesle. *Nov.*, 1774, p. 256.

Fernex. *Août*, 1708, p. 76.

Féroles. V. Ville (la).

Féron (le). *Févr.*, 1698, p. 267 ; *mars*, 1699, p. 152 ; *févr.*, 1700, p. 259 ; *déc.*, 1702, p. 249 ; *févr.*, 1703, p. 54 ; *mai*, 1705, p. 285 ; *juill.*, 1705, p. 266 ; *juill.*, 1708, p. 199-207 ; *mai*, 1710, p. 158 ; *déc.*, 1715, p. 267 ; *mars*, 1718, p. 172 ; *déc.*, 1er v., 1727, p. 2749 ; *oct.*, 1732, p. 2296 ; *août*, 1754, p. 1890 ; *oct.*, 1754, p. 2512 ; *avr.*, 1755, p. 850 ; *déc.*, 1758, p. 2720 ; *juill.*, 1742, pp. 1666 et 1680 ; *juin*, 1744, p. 1489 ; *oct.*, 1er vol., 1767, p. 208.

Ferrand. *Mai*, 1702, p. 289 ; *janv.*, 1751, p. 177 ; *mai*, 1751, p. 1195 ; *mars*, 1759, p. 617 ; *déc.*, 1740, p. 2753.

Ferrand de Saint-Dizant. *Avr.*, 1729, p. 828 ; *déc.*, 1er vol., 1755, p. 2741 ; *août*, 1744, p. 1925.

Ferrari. *Déc.*, 1696, p. 291.

Ferreau. *Juill.*, 1749, p. 206.

Ferrein. *Avr.*, 1er vol., 1769, p. 215.

Ferrero de St-Laurent. *Déc.*, 1er vol., 1728, p. 2765.

Ferret. *Sept.*, 2e vol., 1725, p. 2518.

Ferrière (la). *Sept.*, 1705, p. 56 ; *oct.*, 1759, p. 2520. V. encore Berryer.

Ferrière de Roiffé (la). *Janv.*, 2e vol., 1777, p. 212.

Ferrières. V. Maitre de Ferriéres (le).

Ferrières de Sauvebœuf. *Janv.*, 1er vol., 1771, p. 226. V. encore Sauveboeuf.

Ferriol. *Nov.*, 2e vol., 1722, p. 201. V. Feriol.

Ferrol. *Févr.*, 1737, p. 405.

Ferrolles. *Avr.*, 1706, p. 221; *août*, 1729, p. 1900.

Ferron de la Ferronays. *Juin*, 2e v., 1755, p. 188; *mai*, 1754, p. 206; *juill.*, 2e vol., 1762, p. 207.

Ferronnays (la). V. Ferron.

Ferronnière (la). V. Fèvre (le).

Ferrus. *Févr.*, 1706, pp. 153 et 156; *janv.*, 1709, p. 229.

Ferry. *Oct.*, 1701, p. 264.

Ferté (la). *Sept.-oct.*, 1710, p. 272; *mai*, 1726; p. 1074; *mai*, 1752, p 1019; *avr.*, 1710, p.814; *nov.*, 1715, p. 237; *avr.*, 1er vol. 1769, p. 212. V. encore Marc, Senneterre et Papillon.

Ferté de Saint-Nectaire (la). *Mai*, 1747, p. 206; *juin*, 2e vol. 1747, p. 206.

Ferté de Tibermesnil (la). *Sept.*, 1704. p. 224.

Ferté-Fresnel (la). *Nov.*, 1756, p 219. V. encore Fresnel.

Ferté-Imbault (la). V. Estampes de la Ferté Imbault.

Fervaques. *Févr.*, 1736. p. 395. V. encore Bullion de Fervaques.

Feschal du Grippon. *Févr.*, 1721, pp. 58-47.

Fessart de Beaucour. *Oct.*, 1714, p. 500.

Festar. *Nov.*, 1727, p. 2559.

Feu. *Mai*, 1761. p. 225.

Feuillade (la). V. Aubusson.

Feuillée (la). V. Desnos.

Feumechon. *Juin*, 1707, p. 124.

Feuquières. V. Pas.

Fèvre (le). *Juill.*, 1722, p. 180; *sept.*, 1754, p. 2088; *juill.*, 1755, p. 1664; *juin*, 1774, p. 236.

Fèvre d'Ammecourt (le). *Déc.*, 2e vol., 1748, p. 225.

Fèvre d'Eaubonne (le). *Déc.*, 1er vol., 1726, p. 2803; *juill.*, 1754, p. 1686; *juin*, 1er vol., 1755, p. 1259.

Fèvre d'Ormesson (le). *Oct.*, 1686, p. 278; *oct.*, 1694, p. 272; *juill.*,

1704, p. 520; *nov.*, 1705, p. 196; *mars*, 1712, p. 147; *juill.*, 1714, p. 202; *févr.*, 1717, p. 168; *avr.*, 1718, p. 187; *juill.*, 1724, p. 1659; *déc.*, 1er vol., 1726, p. 2804; *mai* 1751, p. 1195; *déc.*, 1er vol., 1755, p. 2759; *févr.*, 1748, p. 208; *oct.*, 2e vol., 1756, p. 251; *mai*, 1773, p. 212; *déc.*, 1775, p. 235; *nov.*, 1776, p. 212.

Fèvre de Caumartin (le). *Avr.* 1687, p. 168; *févr.*, 1695, pp. 213-226; *avr.*, 1695, p. 85; *févr.*, 1698, p. 265; *août*, 1699, p. 284; *déc.*, 1702, p. 267; *mai*, 1709, p. 556; *mai*, 2e part., 1711, p. 74; *févr.*, 1re part., 1715, p. 109; *sept.* 1717, p. 187; *août*, 1719, p. 159; *juill.*, 1722, p. 180; *août*, 1722, pp. 213 et 216; *juill.*, 1725, p. 1684; *déc.*, 2e vol., 1729, p. 5165; *sept*, 1755, p. 2086; *mai*, 1748, p 197; *juill.*, 1749, p. 204; *nov.*, 1764, p. 159.

Fèvre de Givry (le). *sept.*, 1754, p. 212. V. encore Givry.

Fèvre de l'Aubrière (le). *Mai*, 1736, p. 1054; *déc.*, 1758, p. 2919.

Fèvre de la Barre (le). *Sept.*, 4e part., 1711, p. 57; *oct.*, 1725, p. 2544; *juill.*, 1755, p. 1664. V. encore Barre (la).

Fèvre de la Faluère (le). *Sept.*, 1688, p. 79; *févr.*, 1696, p. 261; *janv.*, 1703, p. 174; *févr.*, 1703, p. 56; *mai*, 1708, p. 214; *mars*, 1720, p. 167; *mai*, 1er vol., 1722, p. 194; *janv.*, 1746, p. 199.

Fèvre de la Ferronnière (le). *Avr.*, 1701, p. 516.

Fèvre de la Malmaison (le). *Juin*, 1715, p. 117; *févr.*, 1716, p. 285; *mars*, 1716, p. 17; *oct.*, 1751, p. 2462; *févr.*, 1737, p. 405; *nov.*, 1838, p. 2504; *déc.*, 2e vol., 1750, p. 196.

Fèvre de la Planche (le). *Août*, 1758, p. 1876.

Fèvre de Quesnois (le). *Nov.*, 1764, p. 173; *oct.*, 1er vol., 1768, p. 214.

Fèvre de Saint-Luc (le). *Juill.*, 1750, p.1687.

Fevret de Fontette. *Déc.*, 1709, p. 170; *juin-juill.*, 2e part., 1721, p. 83; *févr.*, 1736, p. 592;

Forbin-Janson. *Nov.*, 1703, p. 106; *mars*, 1715, pp. 165-171; *sept.*, 1715, p. 47; *juill.*, 1725, p. 1684; *févr.*, 1728, p. 415; *avr*, 1751, p. 815; *mars*, 1755, p. 604; *févr.*, 1741, p. 412; *janv.*, 1746, p. 198; *déc.*, 2e vol., 1746, p. 208; *mars*, 1750, p. 195; *oct*, 2e vol., 1775, p. 213; *mai*, 1775, p. 225.

Forbin-Maynier. *Août*, 1756, p. 234.

Forçat. *Janv.*, 1705, p. 519.

Force (la). V. NONPAR DE CAUMONT et CAUMONT-LA-FORCE.

Forcet. *Mars*, 1715, 1re part., p. 210.

Forest. *Juill.*, 1739, p. 1675.

Forest (la). *Août*, 1751, p. 2045; *juin*, 2e vol., 1752, p. 201.

Foresta de Colongue. *Déc.*, 2e vol., 1756, p. 2975.

Foret. *Oct.*, 1686, p. 89, *juill.*, 1704, p. 182.

Forge (la). *Mars*, 1er vol., 1722, p. 170.

Forge de Couillière (la). *Mai*, 1777, p. 212.

Forges. *Juill.*, 1755, p. 225.

Forget. *Mai*, 1705. p. 125; *mai*, 1705, p. 274.

Formery. *Juin*, 1712, p. 116.

Fornier de Montagny. *Mars*, 1715, 1re part., p. 216; *déc.*, 1er vol., 1727, p. 2750; *mars*. 1742, p. 626; *sept.*, 1766, p. 206.

Forqueray. *Juill.*, 1745, p. 212.

Fort (du). *Oct.*, 1702, p. 242. V. encore GRIMOD.

Fortelles (la). V. ROBINEAU et LANGLOIS.

Fortia. *Oct.*, 1740, p. 2525; *juill.*, 1742, p. 1688; *déc.*, 2e vol., 1755, p. 194; *oct.*, 1696, p. 275; *nov.*, 1764, p. 173; *oct.*, 1er vol., 1767, p. 208; *janv.*, 1er vol., 1769, p. 214; *oct.*, 1er vol., 1776, p. 212.

Fortia de Montréal. *Janv.*, 1696, pp. 174-204; *avr.*, 1704, p. 51; *févr.*, 1710, p. 176; *sept.*, 1730, p. 2114.

Fortileste (la). *Août.*, 1770, p. 228.

Fortin. *Mars*. 1720, p. 166.

Forval, *Mai*, 1702, p. 321.

Forville-Pilles. *Janv.*, 1696, pp. 174-204. V. encore FORTIA.

Fos (du). *Févr.*, 1756, p. 235; *août*, 1756, p. 236.

Fosse (la). *Janv.*, 1729, p. 290. V. encore CHABAN.

Fossés (des). V. POREL.

Fosseuse. V. MONTMORENCY.

Fossez (des). *Nov.*, 1699, p. 228; *août*, 1747, p. 187.

Foucart de Beauchamps. *Mars*, 1750, p. 198.

Foucaud. *Oct.*, 1751, p. 2462; *janv.*, 1755, p. 215.

Foucaud-Duplessis. *Nov.*, 1694, p. 500; *déc.*, 1767, p. 556; *août*, 1708, p. 287.

Foucault. *Avr.*, 1696, p. 502; *janv.*, 1698, p. 267; *févr.*, 1699, p. 56; *avr.*, 1703, p. 538; *déc.*, 1705, p. 556; *avr.*, 1704, p. 189; *janv.*, 1706, p. 29; *août*, 1709. p. 202; *mars*, 1711, p. 121; *févr.*, 1719, p. 127; *févr.*, 1721, p. 125; *sept.*, 1728, p. 2129; *juill.*, 1755, p. 1679; *mars*, 1755, p. 197; *juill.*, 1er vol., 1756, p. 254; *déc.*, 1767, p. 242; *juin*, 1769, p. 224.

Foucault de Maguy. *Sept.*, 1772, p. 211.

Fouchet. *Mai*, 1778, p. 212.

Forchin. *Févr.*, 1750, p. 208.

Foucques. *Oct.*, 1754, p. 2505.

Foudras. *Juill.*, 1711, p. 1692; *sept.*, 1748, p. 235; *mars*, 1775, p. 236.

Fougasse d'Entrechaux. *Avr.*, 2e vol., 1767, p. 196.

Fougeroilles. V. HALLES (DES).

Fougières. *Oct.*, 2e vol., 1770, p. 213.

Fouilloux (du). V. MAUX.

Fouilleuse. *Juin*, 1743, p. 1441.

Fouilleuse de Flavacourt. *Mai*, 1721, p. 160; *déc.*, 1er vol., 1754, p. 2746; *mai*, 1755, p. 202; *avr.*, 1er vol., 1762, p. 204; *oct.*, 1er vol., 1763, p. 209. V. encore FLAVACOURT.

Foullé. *Mai*, 1756, p. 1039; *janv.*, 1737, p. 169.

Foullé de Martangis. *Déc.*, 1700, p. 174; *mars*, 1704, p. 150; *juill.*, 1708, p. 129.

Foullé de Prunevaux. *Oct.*, 1686, p. 518; *nov.*, 1703, p. 54; *déc.*, 1er vol., 1747, p. 207.

Fouquelin. *Nov.* 1703, p. 66; *juin*, 1740, p. 1251.

Fouquerolles. *Nov.*, 1749, p. 214. V. encore MORILLE DE FOUQUEROLLES.

Fouquet. *Juin*, 1705, p. 238; *mai*, 2e part., 1711, p. 95; *avr.*, 1716,

p. 171 ; *juin*, 1716, p. 152 ; *sept.*, 1720, p. 164 ; *juin*, 1er vol., 1729, p. 1260 ; *juin*, 2e vol , 1729, p. 1169 ; *nov.*, 1729, p 2739 ; *avr.*, 1752, p 800 ; *sept.*, 1738, p. 2084 ; *juin*, 1759, p. 1464 ; *janv.*, 1743, p. 179 ; *sept.*, 1747, p. 169 ; *déc.*, 2e vol., 1749, p 192 ; *juin*, 2e vol., 1753, p. 188 ; *juill.*, 1755, p. 221 ; *mars*, 1761, p. 215.

Fouquet de Belle-Isle. *Mai*, 1704, p. 180 ; *avr.*, 1722, p. 184 ; *juin*, 1er vol., 1729, p. 1260 ; *juill.*, 2e vol., 1758, p. 206.

Four (du)- *Sept.*, 1741, p. 2119.

Four de Nogent (du). *Avr.*, 1750, p. 212. V. encore Nogent.

Fourcy. *Mars*, 1708, pp. 209 218 ; *avr.*, 1711, p. 88 ; *sept.*, 1711, p. 230 ; *oct.*, 1711, p. 515 ; *août*, 1715, p. 251 ; *janv.*, 1720, p 165 ; *déc.*, 1er vol., 1727, p 2748 ; *déc.*, 1er vol., 1737, p. 2751 ; *août*, 1742, p 1898 ; *juill.*, 1749, p. 205 ; *juin*, 2e vol., 1754, p. 204.

Fourgonneau. *Juill.*, 1697, p. 228.

Fourille. V. Chaumejan.

Fournel. *Oct* , 1759, p. 2521 ; *nov.*, 1752, p. 210.

Fournes. V Faret.

Fournier. *Janv.*, 1708, p. 80 ; *août*, 1754. p. 1890 ; *juin*, 2e vol., 1749, p 205 ; *juin*, 1er vol., 1751, p. 191.

Fournier d'Autanne. *Janv.*, 1738, p. 182.

Fourqueux. V. Bouvard.

Fours (du). *Juin*, 1708, p. 115.

Fourvière de Quincy. *Mars*, 1764, p. 222.

Foy. *Juill.*, 1750, p. 1686 ; *mars*, 1759, p. 615.

Foyal. *Juin*, 1er vol., 1736, p. 1259.

Foyal de Donnery. *Févr.*, 1765, p. 205.

Fradet. *Juin*, 1715, p. 208 ; *juill.*, 1715, pp. 246-252 ; *déc.*, 1758, p. 2722.

Fradet de Saint-Aoust. *Déc.*, 1758, p. 2722.

Fraguier. *Juill.*, 1700, p. 284 ; *juill.*, 1712, p. 235 ; *janv.*, 1750, p. 184 ; *juin*, 1er vol., 1752, p. 207 ; *mars*, 1755, p. 195 ; *mars*, 1775, p. 235.

Fraguier de Bussy. *Oct.*, 1759, p. 2522 ; *juin*, 1740, p. 1247.

Frain de la Motte. *Juill.*, 1742, p. 1660.

Fraissinet. V. Isarn de Fraissinet.

Franc (le). *Avr.*, 1753, p. 820.

Franc de Pompignan (le). *Févr.*, 1761, p. 220.

Franc des Essarts (le). *Août*, 1776, p. 255 ; *oct.*, 1er vol., 1756, p. 231.

France. *Déc.*, 1740, p. 2965.

France de la Tour. *Mai*, 1700 ; p. 216.

Francheville. *Juill.*, 1755, p. 224.

Francine de Grandmaison. *Avr.*, 1761 ; p, 519 ; *févr.*, 1704, p. 154 ; *avr.*, 1755, p. 818 ; *oct.*, 1737, p. 2511.

Francini. *Janv.*, 1754, p. 188.

Franclieu. V. Pasquier.

Franquemont. *Juin*, 1er vol., 1749, p 211.

Franquetot de Coigni. *Juill* , 1701, p. 61 ; *mars*, 1703, p. 48 ; *oct.*, 1704, p. 549 ; *août*, 1712, p 140 ; *oct.*, 1712, p. 71 ; *juin* 1714, p 157 ; *janv.*, 1726, p. 192 ; *nov.*, 1729, p. 2759 ; *oct.*, 1750 p 2528 ; *juin*, 1er vol., 1755, p. 1242 ; *févr.*, 1745, p. 594 ; *avr.*, 1748 p. 214 ; *juill.*, 1755, p 219 ; *oct.*, 2e vol., 1756, p. 228 ; *oct.*, 2e vol., p. 1757, p 212 ; *janv.*, 2e vol., 1760, p. 207 ; *mars*, 1772, p. 212 ; *mars*, 1775, p 255 ; *nov.*, 1775, p. 257.

Franqueville. V. Poerier.

Fransure. *Oct.*, 2e vol., 1775, p. 215.

Fréauville. V. Berthault.

Frédy *Janv.*, 1756, p. 179.

Frémont de Rozay *et* d'Auneuil. *Sept.*, 1696, p. 505 ; *sept.*, 1705, p. 276 ; *févr.*, 1704, p. 268 ; *sept.*, 1727, p. 2154 ; *déc.*, 1741, p. 2958 ; *oct.*, 1748, p. 252 ; *janv.*, 1er vol., 1775, p. 254 ; *mai*, 1775, p. 224 ; *avr.*, 2e vol., 1778, p. 215.

Fremyn. *Juill.*, 2e vol., 1765, p. 209.

Freret. *Mai*, 1749, p. 227.

Fréron. *Avr.*, 1er vol., 1776, p. 257.

Frenelle. *Janv.*, 1er vol., 1765, p. 202.

Freschemberg. *Janv.*, 1er vol., 1773, p. 211.

Freslon de Saint-Aubin. *Nov.*, 1755, p. 209.

Fresnay. *Mai*, 1764, p. 209. V. encore Charon.

Fresne (du). *Nov.*, 1712, p. 263.

G

Gagnian de Vilennes. V. Gaignon
de Villannes.
Gagny. V. Blondel.
Gaigue. *Mars*, 1701, p. 415.
Gaignon de Villannes. *Févr.*, 1685,
p. 157; *déc.*, 1er vol., 1750, p. 199.
Gaillarbois-Marconville. *Déc.*, 1697,
p. 271.
Gaillard. *Mai*, 1740, p. 1036; *mai*,
1744, p. 1055.
Gaillon. V. Vion.
Gains de Linars. *Avr.*, 1er vol., 1773,
p. 215.
Galaizières (la). V. Chaumont de la
Galaisière.
Galard de Béarn. *Mai*, 1707, p. 55;
août, 1714, p. 267; *déc.*, 1er vol.,
1747, p. 207; *juin*, 2e vol., 1749,
p. 196; *juill.*, 1er vol., 1756,
p. 252; *oct.*, 1er vol. 1768, p. 215;
déc., 1771, p. 212; *déc.*, 1772,
p. 210; *janv.*, 1er vol., 1777,
p. 254.
Galardon. *Mai*, 1721, p. 163. V. en-
core Bullion.
Galbert de Capistron. *Mai*, 1725,
p. 1009.
Galéano Galéani. *Oct.*, 2e vol., 1758,
p. 208.
Galerande V. Clermont-Galerande.
Galiffes. *Févr.*, 1745, p. 214.
Galiot de Mandat. *Juin*, 2e vol., 1755,
p. 228. V. encore Mandat.
Galissonnière (la). *Sept.*, 1708, p. 78;
déc., 1708, p. 94. V. Barbin.
Galland. *Mai*, 1768, p. 196.
Galland d'Estrapagny. *Juill.*, 1752,
p. 196.
Gallard. *Juin*, 1772, p. 224; *juin*,
1776, p. 234. V. encore Galliot.
Gallaup. *Nov.*, 1708, p. 208.
Gallerande. V. Clermont de Galle-
rande.
Gallevon de la Cerda. *Juill.*, 1755,
p. 224.
Galliffet. *Juill.*, 1756, p. 252; *déc.*,
1er vol., 1746, p. 187; *déc.*, 2e vol.,
1748, p. 225; *juill.*, 2e vol., 1756,
p. 252; *avr.*, 1er vol., 1772, p. 222;
mai, 1776, p. 212.
Galliot-Gallard. *Déc.*, 2e vol., 1747,
p. 195.
Gallois. *Juin-juill.*, 2e part., 1721,
p. 80.
Gallois de la Tour. *Mars*, 1747,
p. 209; *mars*, 1748, p. 208; *avr.*,

1755, p. 203; *oct.*, 2e vol., 1762,
p. 198.
Gallon. *Mai*, 1754, p. 1031.
Galloys. V. Gallois.
Galluci de l'Hôpital. *Août*, 1755,
p. 259; *déc.*, 1767, p. 245; *oct.*,
1er vol., 1774, p. 236; *févr.*, 1778,
p. 215. V. encore Hôpital (L').
Galmois. *Janv.*, 1705, p. 519.
Galoubie. *Déc.*, 1er vol., 1757, p. 2727.
Gamaches. *Avr.*, 1687, p. 294; *nov.*,
1706, p. 171; *mars*, 1727, p. 622;
juill., 1752, p. 193; *juin*, 2e vol.,
1755, p. 184.
Gamart. *Avr.*, 1729, p. 822.
Gambais. *Févr.*, 1744, p. 405.
Gamot de Chavigny. *Oct.*, 1747,
p. 154; *juin*, 1772, p. 225.
Gand. *Mars*, 1769, pp. 226-257.
V. encore Isenghen et Mérode.
Ganges. *Avr.*, 1745, p. 819.
Gantès. *Déc.*, 1765, p. 265; *mai*,
1776, p. 211.
Gantes d'Ablainville. *Avr.*, 1er vol.,
1777, p. 213.
Garaby de Troismont. *Mars*, 1704,
p. 94.
Garault de la Cassagne. *Août*, 1703,
p. 210; *avr.*, 1750, p. 210.
Garceival. V. Roque de Garceival.
Gard (du). *Avr.*, 1745, p. 816; *août*,
1746, p. 215.
Gard de Longpré (du). *Févr.*, 1702,
p. 262; *mars*, 1702, p. 552.
Gardanne. V. Forbin-Gardanne.
Garde (la). *Août*, 1702, p 184; *août*,
1705, p. 151; *janv.*, 1706, p. 291;
juill., 1706, p. 85; *sept.-oct.*, 1710,
p. 271; *avr.*, 1715. p. 251; *mars*,
2e vol., 1722, p. 165; *juin*, 2e vol.,
1725, p. 1455; *sept.*, 1er vol.,
1729, p. 2042; *nov.*, 1751, p. 2684;
juill., 1752, p. 1668; *mars*, 1755,
p. 601; *oct.*, 1742, p. 2519; *mai*,
1753, p. 208; *avr.*, 2e vol., 1765,
p. 206; *déc.*, 1773, p. 227; *févr.*,
1778, p. 210. V. encore Delay de
la Garde (du).
Gardien. *janv.*, 2e vol., 1778, p. 215.
Gardouch. V. Varagne.
Garennes. *Avr.*, 1729, p. 824. V. en-
core Morlet.
Garibal. *Juin*, 1715, p. 200.
Garillon. *Avr.*, 1715, p. 255.
Garlaye (la). *Juill.*, 1er vol., 1776,
p. 255.

p. 1591; *févr.*, 1734, p. 404; *nov.*, 1759, p. 2715; *mai*, 1740, p. 1059; *sept*, 1746, p. 196; *mars*, 1747, p. 209; *janv.*, 1749, p. 219; *juin*, 1er vol., 1754, p. 206; *mai*, 1755, p. 204; *oct.*, 2e vol., 1771, p. 210; *déc.*, 1774, p. 271. V. CHOISEUL.

Gougenot. *Juin*, 2e vol., 1748, p. 208; *nov.*, 1767, p. 212; *déc.*, 1767, p. 210.

Gouin. *Déc.*, 2e vol., 1748, p. 225.

Goujet. *Avr.*, 2e vol., 1767, p. 197.

Goujon. *Oct.*, 1757, p. 2305; *déc.*, 2e vol., 1747, p. 196.

Goujon de Gasville. *Juin*, 1er vol., 1753, p. 1217; *mars*, 1751, p. 206; *juin*, 2e vol., 1753, p. 189; *janv.*, 1er vol., 1756, p. 227.

Goujon de Thuisy. *Mai*, 1757, p.1015; *avr.*, 1740, p. 825; *oct.*, 1749, p. 210.

Goulaynes. *Juill.*, 1696, p. 291.

Gould. *Nov.*, 1755, p. 206.

Goulet de Rugy. *Juin*, 1777, p, 212.

Goultz-Maillard (le). *Avr.*, 1755, p. 824.

Goupy. *Août*, 1722, p. 216.

Gourault. *Mars*, 1726. p. 612.

Gourcy. *Nov.*, 1775, p. 213.

Gourdan, *Mars*, 1754, p. 208.

Gourdon de Genouillac. *Déc.*, 1696, p 292; *avr.*, 1696, p. 260; *nov.*, 1701, pp.28-44; *avr.*,1702,p.345; *juin*, 1702, p. 557; *janv.*, 1705, p. 526; *oct.*, 1704, p. 58; *août*, 1707, pp 65-88; *nov.*, 1710, p.95; *févr.*, 1727, p. 404; *mars*, 1729, p. 625; *juin*, 1er vol., 1737, p. 1228.

Gourdon de Léglizière. *Nov.*, 1755, p. 204.

Gourges. *Août*, 1720, p. 190.

Gourgues. *Avr.*, 1700, p. 268; *sept.*, 1708, p. 176; *oct.*, 1708, pp. 257-278; *févr.*, 1712, p. 70; *mars*, 1726,p.612; *juill.*, 1754,p.1686; *juill.*, 1755, p.1670; *janv.*, 1747, p. 198; *déc.*, 1er vol.,1751,p.187; *juin*, 2e vol., 1755, p. 228.

Gourjault. *Déc.*, 1er vol., 1751, p.188.

Gournai. *Juin*, 2e vol., 1749, p. 205.

Gournay. V. JAMETZ.

Gourreau de la Proustière. *Févr.*, 1692, p. 296; *mai*, 1695, p. 275; *oct.*, 1694, p. 266; *janv.*, 1695, p. 285; *août*, 1688, p. 245.

Goury. *Avril* 1687, p. 291; *mai*, 1688, p. 156; *janv.*, 1702, p. 326; *avr.*, 1709, p. 26.

Goussé. *Janv.*, 1715, p. 210.

Goussé de la Roche-Allart. *Mars*, 1751, p. 211. V. encore ROCHE-ALLART (LA).

Gout (le). *Juin*, 1er vol., 1751, p. 188.

Goutte (la). V. VANDÉGRE.

Gouttes de la Salle (des). *Févr.*, 1749, p. 195.

Gouttes de Maison-Fort (des). *Déc.*, 1690, p. 281; *août*, 1702, p. 252.

Gouvernet. V. TOUR DE GOUVERNET (LA).

Goux de la Berchère (le). *Oct.*, 1691, p. 220; *sept.*, 1697, p. 253; *mars*, 1699, p. 159; *nov.*, 1705. p. 69; *déc.*, 1705. p. 203; *août.* 1707, p. 275; *juill.*, 1709, p. 81; *oct.*, 1715, p. 212; *juin*, 1710, p. 125; *sept.*, 1721, p. 166; *mars*, 1729, p.625; *juin*, 1er vol.,1737,p.1222.

Goux-Maillard (le). *Oct.*, 1709, p. 116; *sept.*, 1705, p. 211.

Goüy. *Juin*, 1688, p. 119; *mai*, 1715, p. 210; *mars*, 1749, p. 209.

Gouy d'Arcy. *Oct.*, 2e vol., 1756. p. 228.

Gouyon. *Nov.*, 1755, p. 210.

Gouyon de Ravilliers. *Janv.*, 1708, p. 553.

Gouz (le). *Juill.*, 1709, p. 233.

Groyer d'Armenon. *Août*, 1750, p. 205.

Goyon. V. MATIGNON.

Goyon-Launay-Gommats. *Avr.*,2e vol., 1762, p. 207.

Grain (le) *Nov.*, 1715, p. 252.

Graintheville. *Juin*, 1777, p. 211.

Grammont. *Août*, 1688, p. 158; *mai*, 1689, p. 287; *déc.*, 1695, p. 279; *févr.*, 1694, p. 177; *mai*, 1698, p. 257; *juin*, 1698, p. 266; *août*, 1700, p. 152; *janv.*, 1701, p. 124; *janv.*, 1705, p. 500; *mars*, 1705, p. 212; *oct.*, 1704, p. 554; *avr.*, 1706, p. 59; *févr.*, 1707, p. 189; *juin*, 1708, p. 502. *Janv.*, 1709, p. 512; *avr.*, 1715, p. 516; *mars*, 1716, p. 218; *sept.*, 1717, p. 185; *mars*, 1720, p. 164; *oct.*, 1720, p.147; *juin*, 1er vol.,1725, p.1250; *sept.*, 2e vol., 1725, p. 251; *juill.*, 1726, p. 1095; *déc.*, 1er vol., 1727, p. 2755; *mai*, 1728, p. 1067; *juin*, 1er vol., 1751, p. 1597; *mai*, 1755,

p. 1035; *janv.*, 1739, p. 191; *juin*, 1741, p. 1258; *févr.*, 1742, p. 402; *oct.*, 1742, p. 2316; *janv.*, 1745, p. 179; *mai*, 1745, p. 205 ; *juill.*, 1746, p, 208; *sept.*, 1746, p. 188; *avr.*, 1748, p. 210; *mai*, 1748, p. 191; *janv.*, 1753, p. 202; *juin*, 2ᵉ vol., 1753, p. 192; *déc.*, 1ᵉʳ vol., 1754, p. 207; *janv.*, 1755, p. 214, *juill.*, 1755, p. 222; *fév.*, 1756, p. 235; *sept.*, 1759, p. 213; *déc.*, 1762, p. 230; *août*, 1763, p. 197; *juin*, 1765, p. 211. V. encore CADEROUSSE.

Grammont-Falon. *Janv.*, 1703, p. 300.

Grammont-Guicbe. *Août*, 1763, p. 197.

Cramont. V. CAULET.

Granbonne. V. PILEUR (LE).

Grancé. *Mai*, 1694, p. 74.

Grancey. *Déc.*, 1680, p. 37; *janv.*, 1703, p. 358; *mars*, 1703, p. 90 ; *mai*, 1703, p. 126; *fév.*, 1705, p. 196; *avr*, 1705, p. 191; *mars*, 1716, p. 18; *juin*, 1743, p. 1441. V. encore ROUSSEL.

Granchamp. *Avr.*, 2ᵉ vol., 1772, p. 211.

Granche (la). V. VERGEUR.

Grancour. V. GUILLEBAULT.

Grand (le). *Sept.*, 1716, p. 212; *juill.*, 1727, p. 1707.

Grandchamp. *Juill.*, 1ᵉʳ vol., 1769, p. 226.

Grandcour. V. PETIT DE GRANCOUR (LE).

Grandbomme. *Mars*, 1747, p. 201.

Grandier. *Déc.*, 1ᵉʳ vol., 1726, p. 2804.

Grandière (la). V. CORNUAU.

Grandin de Meutauclos. *Oct.*, 1ᵉʳ vol., 1774, p. 231.

Grandmaison. V. FRANCINE.

Grandpré. *Mai*, 1713, p. 199; *mars*, 1769, p. 237. V. encore JOYEUSE.

Grandval. V. PEYREL, POIREL et SADOC.

Grandville (la). V. BIDÉ et LOQUET.

Grange (la). *Févr.*, 1706, pp. 156-164; *mars*, 1706, p. 119; *mai*, 1716, p. 273; *juin*, 1716, p. 153; *juill.*, 1723, p. 180; *janv.*, 1728, p. 186; *nov.*, 1728, p. 2560; *fév.*, 1729, p. 410; *févr.*, 1747, p. 198; *nov.*, 1749, p. 212; *déc.*, 1ᵉʳ vol., 1754, p. 205. V. encore CHANCEL.

Grange d'Arquien. *Août*, 1717, p. 152. V. encore ARQUIAN ou ARQUIEN.

Grange-Trianon (la). *Août*, 1714,

pp. 275-280; *nov.*, 2ᵉ vol., 1722, p. 201 ; *juill.*, 1733, p. 1680; *nov.*, 1753, p. 206.

Granges de Puigayon. *Oct.*, 1ᵉʳ vol., 1767, p. 207.

Grant de Blairfindy, *Mai*, 1778, p. 211.

Granvilliers. *Janv.*, 1729, p. 202; *avr.*, 1750, p. 838.

Gras (le). *Sept.*, 1701, p. 395; *mai*, 1708, p. 269; *juill.*, 1709, p. 343; *mars*, 1710, p. 31; *juin*, 1724, p. 1231; *sept.*, 2ᵉ vol., 1725, p. 2318.

Gras de Vaubersey (le). *Mai*, 1756, p. 261; *oct.*, 1ᵉʳ vol., 1758, p. 205.

Grasinier. V. BANIE (LA).

Grasse. *Oct.*, 1748, p. 228; *juin*, 2ᵉ vol., 1754, p. 206; *oct.*, 2ᵉ vol., 1756, p. 231; *août*, 1763, p. 197; *avr.*, 2ᵉ vol., 1764, p. 207; *janv.*, 2ᵉ vol., 1772, p. 209.

Grasse-Briançon. *Août*, 1776, p. 211.

Grassi. *Avr.*, 1747, p. 198.

Grassières (des). V. CHÉROUVIER.

Grassin. *Déc.*, 2ᵉ vol., 1753, p. 200; *juill.*, 1755, p. 216.

Graulet (la). *Juin*, 1775, p. 236.

Graus de Pinos. *Mai*, 1739, p. 1036.

Graut de la Motte. *Août*, 1717, p. 153.

Grave. *Août*, 1722, p. 214; *mars*, 1725, p. 618; *févr.*, 1730, p. 422; *déc.*, 1758, p. 2722; *sept.*, 1749, p. 213; *juill.*, 1755, p. 223.

Graveizon. *Avr.*, 1709, p. 262.

Gravel. *Avr.*, 1753, p. 204.

Gravel de Marly. *Oct.*, 1726, p. 2400.

Gravelle. *Fév.*, 1729, p. 409.

Graville. V. MALET.

Grécourt. V. VILLART.

Gréen de Saint-Marseault. *Déc.*, 1776, p. 235.

Grenaud de Rougemont. *Juill.*, 1707, p. 69; *avr.*, 1ᵉʳ vol., 1763, p. 213. V. encore MONTILLET.

Grenelle. *Juin*, 1760, p. 255.

Grésignac. V. LAGEARD.

Gresset. *Sept.*, 1748, p. 236; *juill.*, 1ᵉʳ vol., 1777, p. 212.

Gressolles. V. GROSSOLLES

Grieu. *Déc.*, 1718, p. 155; *déc.*, 1ᵉʳ vol., 1728, p. 2758; *déc.*, 1769, p. 236.

Grignan. *Nov.*, 1704, p. 58; *nov.*, 1736, p. 2568; *août*, 1705, p. 298. V. encore MONTEIL.

Grille. *Oct.*, 1742, p. 2326; *août*, 1747, p. 190.

Grille d'Estoublon. *Mars*, 1773, p. 209.

Grillet *Juill.*, 1759, p. 1675.

Grillet de Brissac. *Août*, 1709, p. 94; *avr.*, 1717, p. 208 ; *août*, 1751, p. 2041; *avr.*, 2ᵉ vol., 1769, p. 198.

Grilllère (la). *Nov.*, 1709, p. 149.

Grimaldi. *Sept.*, 1688, p. 293; *août*, 1700, p. 152; *janv.*, 1701, p. 124; *avr.*, 1704, p. 42 ; *juill.*, 1705, p. 158; *avr.*, 1720, p. 191 ; *janv.*, 1722, p. 192; *nov.*, 1724, p. 2497; *févr.*, 1726, p. 395 ; *juill.*, 1728, p. 1695; *févr.*, 1751, p. 400; *févr.*, 1748, p. 212; *oct.*, 1749, p. 210; *janv.*, 1750, p. 199; *juin*, 1ᵉʳ vol., 1751, p 189; *mai*, 1758, p. 211 ; *avr.*, 1ᵉʳ vol., 1770, p 224; *juill.*, 2ᵉ vol., 1774, p. 212.

Grimbert. *Août*, 1754, p. 1889.

Grimoard de Beauvoir. *Nov.*, 1745, p. 229; *mai*, 1746, p. 196 ; *mai*, 1748, p. 199; *nov.*, 1752, p. 208; *mars*, 1759, p. 213 ; *déc.*, 1768, p.214; *avr.*, 2ᵉ vol., 1770, p. 212.

Grimoard de Beauvoir de Montlaur. *Juin-juill.*, 2ᵉ part., 1721, p. 86; *juin*, 2ᵉ vol., 1756, p, 1470.

Grimoard de Villars. *Déc* , 2ᵉ vol., 1747, p. 194. V. encore VILLARS.

Grimoard du Rouro. *Avr.*, 1753, p. 820.

Grimod. *Janv.*, 1ᵉʳ vol., 1775, p. 233.

Grimod de la Reynie. *Avr.*, 1ᵉʳ vol., 1758, p. 204 ; *févr.*, 1776, p. 211.

Grimod du Fort. *Févr.*, 1742, p. 404; *mars*, 1748, p. 207; *nov.*, 1748, p. 211 ; *févr.*, 1761, p. 219.

Grimonville. *Août*, 1715, p. 508.

Grinberghen. *Août*, 1736, p. 1923; *déc.*, 1744, p. 201.

Grippon (du). V. FESCHAL DU GRIP-PON.

Gris d'Echauffon (le). V. ERARD.

Grivel. *Juin*, 1ᵉʳ vol., 1757, p. 1220.

Grivel-Douvoy *ou* d'Ouroy. *Juin*, 1ᵉʳ vol., 1728, p. 1234; *janv.*, 1753, p. 208; *mars*, 1753, p. 211.

Grolée de Viriville. *Mars*, 1703, pp. 52-63; *mai*, 1704, p. 293; *avr.*, 1706, p. 259; *févr.*, 1708, p. 286; *avr.*, 1718, p. 188; *juin*, 2ᵉ vol., 1751, p. 203.

Grolier. *Janv.*, 1708, p. 123.

Grolier de Servières. *Avr.*, 1ᵉʳ vol., 1776, p. 237.

Grolier de Tressort. *Avr.*, 1ᵉʳ vol., 1760, p. 214.

Grondeau. *Juill.*, 1742, p. 1674.

Grondel. *Avr.*, 2ᵉ vol., 1773, p. 212.

Groppo. *Mars*, 1747, p. 205.

Gros de Bel-Air. *Janv.*, 1ᵉʳ vol., 1764, p. 183.

Gros de Boze. *Nov.*, 1753, p. 207.

Grosbois. V. PERRENCY.

Grossereau. *Avr.*, 1727, p. 845.

Grossolles de Flammarens. *Août*, 1708, p. 72; *juin*, 1743, p. 1240; *août*, 1751, p. 167; *juill.*, 2ᵉ vol., 1765, p. 193. V. encore FLAMA-RENS.

Grouches de Chépy. *Juin*, 1744, p. 1489; *mars*, 1746, p. 209; *sept.*, 1750, p. 195. V. encore CHÉPY.

Grouchy. *Oct.*, 2ᵉ part., p. 215.

Groue. *Juin*, 1ᵉʳ vol., 1754, p. 209.

Groular. *Juin*, 2ᵉ vol., 1754, p. 196.

Grout de Beaufort. *Janv.*, 1ᵉʳ vol., 1756, p. 222.

Groux (du). *Févr.*, 1751, p. 205.

Gruel. *Août*, 1708, p. 161.

Gruslier. *Avr.*, 1703, p. 60.

Gruyn *Oct.*, 1698, p. 229; *févr.*, 1722, p. 163 ; *juin*, 2ᵉ vol., 1748, p. 208; *juill.*, 2ᵉ vol., 1765, p. 195.

Gua (du). V. BÉRENGER.

Guast (du). V. GUA (DU).

Guay de la Tour. *Déc.*, 1ᵉʳ vol., 1751, p. 188.

Guay-Trouin (du). *Oct.*, 1698, p. 252; *nov.*, 1703, p. 13; *juill.*, 1709, p. 21 ; *nov.*, 1715, p. 184; *nov.*, 1736, p. 2569.

Gué (du). *Oct.*, 1702, p. 274; *juin*, 1703, p. 182; *nov.*, 1704, p. 334; *oct.*, 1706, p. 82; *mai*, 1714, p. 144; *mars*, 1720, p. 167; *févr.*, 1727, p. 404; *nov.*, 1751, p. 2528; *mai*, 1756, p. 1036; *juin*, 2ᵉ vol., 1749, p. 204. V. encore COUPEAU.

Gué de Bagnol (du). *Nov.*, 1752, p. 209; *nov.*, 1756, p. 254.

Gueau. *Janv.*, 1758, p. 175.

Gueau de Reverseaux. *Juill.*, 1753, p. 212.

Guébriant ou Goesbriant. *Janv.*, 1703, p. 521 ; *déc.*, 1714, p. 321; *sept.*, 1726, p. 2173; *févr.*, 1728, p. 417; *oct.*, 1734, p. 2308; *juin*, 1ᵉʳ vol., 1736, p. 1252; *déc.*, 2ᵉ vol.,

Guinet d'Arthel. *Juin*, 1700, p. 199.

Guingamp. *Juill.*, 1750, p. 213 ; *juin*, 1774, p. 257.

Guiry. *Nov.*, 1756, p. 2574 ; *avr.*, 1741, p. 837 ; *juin*, 2ᵉ vol., 1755, p. 192 ; *juill.*, 1755, p. 211 ; *déc.*, 1ᵉʳ vol., 1755, p. 199 ; *août*, 1754, p. 208 ; *août*, 1777, p. 213.

Guiry-Chaumout. *Juill.*, 1ᵉʳ vol., 1760, p. 207.

Guiry de Noncourt. *Avr.*, 1705, p. 572 ; *juill.*, 1724, p. 1658.

Gniscard. *Juin*, 1708, pp. 150-158 ; *oct.*, 1725, p. 2540 ; *nov.*, 1752, p. 201 ; *juin*, 1762, p. 194.

Guisigny. *Mai*, 1686, p. 80.

Guislain. *Janv.*, 1ᵉʳ vol., 1776, p. 212.

Guitaud. *Févr.*, 1777, p. 223.

Guitry. V. Chaumont-Guitry ou Quitri.

Guy. *Déc.*, 1ᵉʳ vol., 1757, p. 2722 ; *juin*, 2ᵉ vol., 1757, p. 208.

Guy-Allard. *Sept.*, 1773, p. 213.

Guy d'Airebaudouse. *Mars*, 1756, p. 600.

Guyard de Banay. *Avr.*, 2ᵉ vol., 1771, p. 213.

Guyet de Chevigny et de la Sourdière. *Janv.*, 1698, p. 263 ; *mars*, 1701, p. 189 ; *août*, 1704, p. 409 ; *févr.*, 1706, p. 195 ; *nov.*, 1708, p. 272 ; *févr.*, 1756, p. 581 ; *janv.*, 1750, p. 201 ; *sept.*, 1752, p. 206.

Guyeux. *Juin*, 1740, p. 1467.

Guy-le-Borgne de Kermoran. *Nov.*, 1761, p. 198.

Guymont. *Oct.*, 1740, p. 2325.

Guyonnet. *Déc.*, 1767, p. 242.

Guynet. *Mai*, 1733, p. 1052 ; *déc.*, 2ᵉ vol., 1757, p. 2934.

Guyon. *Nov.*, 1756, p. 2574 ; *mars*, 1759, p. 613 ; *juill.*, 1742, p. 1685 ; *avr.*, 2ᵉ vol., 1771, p. 213.

Guyon de Crochans. *Févr.*, 1757, p. 227.

Guyot. *Févr.*, 1750, p. 417 ; *déc.*, 2ᵉ vol., 1756, p. 2981.

Guyot de Chenisot. *Juin*, 1ᵉʳ vol., 1731, p. 1594 ; *oct.*, 1743, p. 2515.

Guyot de Chesne. *Oct.*, 1753, p. 2304.

Guyot de Villers. *Oct.*, 1755, p. 2322.

H

Habert de Montmort. *Févr.*, 1695, p. 231 ; *fév.*, 1700, p. 72 ; *nov.*, 1702, p. 522 ; *oct.*, 1706, p. 156 ; *janv.*, 1716, p. 121.

Haguais (le). *Mai*, 1704, p. 135.

Haguenau d'Aine. *Janv.*, 1755, p. 214 ; *avr.*, 2ᵉ vol., 1758, p. 199.

Haicourt. *Avr.*, 2ᵉ v., 1778, p. 213.

Haillet. *Juin*, 2ᵉ vol., 1749, p. 205 ; *juin*, 2ᵉ vol., 1755, p. 228.

Hainault de la Tour. *Mars*, 1740, p. 612.

Hainaut. *Avr.*, 2ᵉ vol., 1771, p. 213.

Halgouët. *Sept.*, 1705, p. 216.

Hallai (du). *Juin*, 2ᵉ v., 1749, p. 200.

Hallebout. *Avr.*, 1755, p. 211.

Hallée. *Avr.*, 1740, p. 817 ; *juin*, 1740, p. 1216 ; *nov.*, 1741, p. 2547 ; *juill.*, 1742, p. 1670.

Hallencourt. *Nov.*, 1706, p. 170 ; *févr.*, 1742, p. 597 ; *juill.*, 1742, p. 1676 ; *juin*, 1ᵉʳ vol., 1745, p. 208, *oct.*, 2ᵉ vol., 1756, p. 251 ; *nov.*, 1770, p. 225.

Halles de Fougerolles (des). *Déc.*, 1ᵉʳ vol., 1755, p. 2738.

Hallincourt de Boulainvilliers. *Avr.*, 2ᵉ vol., 1757, p. 202.

Halluin. *Janv.*, 1756, p. 233 ; *juin*, 1756, p. 225.

Hamard. *Sept.*, 1748, p. 236.

Hamay de Saint-Ange. *Oct.*, 1748, p. 230.

Hamel (du). *Mai*, 1705, p. 50 ; *févr.*, 1706, pp. 241-249 ; *août*, 1706, p. 235 ; *janv.*, 1ᵉʳ v., 1771, p. 225 ; *avr.*, 2ᵉ vol., 1773, p. 210 ; *oct.*, 2ᵉ vol., 1774, p. 211.

Hamon des Roches. *Avr.*, 1740, p. 817.

Hangest. *Déc.*, 1705, p. 140 ; *janv.*, 1706, p. 285.

Hanivel. V. Annyvel.

Hannyvel de Manevillette. *Nov.*, 1701, p. 106 ; *déc.*, 1ᵉʳ vol., 1727, p. 2750 ; *oct.*, 1ᵉʳ vol., 1757, p. 202.

Hanon de la Mivoye. *Avr.*, 1730, p. 837.

Harabeder. *Juill.*, 2e v., 1762, p.188.
Haraucourt. *Janv.*, 1706, p. 54; *août.* 1706, p. 222; *juill.*, 2e vol., 1771, p. 212. V. encore LONGUEVAL et CHATELET (DU).
Harbouville. V. ARBOUVILLE.
Harcourt. *Déc.*, 1702. p. 278; *mars,* 1703, p. 48; *mai,* 1705, pp. 29-50; *juill.*, 1705, p. 142; *août.*, 1705, p. 150; *nov.*, 1705, p. 215; *sept.*, 1706, p. 155; *mars,* 1708, p. 262; *juin,* 4e part., 1711, p. 40; *mai,* 1713, pp. 251-264; *août,* 1714, p. 260; *nov.*, 1714, p. 516; *avr.*, 1715, p. 252; *janv.*, 1716, p. 224; *juin,* 1716, p. 156; *sept.*, 1716, p. 210; *juin,* 1717, p. 181; *nov.*, 1718, p. 115; *juill.*, 1720, p. 150; *févr.*, 1725, p. 594; *déc.*, 1er vol., 1726, p.2803; *oct.*, 1727, p.2356; *déc.*, 1er vol., 1728, pp.2760-2762; *juill.*, 1730, p. 1685; *oct.*, 1730, p. 2327; *juin,* 1er vol., 1736; p.1235; *avr.*, 1741, p. 859; *mars,* 1745, p. 254; *mai,* 1748, p. 192; *févr.*, 1749, p. 191; *mars,* 1750, p. 197; *août,* 1750, p. 211; *déc.*, 1er vol., 1750, p. 201; *janv.*, 1751; p.199; *juin,* 2e vol., 1751, p.208; *avr.*, 1752, p. 208; *janv.*, 1er vol., 1770, p. 215; *mai,* 1772, p. 210.
Harcourt-Lillebonne. *Sept.*, 1752, p.203; *juill.*, 1er vol., 1772, p. 210.
Harcourt-Olonne. *Déc.* 1er vol., 1753, p. 199.
Hardion. *Janv.*, 2e vol., 1767, p. 187.
Hardouin. *Déc.*, 1715, p. 225.
Hardouin de Chaslon. *Janv.*, 2e vol, 1763, p. 181.
Hardy (le). *Août,* 1711, p. 255; *juill.*, 1718, p. 210.
Haris. V. FAY D'HARIS.
Harlay. *Oct.*, 1696, p. 280; *nov.*, 1698, p. 272; *nov.*, 1701, p. 108; *avr.*, 1704, p. 190; *févr.*, 1706, p. 69; *mars,* 1706, p. 137; *déc.*, 1709, p. 210; *déc.*, 1710, p. 53; *déc.*, 4e part., 1711, p. 94; *juill.*, 1712, pp.65-72; *déc.*, 1715, p.185; *févr.*, 1714, p. 276; *juill.*, 1717, p. 207; *août,* 1717, p. 151; *mars,* 1729, p. 624; *nov.*, 1730, p. 2555; *févr.*, 1755, p. 405; *déc.*, 1759, p. 3149; *mai,* 1749, p. 229; *oct.*, 1749, p. 210; *oct.* 1er vol., 1757, p. 201.

Harleville. *Avr.*, 1712, p. 303.
Harling. *Mai,* 1729, p. 1035.
Harlus de Vertilly. *Sept.*, 1688, p. 86; *mai,* 1700, p. 215; *juill.*, 1726, p. 1694; *mai,* 1729, p. 1036; *avr.*, 1er vol., 1769, p. 215.
Harouys. *Juin,* 1er vol., 1731, p.1390.
Harte. V. HATTE.
Harteloyre. *Juin,* 1726, p. 1269.
Harville. *Oct.*, 1701, pp. 265 et 268; *oct.*, 1712, p. 252; *août,* 1715, p. 229; *mai,* 1717, p. 167; *nov.*, 1750, p.2532; *juin,* 1er vol., 1750, p. 210; *avr.*, 1753, p. 203; *nov.*, 1756, p. 254; *sept.*, 1759, p.214; *juill.*, 2e vol., 1761, p. 206. V. encore JUVENAL.
Hastrel de Préaux. *Janv.*, 1685, p. 244.
Hatte. *Janv.*, 1715, p.280; *janv.*, 1738, p. 170. V. encore BERNARD DE HATTE.
Hatte de Chévilly. *Mai,* 1706, p. 316; *oct.*, 1722, p. 161; *nov.*, 1741, p. 2544.
Hauague d'Auneau. *Août,* 1735, p. 1890.
Haudaille. *Oct.*, 1718, p. 230.
Hauguel. V. MÉNESTREL.
Haunevin. V. SCORION.
Haurecourt. V. HINSELIN.
Haussonville. *Juin,* 1er vol., 1749, p. 208; *mai,* 1754, p. 209.
Hauteourt. *Mars,* 1710, p. 48.
Hautefeuille. *Janv.*, 1703, p. 535; *mai,* 1703, p. 90; *août,* 1705, p. 56; *juill.*, 1760, p. 212. V. encore TEXIER.
Hautefort. *Nov.*, 1680, p. 5; *janv.*, 1694, p. 315; *nov.*, 1701, p. 111; *janv.*, 1703, p. 502; *janv.*, 1703, pp. 334, 539 et 542; *févr.*, 1712, p. 60; *août,* 1712, p. 130; *juin,* 1715, p. 219; *janv.*, 1719, p. 197; *févr.*, 1727, p. 404; *juill.*, 1727, p. 1707; *nov.*, 1730, p. 2534; *févr.*, 1731, p. 599; *avr.*, 1752, p. 799; *juill.*, 1752, p. 1668; *févr.*, 1736, p. 591; *nov.*, 1736, p. 2380; *juin,* 1741, p. 1261; *mars,* 1745, p. 602; *mars,* 1913, p. 607; *mars,* 1743, p. 615; *nov.*, 1718, p. 212; *août,* 1749, p. 198; *déc.*, 1er vol., 1749, p. 210; *juin,* 2e vol., 1751, p. 208; *déc.*, 1er vol., 1751, p. 187; *juin,* 2e vol., 1755, p. 104; *août,* 1754, p. 210; *août,* 1760, p. 202;

Héritier (l'). *Juill.*, 1732, p. 1668.
Hermand. *Juill.*, 1759, p 1678; *déc.*, 2ᵉ vol., 1748, p. 223; *oct.*, 1ᵉʳ vol., 1776, p. 211.
Herment. *Févr.*, 1750, p. 209.
Herment de Souville. *Janv.*, 1705, p. 171.
Hermite (l'). *Juin*, 1714, p. 159.
Hermite d'Hieville (l'). *Juin*, 1770, p. 249.
Hermitte d'Ubaye. *Déc.*, 1771, p. 213.
Hernelon. *Oct.*, 1748, p. 227.
Héron. *Janv.*, 1703, p. 332; *sept.*, 1705, p. 279; *juin*, 1706, p. 106; *juill*, 1712, p. 233; *oct.*, 1755, p. 2204; *nov.*, 1745, p. 2526.
Héron de la Thuillerie. *Mai*, 1730, p. 1047.
Héron de Villefosse. *Févr.*, 1757, p. 406; *août*, 1740, p. 1906.
Hérouval. V. VION.
Hérouville. *Mai*, 1704, p. 174. V. encore RICOUART.
Hérouville de Claye. *Oct.*, 1ᵉʳ vol., 1760, p. 204.
Herse. V. VIALART.
Hervart de Bois-le-Vicomte. *Sept.*, 1699, p. 251.
Hervault. V. YSONÉ.
Hervault de Plumartin. *Févr.*, 1703, p. 59; *déc.*, 1715, p. 234.
Hervé, *Sept*, 1697, p. 246: *juill.*, 1749 p. 205; *janv.*, 1751, p 199.
Hervé de Langauuay. *Juin*, 2ᵉ vol., 1745. p. 214.
Hervé-Ménard *Juill.*, 1735, p. 1666; *déc.*, 1767, p 243.
Hervilly. *Mars*, 2ᵉ vol., 1722, p. 165; *déc*, 1742, p. 2758; *avr.*, 1ᵉʳ vol., 1774, p 212.
Hessy. *Janv.*, 1703, p. 317; *nov.*, 1729. p. 2758; *juin*, 2ᵉ vol., 1736, p. 1469.
Heudelot. *Févr.*, 1741, p. 413.
Heudicourt. V. SUBLET.
Heusch. *Déc.*, 1763, p. 195.
Heussonville. *Août*, 1703, p. 25.
Heuze de Vologer. *Nov.*, 1761, p. 159.
Hieville. V HERMITE (L').
Hilledin *Déc.*, 1767, p. 240.
Hinge. V. PIRE.
Hinnisdal. *Avr.*, 1ᵉʳ vol., 1776, p. 235.
Hinselin. *Févr.*, 1738, p. 267; *janv.*,

1ᵉʳ vol., 1773, p. 212.
Hinselin de Haurecourt. *Avr.*, 1702, p 384.
Hivours. *Juill.*, 1703, p. 38.
Hocquart. *Juin*, 1759, p. 1251; *avr.*, 1750, p. 210; *déc.*, 1ᵉʳ vol., 1753, p. 198; *juin*, 1760, p. 252; *janv.*, 1ᵉʳ vol. 1761, p. 204; *juin*, 1772, p. 224.
Hocquart de Felcourt. *Oct.*, 1742, p. 236.
Hocquincourt V. MONCHY.
Holbach. *Nov*, 1753, p. 210; *janv.*, 1755, p. 214.
Holstein-Beck. *Oct.*, 2ᵉ vol., 1769, p. 213; *avr.*, 1ᵉʳ vol., 1772, p. 223.
Homache. *Juill.*, 2ᵉ vol., 1775, p. 211.
Honneuil. V. BARIOT.
Honoré. *Janv.*, 2ᵉ vol., 1756, p. 233.
Hook. *Nov.*, 1738, p. 2502.
Hôpital (l') *Févr.*, 1685, p. 300; *févr.*, 1692, p. 259; *oct.*, 1694, p. 260; *juin*, 1697, p 210; *déc.*, 1698, p. 264; *déc.*, 1701, p. 535! *janv.*, 1702, pp. 169-182 et 180; *avr.*, 1702, p. 444; *mars*, 1704, pp. 8-26; *mai*, 1706; p. 70; *déc.*, 4ᵉ part., 1711. p. 92; *nov.*, 1721, p. 181; *nov.*, 1726, p. 2603; *juill*, 1737, p. 1669; *déc.*, 1ᵉʳ vol., 1751, p. 179; *juin*, 2ᵉ vol., 1754, p 196; *juill.*, 2ᵉ vol., 1762, p. 206; V. encore GALLUCI DE L'HÔPITAL.
Horix. *Nov.*, 1777, p. 211.
Horne. *Janv.*, 1703, p, 325; *mars*, 1704, p. 144; *sept.*, 1705, p. 73; *juin*, 1706. p. 531.
Hoslier. *Janv*, 1685, p 246; *déc.*, 1715, p. 233; *août*, 1727, p. 1928.
Hosdier de la Varenne. *Nov.*, 1774, p 256. V. encore VARENNE.
Hoste (l'). *Févr.*, 1725, p. 394.
Hostie de Silly. V. FAY D HOSTIE DE SILLY.
Hostun. V. GADAIGNE.
Hotman de Fontenay. *Sept.*, 1704, p. 219.
Houallet. *Mai*, 1735, p. 1022.
Houchin. *Déc.*, 1ᵉʳ vol., 1754, p. 205.
Houdancourt. V. MOTHE (LA).
Houdart. *Juin*, 2ᵉ vol., 1749. p. 206.
Houdetot *Févr.*, 1721, p. 128; *juin*, 1726, p. 1270; *sept.*, 1726, p. 2173; *févr.*, 1752, p. 408; *juin*, 1ᵉʳ vol.,

1737, p. 1224; *mars*, 1748, p. 202; *juin*, 2ᵉ vol., 1748, p. 207; *janv.*, 1749, p. 220; *août.*, 1749, p. 193; *juin*, 1ᵉʳ vol., 1753, p. 196; *oct.*, 1ᵉʳ vol., 1761, p. 218; *mars*, 1771, p. 212; *oct.*, 2ᵉ vol., 1775, p. 211.

Houelle. *Mai*, 1703, p. 179; *juill.*, 1703, p. 145; *févr.*, 1756, p. 379.

Houet de Sainte-Marie. *Mars*, 1706, p. 122.

Houlier de la Poyade. *Mai*, 1700, p. 201.

Hourlier. *Nov.*, 1700, p. 179.

Hours (le). *Avr.*, 1709, p. 268.

Houssaye (du). *Févr.*, 1751, p. 201.

Houssaye (la). *Juin*, 2ᵉ vol., 1749, p. 204. V. encore PELLETIER DE LA HOUSSAYE.

Houssemans. *Déc.*, 1ᵉʳ vol., 1751, p. 190.

Houx de Lavau (le). *Mars*, 1743, p. 598.

Houze (la) V. BASQUIAT.

Hozier (d'). *Mai*, 1716, p. 280; *janv.*, 1729, p. 200; *févr.*, 1751, p. 401; *févr.*, 1732, p. 407; *mars*, 1733, p. 603; *mai*, 1733, pp. 1032 et 1033; *févr.*, 1739, p. 594; *juin*, 2ᵉ vol., 1752, pp. 203 et 204; *août*, 1754, p. 205; *déc.*, 1767, p. 243.

Huart. *Avr.*, 1740, p. 815.

Huart de la Poterie. *Juill.*, 2ᵉ vol., 1762, p. 206.

Huault. *Févr.*, 1732, p. 408; *août*, 1732, p. 1885; *nov.*, 1746, p. 195.

Huault de Bernay. *Août*, 1736, p. 1931.

Hubert. *Janv.*, 2ᵉ vol., 1775, p. 212.

Hubert de Corcy. *Oct.*, 1742, p. 2310.

Hubert-Fontenu. *Janv.*, 1ᵉʳ vol., 1756, p. 224.

Huchet de la Bédoyère. *Sept.*, 1746, p. 189.

Hue de Dicy. *Août*, 1772, p. 213.

Hue de Miromesnil. *Août*, 1702, p. 259; *mai*, 1704, p. 173; *déc.*, 1719, p. 189; *févr.*, 1732, p. 407; *juill.*, 1733, p. 1676; *mars*, 1774, p. 211.

Huet. *Oct.*, 1725, p. 2541; *oct.*, 1737, p. 2310; *juin*, 1741, p. 1250.

Huffel. *Juin*, 1775, p. 234.

Hugo. *Sept.*, 1739, p. 2091.

Hugues. V. MOTHE D'HUGUES (LA).

Huguet. *Sept.*, 1714, p. 342; *févr.*, 1ʳᵉ part., 1715, p. 117; *mars*, 1ʳᵉ part., 1715, p. 115; *sept.*, 1ᵉʳ vol., 1725, p. 2109; *sept.*, 1732, p. 2073; *déc.*, 1ᵉʳ vol., 1735, p. 2741.

Huguet de Sémonville. *Juill.*, 2ᵉ vol., 1759, p. 210. V. encore SÉMON-VILLE.

Huillier (l'). *Juin*, 1ᵉʳ vol., 1730, p. 1252; *juin*, 1740, p. 1241; *juill.*, 1742, p. 1678.

Humbert. *Avr.*, 1722, p. 185; *févr.*, 1769, p. 224.

Humes. *Août*, 1749, p. 194; *juill.*, 2ᵉ vol., 1775, p. 212; *oct.*, 1ᵉʳ vol., 1776, p. 212.

Humières. *Sept.*, 1694, p. 208; *oct.*, 1702, p. 535; *janv.*, 1708, p. 64; *mars*, 1708, p. 218; *mars*, 1710, p. 189; *avr.*, 1732, p. 799; *août*, 1732, p. 1884; *oct.*, 1742, p. 2316; *déc.*, 1ᵉʳ vol., 1748, p. 232; *déc.*, 2ᵉ vol., 1751, p. 205.

Huot. *Mars*, 1703, p. 63; *avr.*, 2ᵉ vol., 1767, p. 195.

Hurault de Chiverni. *Mars*, 1702, p. 333; *janv.*, 1703, p. 321; *mars*, 1706, p. 126; *août*, 1707, p. 48; *sept.*, 1708, p. 82; *janv.*, 1727, p. 188, *févr.*, 1759, p. 594.

Hurault de Gondrecourt. *Juill.*, 1ᵉʳ vol., 1776, p. 235. V. encore GONDRECOURT.

Hurault de Vibraye. *Juill.*, 1751, p. 214; *janv.*, 2ᵉ vol., 1772, p. 211, V. encore VIBRAYE.

Hurault de Saint-Denis. *Oct.*, 2ᵉ vol., 1775, p. 213.

Hureau. *Oct.*, 2ᵉ vol., 1771, p. 213.

Hureau de Dalmas. *Févr.*, 1760, p. 250. V. encore DALMAS.

Husson. *Oct.*, 1729, p. 2540.

Husson de Bonnac. V. USSON DE BONAC.

Huxellos, *Avr.*, 1730, p. 857.

I

Iberville. V. Bonde (la).
Igny. V. Guillemin.
Iliers. *Mai*, 1704, p. 200.
Illiers. V. Douhault.
Illiers d'Entragues. *Janv.*, 1er vol., 1771, p. 226.
Imbercourt. V. Langeois.
Imecourt. *Janv.*, 1705, p. 331.
Inguinberti. *Oct.*, 2e vol., 1757, p. 211.
Interville. V. Brun (le).
Intraville. V. Soyen.
Irlan de Sainte-Hermine. *Janv.*, 1694. p. 306; *fév.*, 1700, p. 192; *janv.*, 1703, p. 524; *août*, 1704, p. 285; *janv.*, 1707. p. 289; *juill.*, 1709, p. 234; *avr.*, 1715, p. 251; *nov.*, 1725, p. 2742; *nov.*, 1734, p. 2529; mars, 1757, p. 616; *oct.*, 2e vol., 1773, p. 213.
Isabeau. *Janv.*, 2e vol., 1760, p. 207.
Isarn de Fraissinet. *Janv.*, 1753, p. 209.
Isarn de Saint-Amans. *Mars*, 1687, p. 128.

Isarn de Villefort. *Mai*, 1749, p. 231. V. encore Villefort.
Isarn de Villefort de Montjeu. *Oct.*, 1740, p. 2326; *janv.*, 1er vol., 1774, p. 235.
Isenghien. *Oct.*, 1700, p. 234; *févr.*; 1706, p. 151; *janv.*, 1715, p. 188, *avr.*, 1720, p. 191; *août*, 1753, p. 1897; *mai*, 1755, p. 202; *juin*, 1758, p. 211; *janv.*, 2e vol., 1762, p. 199; *nov.*, 1767, p. 210; *oct.*, 1er vol., 1771, p. 224. V. encore Gand.
Isle (l'). *Mai*, 1728, p. 1065; *mai*, 1760, p. 208. V. encore Cosson.
Isle-Adam. V. Villiers de l'Isle-Adam.
Isle du Gast (l'). *Sept.*, 1739, p. 2092, *mai*, 1746, p. 199.
Isque de Colemberg. *Janv.*, 1743, p. 182; *mai*, 1749, p. 229.
Issaly. *Mai*, 1700, p. 212.
Issertaux. V. Berry.
Ivry. V. Bosc (du).

J

Jacquiet. *Sept.*, 1751, p. 2270.
Jacquinot. *Mars*, 1731, p. 608.
Jagoux de la Croix. *Mars*, 1773, p. 209. V. encore Croix (la).
Jaille (la). *Avr.*, 1746, p. 198; *mars*, 1755, p. 198. V. encore. Matthefelon.
Jaime. *Févr.*, 1712. p. 64.
Jallais. V. Bauyn de Jallais.
Jallard. *Févr.*, 1708, p. 54.
Jametz de Gournay. *Mars*, 1747, p. 200; *août*, 1759, p. 201.
Jannel. *Avr.*, 1er vol., 1770, p. 224.
Jansen. *Avr.*, 2e vol., 1770, p. 212.
Janson. V. Forbin.
Janssen. *Sept.*, 1766, p. 206.
Jardin. *Mars*, 1777, p. 234.
Jarente. *Mai*, 1768, p. 197.

Jarente d'Orgeval. *Avr.*, 1er vol., 1758, p. 204.
Jariel. *Août*, 1729, p. 1899.
Jarnac. *Août*, 1709, p. 258.
Jarzé. V. Savary.
Jassaud d'Arquinvillers. *Août* 1700, p. 159; *juin*, 1717, p. 177; *janv.*, 1727, p. 189.
Jaubert de Nauthiat. *Janv.*, 2e vol., 1773, p. 213.
Jaucen *ou* Jaussen. *Mars*, 1726, p. 612; *sept.*, 1727, p. 2139; *oct.*, 2e vol., 1770, p. 214.
Jaucen de la Perrière. *Juin*, 1er vol., 1737, p. 1233.
Jaucourt. *Mai*, 1717, p. 163; *avr.*, 1724, p. 784; *oct.*, 1727, p. 2357; *nov.*, 1736, p. 2571; *sept.*, 1749, p. 213; *nov.*, 1752, p. 203; *avr.*,

1er vol., 1767, p. 212; *sept.*, 1768, p 213; *oct.*, 1er vol., 1772, p. 210; *juill.*, 1er vol., 1774, p. 212.

Jaucourt-Duveaut. *Janv.*, 2e vol., 1774, p. 213.

Jaussen V. Jaucen.

Javerlhac. *Déc.*, 1762, p. 230.

Jay (le). *Nov.*, 1755, p. 2526; *févr.*, 1740, p. 396.

Jay de la Maison-Rouge (le). *Nov.*, 1705, p. 69.

Jean-Bart. V. Bart (Jean).

Jehannot. *Sept.*, 1751, p. 2268; *déc.*, 1er vol., 1748, p. 230.

Joannis. V. Vissec.

Jobelot de Montheureux. *Janv.*, 1698, p. 212; *mars*, 1698, p. 167; *janv.*, 1703, p. 264.

Joffreville. *Janv.*, 1703, p. 529.

Johal. *Janv.*, 1er vol., 1756, p. 227.

Johanne. *Mai*, 1726, p. 1068; *janv.*, 1728, p. 186; *févr.*, 1730, p. 419; *mars*, 1752, p. 618; *sept.*, 1738, p. 2085; *nov.*, 1747, p. 206; *nov.*, 1756, p. 216. V. encore Carre (la) et Saumery.

Johnston. *Avr.*, 2e vol., 1757, p. 203.

Joigny V. Blondel.

Joli. V. Joly.

Jolly. V. Joly.

Joly. *Janv.*, 1700, p. 276; *mai*, 1701, p. 206; *déc.*, 2e vol., 1750, p. 195; *janv.*, 2e vol, 1775, p. 212.

Joly de Béry. *Mars*, 1754, p. 619; *mars*, 1744, p 602.

Joly de Chasy. *Févr.*, 1700, p. 234.

Joly de Choin. *Juin*, 1759, p. 214.

Joly de Fleury. *Oct.*, 1702, p. 237; *déc.*, 1704, p. 540; *janv.*, 1705, p. 211, *oct.*, 1709, p. 205; *févr.*, 1717, pp. 168 et 174; *mai*, 1717, p. 166; *nov.*, 1717, p 217; *sept.*, 2e vol., 1725, p. 2318; *janv.*, 1756, p. 180; *déc.*, 1738, p. 2921; *sept.*, 1740, p. 2124; *janv.*, 1746, p. 199; *févr.*, 1747, p. 198; *sept.*, 1753, p. 210; *juill.*, 2e vol., 1756, p. 235; *oct.*, 1er vol., 1756, p. 236; *oct.*, 1er vol., 1760, p. 201; *avr.*, 2e vol., 1762, p. 209; *sept*, 1762, p. 193; *juin*, 1776, p. 236. V. encore Rosset de Fleury.

Jomard de Thoisy. *Janv.*, 1712, p. 201.

Joncac (du). *Oct.*, 1706, p. 286.

Jonchère (la). V. Jossier.

Jonzac. *Avr.*, 2e vol., 1757, p. 202.

Jorye. *Juill.*, 1738, p. 1657.

Jossan. *Mars*, 1730, p. 615.

Jossaud. *Déc.*, 2e vol., 1755, p. 2939.

Jossier de la Jonchère. *Mars*, 1739, p. 614.

Jouan. *Janv.*, 2e vol., 1765, p. 205.

Joubert de Godonville. *Janv.*, 1685, p. 246.

Joubert de la Bastide. *Juin*, 1er vol., 1751, p. 1590.

Jouenne d'Esgrigny. *Avr.*, 1734, p. 826; *nov.*, 1741, p. 2549.

Jougleur de Rémilly (le). *Juin*, 1706, p. 359; *nov.*, 1741, p. 2556; *avr.*, 1746, p. 201.

Jourdan de Fleins. *Avr.*, 1753, p. 205.

Jourdan de l'Aunay. *Mars*, 1736, p. 601; *juin*, 1er vol., 1736, p. 1240.

Jourdan de Saint-Sauveur. *Mai*, 1768, p. 198. V. encore Saint-Sauveur.

Journet. *Oct* 1er vol., 1773, p. 212.

Jousselin de Marigny. *Août*, 1717, p. 152.

Joussineau de Tourdonnet. *Oct.*, 2e vol., 1776, p, 224; *mai*, 1778, p. 211.

Jouvaucour. *Avr.*, 1729, p. 822 *janv.*, 1710, p. 180.

Jouy. V. Brillon.

Joven de la Blachette. *Nov.*, 1769, p. 225.

Jovenel de Marenzac. *Févr.*, 1769, p. 225.

Joyeuse. *Avr.*, 1696, p. 233; *avr.*, 1710, pp. 192-205; *juin*, 1710, p. 45; *juill.*, 1710, p. 57; *mars*, 1715, p. 158; *mai*, 1715, pp. 199-209; *févr.*, 1716, p. 281; *mars*, 1716, p. 53; *déc.*, 1721, p. 2725; *mai*, 1725, p. 1052; *mars*, 1736, p. 606; *juin*, 1740, p. 1250; *mai*, 1751, p. 207; *juin*, 2e vol., 1757, p. 211; *oct.*, 1er vol., 1759, p. 233; *avr.*, 2e vol, 1769, p 225; *janv.*, 1er vol., 1775, p. 235.

Joyeuse de Grandpré. *Août*, 1774, p. 213. V. encore. Grandpré.

Joyeux. *Avr.*, 1700, p. 367.

Jubert. *Févr.*, 1705, p. 509; *juill.*, 1708, p. 122; *juill.*, 1721, p 1635,

Jubert de Bouville. *Juin*, 1741, p. 1466, *juill.*, 1742, p. 1687 oct., 1742, p. 2183; *déc.*, 2ᵉ vol., 1747, p. 197; *nov.*, 1749, p. 216 ; *juin*, 2ᵉ vol , 1757, p. 204.

Judde. *Août*, 1772, p. 209.

Juigné. *Avr.*, 1741, p. 837. V. encore CLERC DE JUIGNÉ (LE).

Juillet. *Oct.*, 1727, p. 2358.

Juiny. *Juin*, 2ᵉ vol., 1733, p. 1435.

Julien. *Janv.*, 1703, p. 323.

Julistane. *Mai*, 1769, p. 212.

Jullienne. *Févr.*, 1733, p. 398.

Jumel de Barneville. *Janv.*, 1705, p. 244.

Jumelles. V. ROY (LE).

Jumilbac. *Mars*, 1775, p. 236; *avr.*, 2ᵉ vol., 1777, p. 211; *Sept.*, 1777, p. 213.

Jumilhac de Cubiac. *Juill.*, 2ᵉ vol., 1772, p 213. V. encore CHAPELLE.

Jusas. V. BOYER.

Jussac. *Déc.*, 1703, p. 533; *juin*, 1701, p. 31.

Jussieu. V. BERNARD.

Juvénal de Harville. *Avr.*, 1ᵉʳ vol., 1770, p. 225. V. encore HARVILLE et le suivant.

Juvénal des Ursins. *Mai*, 1705, p. 35; *mai*, 1717, p. 167; *janv.*, 1721, p. 111 ; *juill.*, 1726, p. 1690; *avr.*, 1746, p. 206; *avr.*, 1747, p. 200. V. encore HARVILLE et le précédent.

Juverlac. *Déc.*, 1775, p. 235.

Juvisy. V. PAJOT.

K

Kadennec. V. CHARRUC.

Kadot. *Déc.*, 4ᵉ part., 1711, p. 91; *oct.*, 1730, p. 2327; *juin*, 1743, p. 1446.

Kadot de Sebeville. *Déc.*, 1703, pp. 43 et 331; *févr.*, 1701, p. 319; *mars*, 1701, pp. 26-62, *sept.*, 1752, pp. 203 et 205, *nov.*, 1760, p. 201 ; *oct*, 1ᵉʳ vol., 1763, p. 209.

Kain (le). *Mars*, 1778, p 209.

Karcado. *Août*, 1724, p. 1848; *août*, 1727, p. 1930; *mars*, 1738, p. 605; *déc.*, 1ᵉʳ vol., 1747, p. 204; *juin*, 2ᵉ vol., 1749, p. 199; *déc.*, 2ᵉ vol., 1751, p. 202.

Karuel de Mercy. *Mai*, 1740, p. 1035.

Keingiaert. *Juin*, 1740, p. 1466.

Kercado *Mai*, 1691, p. 319 ; *oct.*, 1706, p. 109; *nov.*, 1706, p. 531; *juill.*, 1708, p. 132; *mai*, 1736, p. 1040 ; *juin*, 1776, p. 236. V. encore SÉNÉCHAL DE KERCADO (LE).

Kerchoent de Coëtenfaö. *Avr.*, 1699, p. 238; *déc.*, 2ᵉ vol., 1731, p. 2917; *oct.*, 1743, p. 2309; *sept.*, 1752, p. 204. V. encore COETENFAU.

Kerchoent de Loc-Maria. *Sept.*, 1752, p. 204. V. encore LOC-MARIA.

Kerfilis V. SERENT.

Kergoumadeck. *Juin*, 1ᵉʳ vol.; 1729, p. 1264; *oct.*, 1743, p. 2309.

Kergrendes. *Juin*, 2ᵉ vol., 1753, p. 188.

Kerleret. V. BILLOUARD.

Kérouart. *Janv.*, 1746, p. 202; *déc.*, 1ᵉʳ vol., 1754, p. 205; *mars*, 1775, p. 255.

Kermoysan. *Déc.*, 2ᵉ vol., 1747, p. 198.

Kerpatri. *Juin*, 1721, p. 1229.

Kersauzon *Janv.*, 1744, p. 188.

Kersiles. V. SERENS.

Kersulguen. *Janv.*, 1754, p. 192; *juin*, 1761, p. 201.

Kerven *Mars*, 1740, p. 608; *mai*, 1748, p. 201.

Kervers. V. FRUGULAY.

Kervert. *Déc.*, 1ᵉʳ vol., 1753, p. 199.

Kervillon. *Août*, 1691, p. 240.

Klinglin. *Août*, 1754, p. 1890; *sept.*, 1769, p. 226.

Kœnigsmark. *Déc.*, 1ᵉʳ vol., 1747, p. 204.

L

Laborie. *Févr.*, 1700, p. 239.

Laboureur de Vertepierre (le). *Août*, 1699, p. 203.

Labro. *Nov.*, 1706, p. 178.

Lacoré. *Oct.*, 1740, p. 2323; *août*, 1753, p. 209.

Lacroy. *Déc.*, 1759, p. 210.

Ladore. *Nov.*, 1735, p. 2525.

Ladvocat. *Mars*, 1700, p. 99; *août*, 1702, p. 258; *mai*, 1706, p. 77; *févr.*, 1735, p. 598; *août*, 1737, p. 1885.

Laffemas. *Juin*, 1703, p. 20.

Lafond de Savines. V. FONT (LA).

Lagan *ou* Lagau. *Juin*, 2ᵉ vol., 1735, p. 1437; *nov.*, 1760, p. 210.

Lageard de Grésignac. *Juin*, 2ᵉ vol., 1752, p. 202.

Lages de Cuilli. *Nov.*, 1753, p. 206.

Lagny. *Janv.*, 1701, p. 143. V. DURAND et FURSTEMBERG D'ANGLEBERMER.

Laigneau. *Mai*, 1736, p. 1053.

Laing (la). *Oct.*, 1ᵉʳ vol., 1774, p. 237; *janv.*, 1ᵉʳ vol., 1775, p. 232.

Laire. *Avr.*, 1ᵉʳ vol., 1759, p. 212.

Laissart. *Oct.*, 1726, p. 2400.

Laistre. *Juill.*, 1742, p. 1679.

Laizer. *Juin*, 1743, p. 1241.

Lalanne. V. LÉON.

Laleu. *Sept.* 1734, p. 2089; *janv.*, 1736, p. 170.

Lalive. *Juin*, 1ᵉʳ vol., 1737, p. 1233; *Févr.*, 1749, p. 196.

Lalive de Bellegarde. *Mars*, 1748, p. 202. V. encore BELLEGARDE.

Lallemand de Montlangault. *Janv.*, 1ᵉʳ vol., 1762, p. 196. V. encore ALLEMAND.

Lallemand. *Juin*, 1712, p. 265; *févr.*, 1730, p. 421; *mars*, 1750, p. 613; *mars*, 1777, p. 235.

Lallemant. *Mai*, 1749, p. 228.

Lallemant de Lévignen. *Févr.*, 1740, p. 392; *avr.*, 1740, p. 821; *avr.*, 2ᵉ vol., 1767, p. 199.

Lallemant de Macqueline. *Nov.*, 1734, p. 2535.

Lalouette de Vernicourt. *Oct.*, 2ᵉ vol., 1756, p. 231.

Lamballe. *Juill.*, 1768, p. 212; *juin*, 1773, p. 213,

Lambert. *Juill.*, 1729, p. 1683; *janv.*, 1730, p. 185; *mai*, 1736, p. 1010; *sept.*, 1749, p. 210; *oct.*, 1754, p. 215; *avr.*, 2ᵉ vol., 1772, p. 210.

Lambert d'Herbigny. *Nov.*, 1700, p. 178; *déc.*, 1703, p. 557 et 560; *mai*, 1706, p. 82; *mars*, 1729, p. 623; *oct.*, 1751, p. 2462; *sept.*, 1736, p. 2152.

Lambert de Saint-Bris. *Déc.*, 1740, p. 2757; *juin*, 2ᵉ vol., 1754, p. 203.

Lambert de Thibouville. *Sept.*, 1772, p. 211.

Lambert de Thorigny. *Août*, 1700, p. 158; *juill.*, 1704, p. 107.

Lamberti. *Juin*, 1ᵉʳ vol., 1749, p. 209.

Lamberty. *Oct.*, 1ᵉʳ vol., 1772, p. 210.

Lambertye. *Sept.*, 1706, p. 109; *avr.*, 1707, p. 77; *févr.*, 1712, p. 66; *janv.*, 2ᵉ vol., 1775, p. 210; *août*, 1775, p. 212.

Lamer de Matha. *Juill.*, 1710, p. 172.

Lameth. *Avr.*, 1714, p. 212; *janv.*, 1746, p. 204; *juill.*, 1752, p. 193; *juin*, 2ᵉ vol., 1753, p. 184; *juin*, 1761, p. 217; *févr.*, 1777, p. 223.

Lamoignon. *Févr.*, 1685, p. 150; *avr.*, 1687, p. 287; *mars*, 1698, p. 271; *janv.*, 1701, p. 142; *nov.*, 1704, p. 533; *oct.*, 1705, p. 515; *déc.*, 1705, p. 199; *oct.*, 1706, p. 159; *sept.*, 4ᵉ part., 1711, p. 48; *janv.*, 1714, pp. 53-62; *mars*, 1ᵉʳ part., 1715, p. 195; *déc.*, 1ᵉʳ vol., 1723, p. 1242; *mai*, 1724, p. 1227; *sept.*, 1726, p. 2175; *sept.*, 1727, p. 2134; *janv.*, 1727, p. 185; *nov.*, 1729, p. 2737; *mai*, 1732, p. 1022; *janv.*, 1733, p. 169; *avr.*, 1733, p. 820; *août*, 1733, p. 1896; *sept.*, 1733, p. 2086; *nov.*, 1734, p. 2527; *mars*, 1738, p. 606; *sept.*, 1740, p. 2121; *avr.*, 1742, p. 810; *sept.*, 1744, p. 2140; *juin*, 2ᵉ vol., 1755, p. 228; *févr.*,

Larbouillard du Plessis. *Oct.*, 1758, p. 2302.

Larboust. V. Péquilham.

Larcher. *Oct.*, 1696, p. 275; *mai*, 1715, p. 189; *mai*, 1719. p. 161; *déc.*, 2ᵉ vol., 1735, p. 2951; *avr.*, 1750, p. 211; *mars*, 1755, p. 195; *avr.*, 1755, p. 208; *juill.*, 1ᵉʳ vol., 1771, p. 211.

Larechef du Parc. *Févr.* 1752, p. 214.

Largentier. *Juin*, 1ᵉʳ vol., 1738, p. 1225.

Largentier de Chapelennes. *Mars*, 1698, p. 269.

Largillière. *Mars*, 1746, p. 212.

Larré. V. Lenet.

Larriatéguy de Vignolles. *Janv.*, 1ᵉʳ vol., 1762, p. 197.

Lartige. V. Musnier.

Las. *Juill.*, 1753, p. 212.

Lasbordes. V. Lesbordes.

Lascaris d'Urfé. *Nov.*, 1756, p. 232.

Lasmatres. V. Damblard.

Lassay. *Déc.*, 1ᵉʳ vol., 1750, p. 202.

Lasséré. *Févr.*, 1700, p. 235.

Lassoné. *Déc.*, 1774, p. 268. V. encore Soné (la).

Lasteyras. *Déc.*, 1712, p. 214.

Lastic. *Août*, 1752, p. 202; *déc.*, 2ᵉ vol., 1753, p. 201; *juill.*, 1755, p. 220. V. encore Saint-Jal de Lastic.

Latin. V. Lottin.

Lattaignani de Barouville. *Sept.*, 1716, p. 205.

Lattre. *Avr.*, 1741, p. 428; *mars*, 1713, p. 211.

Lau (du). *Nov.*, 1715, p. 131; *déc.*, 1764, p. 205.

Lau de la Côte (du). *Oct.*, 1ᵉʳ vol., 1759, pp. 217-232.

Lau de la Côte d'Allemans (du). *Sept.*, 1746, p. 197.

Laubanie. *Août*, 1706, p. 49 et 182.

Laube. *Avr.*, 1699, p. 173.

Laubières (la). V. Puech de la Leubières (del).

Laudun. V. Valette.

Lauganai. *Avr*, 1753, p. 208.

Laugeois d'Imbercourt. *Août*, 1700, p. 156.

Laugier-Villars. *Sept.*, 1751, p. 214.

Laumont. *Janv.* 1703, p. 295.

Launay. *Oct.*, 1705, p. 325; *mars*, 1713, p. 159; *sept.*, 1749, p. 213; *avr.*, 2ᵉ vol., 1762, p. 207; *avr.*,

2ᵉ vol., 1777, p. 211. V. encore Valles.

Lauraguais. *Mars*, 1743, p. 613; *mai*, 1755. p. 202: *janv.*, 1ᵉʳ vol., 1770, p. 213; *févr.*, 1775. p. 212.

Laurencin *Août*, 1705, p. 31; *juin*, 1775, p. 237.

Laurencin de Mison. *Juill.*, 1751, p. 1681; *janv.*, 1ᵉʳ vol., 1752, p. 206; *mars*, 1755. p. 197.

Laurens (du). *Févr.*, 1705, p. 157; *mars*, 1705, p. 150.

Laurent. *Nov.*, 1773, p. 212.

Laurents d'Ampus (des). *Avr.*, 2ᵉ vol., 1767, p. 195.

Lautrec *Mai*, 1704, p. 208; *mars*, 1705, p. 218; *mars*, 1739, p. 619; *févr.*, 1758. p, 188.

Lauvecourt. *Mai*, 1731, p. 1193.

Lauzières. *Nov.*, 1750, p. 2534; *déc.*, 1ᵉʳ vol., 1751, p. 2914; *déc.* 1ᵉʳ vol., 1749, p. 211. V. encore Trudaine.

Lauzières de Cardaillac. *Déc.*, 1774, p. 271. V. encore Cardaillac.

Lauzières-Thémines. *Juin*, 1ᵉʳ vol., 1757, p. 1219.

Lauzun. *Mai*, 1695, p. 516; *juin*, 1702, p. 368.

Laval. *Déc.*, 1693, p. 276; *avr.*, 1710, p. 276; *avr.*, 1729, p. 823; *mars*, 1735, p. 614; *févr.*, 1741, p. 414; *juill.*, 2ᵉ vol., 1772, p. 211. V. encore Montmorency.

Lavardin. *Mai*, 1694, p. 301; *sept.*, 1698, p. 142; *sept.*, 1701, p. 510, *mars*, 1705, p. 29; *déc.*, 1703, p. 342; *févr.*, 1708, p. 234; *mai*, 1725, p 1052. V. encore Beaumanoir Lavardin.

Lavau. V. Houx (le).

Lavaulx. *Déc.*, 1ᵉʳ vol., 1750, p. 206; *sept.*, 1751, p. 211.

Laverdy. *Déc.*, 1ᵉᵒ vol., 1751, p. 179; *sept.*, 1776, p. 212.

Lavogadre. *Nov.*, 1703, p. 276.

Lay de Villemaré (le). *Févr.*, 1ʳᵉ part., 1715, p. 131; *déc.*, 1715, pp. 254 et 260; *nov.*, 1745, p. 2533.

Layat. *Juin*, 1740, p. 1215.

Lebeau. *Avr.*, 1ᵉʳ vol., 1777, p. 212.

Leber. *Sept.*, 1735. p. 2118.

Leberon. V. Gelas-Leberon.

Lebœuf. *Mai*, 1760, p. 209.

Lecat. *Oct.*, 2ᵉ vol., 1768, p. 213.

Leclerc de Fleurigny. *Juill.*, 1ᵉʳ vol.,

Luxembourg - Béon. *Août*, 1725, p. 1914; *déc.*, 1740, p. 2755.

Luxembourg-Boutteville. *Août*, 1725, p. 1914.

Luynes. V. ALBERT DE LUYNES.

Luzard. V. MALET.

Luzerne (la). *Juin*, 1726, p. 1274; *nov.*, 1727, p. 2560; *déc.*, 1ᵉʳ vol.,
1729, p. 2964; *août*, 1753, p. 1896; *juill.*, 1741, p. 1690; *nov.*, 1746, p. 201; *août*, 1755, p. 260; *nov.*, 1755, p. 255; *févr.*, 1758, p. 188. V. encore BRIQUEVILLE.

Lyonne. *Mai*, 1697, p. 212.

Lyons des Fontenelles (des). *Févr.*, 1778, p. 215.

Lys (du). V. BÉZE.

M

Mabille, 1700, p. 217.

Macéran. *Déc.*, 1776, p. 135.

Machault. *Févr.*, 1702, p. 565; *déc.*, 1702, p. 250; *mars*, 1705, p. 87; *oct.*, 1712, p. 250; *oct.*, 1714, p. 281; *janv.*, 1720, p. 166; *juin*, 1ᵉʳ vol., 1750, p. 211. V. MACKAU.

Macheco de Prémeaux. *Sept.*, 1752, p. 205; *janv.*, 1ᵉʳ vol., 1772, p. 210.

Machet. *Avr.*, 1741, p. 854; *sept.*, 1741, p. 2159.

Macheto. *Mai*, 1749, p. 228.

Mackau. *Avr.*, 2ᵉ vol., 1774, p. 212; *févr.*, 1778, p. 210. V. MACHAULT.

Mac-Mahon. *Oct.*, 1ᵉʳ vol., 1773, p. 215; *nov.*, 1775, p. 257.

Macquarie. *Nov.*, 1759, p. 2715.

Macquart, *Mai*, 1729, p. 1034.

Macqueline. V. LALLEMANT.

Madaillan de Lespare. *Févr.*, 1ʳᵉ part., 1715, p. 156; *sept.*, 1718, p. 210; *avr.*, 1720, p. 188; *mai*, 1725, p. 1010; *oct.*, 1725, pp. 805 et 806; *févr.*, 1725, p. 595; *avr.*, 1729, p. 827; *févr.*, 1759, p. 572; *déc.*, 1ᵉʳ vol., 1750, p. 202, *janv.*, 2ᵉ vol., 1765; p. 205.

Madières. V. PICHON.

Madot. *Déc.*, 1ᵉʳ vol., 1755, p. 198.

Maffre de Cruzel. *Janv.*, 1726, p. 190.

Maflières. *Août*, 1712, p. 137.

Magalotti. *Mai*, 1705, p. 25.

Magdelaine. *Mai*, 1747, p. 205.

Magdelin. *Oct.*, 1712, p. 2519.

Magdonnell. *Juin*, 1740, p. 1466.

Magnac. *Janv.*, 1705, p. 500; *mai*, 1706, p. 515; *mars*, 1712, p. 84.

Magnan (le). *Mai*, 1753, p. 210.

Magny. *Août*, 1704, p. 597; *mars*, 1705, p. 158; *avr.*, 1710, p. 293. V. encore FOUCAULT.

Magon. *Déc.*, 1765, p. 261; *oct.*, 1ᵉʳ vol., 1771, p. 223.

Magon de la Chipodière. *Oct.*, 1ᵉʳ vol., 1768, p. 214.

Magon de Terloye. *Juin*, 1ᵉʳ vol., 1748, p. 175.

Magontier. *Sept.*, 1751, p. 2270.

Magueux. *Juill.*, 1740, p. 1671.

Mahury. V. THOURET.

Maignart. *Déc.*, 1694, p. 155; *juill.*, 1708, p. 123; *nov.*, 1715, p. 199; *févr.*, 1717, p. 107; *janv.*, 1718, p. 195; *nov.*, 1727, p. 2558.

Maigremont. *Juin*, 1706, p. 552.

Maillac-Tauriac. V. BOYER.

Maillanne. *Mars*, 1749, p. 211.

Maillard *ou* Maillart. *Mai*, 1721, p. 160; *mai*, 1724, p. 1230; *juin*, 1724, p. 1229; *janv.*, 1759, p. 189; *sept.*, 1750, p. 194; *avr.*, 2ᵉ vol., 1765, p. 203. V. encore GOULTZ (LE).

Maillard de Landreville. *Août*, 1768, p. 214; *mars*, 1777, p. 255.

Maillé. *Nov.*, 1706, p. 210; *nov.* et *déc.*, 1707, p. 68; *déc.*, 1ᵉʳ vol., 1728, p. 2757; *juill.*, 1742, p. 1681; *avr.*, 2ᵉ vol., 1760, p. 216. V. encore PERDREAU.

Maillé de Caraman. *Nov.*, 1753, p. 2528; *nov.*, 1745, p. 254; *oct.*, 2ᵉ vol., 1766, p. 211. V. CARAMAN.

Maillé de la Tour-Landri. *Mai*, 1755, p. 208; *juin*, 2ᵉ vol., 1755, p. 221.

Maillebois. *Févr.*, 1715, p. 57, *févr.*, 1745, p. 208; *mars*, 1745, p. 254; *déc.*, 2ᵉ vol., 1750, p. 195. V. encore DESMARETZ.

Maillet de Cerny. *Juill.*, 1745, p. 214.

Mailli. *Sept.*, 1748, p. 232; *févr.*, 1750, p. 208.

Mailloc. *Avr.*, 1718, p. 188; *juill.*, 1720, p. 150; *nov.*, 1724, p. 2498.

Maillot. *Oct.*, 1724, p. 2258.

Mailly. *Déc.*, 1695. p. 226; *avr.*, 1690, p. 257; *juin*, 1700, p. 119; *sept.*, 1700, p. 129; *avr.*, 1704, p. 61; *janv.*, 1706, p. 262; *févr.*, 1707, p. 513; *sept.*, 1707, p. 197; *avr.*, p. 1708, pp. 56 et 65; *mai*, 1709, p. 272; *juill.*, 1709, p. 254; *juill.*, 1710, p. 151; *juin*, 4e part., 1711, p. 53; *juin*, 1718, p. 196; *avr.*, 1720, p. 190; *sept.*, 1720, p. 155; *sept.*, 1721, p. 167; *juin*, 1726, p. 1277; *déc.*, 1er vol., 1729, p. 2965; *avr.*, 1752, p. 803; *juill.*, 1755, p. 1677; *nov.*, 1754, p. 2529; *déc.*, 1er vol., 1754, p. 2746; *avr.*, 1738, p. 814; *nov.*, 1741, p. 2556; *févr.*, 1742, p. 406; *oct.*, 1742, p. 2517; *juin*, 1745, p. 1446; *déc.*, 1744. p. 209; *janv.*, 1747, p. 198; *août*, 1748, p. 214; *mars*, 1751, p. 216; *juin*, 1er vol., 1751, p. 188; *sept.*, 1752, p. 206; *déc.*, 1er vol., 1755. p. 196; *janv.*, 1755, p. 212; *mai*, 1755, p. 206; *janv.*, 1er vol., 1756, p. 228; *mai*, 1756, p. 257; *juin*, 2e vol., 1757, p. 210; *mai*, 1758, p. 206; *avr.*, 2e vol., 1759, p. 213; *mai*, 1759, p. 204; *déc.*, 1764, p. 204; *sept.*, 1765, p. 212; *déc.*, 1767, pp. 210 et 244; *avr*, 1er vol., 1769, p. 215, et 2e vol., p. 224; *janv.*, 1er vol., 1770, p. 215; *avr.*, 1er vol, 1772, p. 222; *janv.*, 2e vol., 1776, p. 215.

Mailly-Couronnel. *Déc.* 1775, p. 226.

Mailly de Rubempré. *Juin*, 2e vol., 1754, p. 205; *nov.*, 1774, p. 256.

Mailly du Breuil. *Juin-juill.*, 2e part., 1721, p. 84; *janv.*, 1752, p. 197; *juin*, 1775, p. 212.

Maincaud. *Juin*, 1759, p. 214.

Maine (du). *Juin*, 1707, pp. 66-82.

Maineblanc. *Mai*, 1715, p. 186.

Maine du Bourg (du). *Mai*, 1770, p. 210; *avr.*, 1729, p. 829; *janv.*, 1759, p. 185; *févr.*, 1770, p. 213; *mai*, 1770, p. 210.

Mainnecourt. *Mai*, 1756, p. 1022.

Mainville. *Avr.*, 1706, p. 290; *août*, 1742, p. 1898.

Mairan. V. Ortous.

Mairat (le). *Janv.*, 1701, p. 100; *mars*, 1710, p. 273; *déc.*, 2e vol., 1729, p. 3165; *juin*, 1er vol., 1738, p. 1250; *juill.*, 1er vol., 1777, p. 210. V. encore Espinette (l').

Mairault. *Févr.*, 1732, p. 410.

Maire (le). *Mars*, 1715, 1re part., p. 208; *mars*, 1755, p. 197.

Maison. *Nov.*, 1725, p. 1005; *Déc.*, 2e vol., 1725, p. 3159; *déc.*, 1er vol., 1726, p. 2805; *sept.*, 1728, p. 2150, *sept.*, 1728, p. 2152.

Maison-Fort. V. Gouttes (des).

Maison-Neuve. V. Pilletx.

Maison-Rouge (la). V. Jay (le) et Masson de Maisonrouge.

Maisons (des). V. Besnard des Maisons.

Maissat. *Nov.*, 1741, p. 2547.

Maissat de Leveville. *Juill.*, 1703, p. 50.

Maistre (le). V. Maître (le).

Maître (le). *Juill.*, 1716, p. 187; *janv*, 1756, p. 176; *juin*, 1740, p. 1464; *juin*, 1741, p. 1480; *juin*, 2e vol., 1745, p. 214; *nov.*, 1755, p. 203; *janv.*, 2e vol., 1760, p. 207; *oct.*, 1er vol., 1760, p. 204; *sept.* 1762, p. 195; *oct.*, 2e vol., 1768, p. 215; *août*, 1775, p. 211; *mars*, 1776, p. 231.

Maître de Bellejamme (le). *Janv.*, 1706, p. 237.

Maître de Ferrières (le). *Juin*, 2e vol., 1749, p. 205.

Maître de Persac (le). *Sept.*, 1733, p. 2094.

Maitz. *Mars*, 1712, p. 151,

Maïts de Goimpy. *Oct.*, 1er vol., 1772, p. 211.

Maizon. V. Billet.

Majainville. V. Bescue.

Malaric de Montricoux. *Juin*, 1777, p. 212,

Malartic. *Juin*, 1726, p. 1275.

Malauze. V. Bourbon-Malauze.

Malaviller. V. Ehault.

Malbran de la Noue. *Juin*, 2e vol., 1749, p. 206.

Maleïde. *Nov.*, 1771, p. 212.

Malénas de Morcuil. *Nov.*, 1753, p. 208.

Malesherbes. V. Lamoignon.

Malet. *Janv.*, 1700, p. 247; *mai*, 1705, p. 174; *mars*, 1750, p. 613; *mai*, 1786, p. 1037; *mars*, 1749,

p. 210; *juill.*, 2ᵉ vol., 1764, p. 196.

Malet de Cabrespine. *Mai*, 1738, p. 1020.

Malet de Graville. *Janv.*, 1708, p. 241; *avr.*, 1716, p. 176; *janv.*, 1720, p. 169; *janv.*, 1727, p. 188; *juin*, 2ᵉ vol., 1750, p. 1477; *juin*, 2ᵉ vol., 1755, p. 184; *févr.*, 1760, p. 202; *mars*, 1775, p. 211; *oct.*, 2ᵉ vol., 1774, p. 211; *janv.*, 2ᵉ vol., 1777, p. 215.

Malet de Luzard. *Nov.*, 1738, p. 2501.

Malet de Vandègre. *Janv.*, 1746, p. 192. V. encore VANDÈGRE.

Maleteste. *Juin*, 1775, p. 211.

Maleyssie. *Févr.*, 1725, p. 596; *juin*, 1ᵉʳ vol., 1758, p. 1251. V. encore TARDIEU.

Malezieu. *Févr.*, 1699, p. 280; *avr.*, 1705, p. 572; *déc.*, 1711, p. 2964; *juill.*, 1755, p. 224; *oct.*, 2ᵉ vol., 1756, p. 252; *déc.*, 1765, p. 196.

Malfalgueyrat. *Août*, 1765, p. 199.

Malfayde. *Janv.*, 1708, p. 159.

Malherbe. *Juin*, 1ᵉʳ vol., 1755, p. 1244; *janv.*, 1755, p. 209; *avr.*, 1755, p. 200; *mars*, 1771, p. 212.

Malide. *Août*, 1748, p. 214.

Mallard. *Juill.*, 1ᵉʳ vol., 1771, p 209.

Mallebranche. *Févr.*, 1685, p. 508; *déc.*, 1705, p. 225.

Mallet. V. MALET.

Mallier de Chassonville. *Nov.*, 1774, p. 257.

Mallière. V. RÉBÈQUE.

Malmaison (la). V. FÈVRE (LE).

Malnoue. *Févr.*, 1750, p. 422.

Malo. *Juin*, 4ᵉ part, 1711, p. 45; *sept.*, 1712, p. 172.

Malon. V. BERCY.

Malvin de Montazet. *Janv.*, 1755, p. 210; *mai*, 1768, p. 197.

Malvoisin. V. POISSON.

Mancini. *Juin*, 1711, p. 286; *déc.*, 1738, p. 2922; *oct.*, 1747, p. 154; *déc.*, 1767, p. 257; *oct.*, 2ᵉ vol., 1768, p. 213.

Mancini de Nevers. *Avr.*, 1ᵉʳ vol., 1760, p. 214.

Mandat. *Févr.*, 1752, p. 406. V. encore GALIOT.

Manerbe. V. BOREL.

Manevillette. V. HANNYVEL.

Mangot de Danzay. *Nov.*, 1741, p. 2556.

Maniban. *Juill.*, 1708, p. 12.

Maniban de Casaubon. *Juill.*, 1745, p. 1653.

Manicamp. V. LONGUEVAL.

Manisy. *Déc.*, 1741, p. 2965.

Manneville. *Mai*, 1754, p. 207; *janv.*, 1ᵉʳ vol., 1763, p. 202. V. encore COUR (LA).

Mansart. *Avr.*, 1748, p. 212; *janv.*, 1ᵉʳ vol., 1765, p. 201.

Mansart de Sagonne. *Mai*, 1708, p. 294; *janv.*, 1711, p. 187; *oct.*, 1758, p. 2299. V. encore SAGONNE.

Manville. V. DEJEAN.

Marais (des). V. GODET.

Maran. *Mai*, 1762, p. 201.

Marandon. *Mars*, 1745, p. 616.

Maraugle. *Juin*, 1772, p. 225.

Marbeuf. *Juill.*, 1756, p. 1753; *avr.*, 2ᵉ vol., 1757, p. 201.

Marc la Ferté. *Janv.*, 1746, p. 201.

Marcé. *Août*, 1770, p. 228; *sept.*, 1777, p. 212.

Marcès de Villers. *Avr.*, 1741, p. 851.

Marcest. V. RAYMOND.

Marchais. *Avr.*, 1720, p. 190.

Marche (la). *Déc.*, 1ᵉʳ vol., 1748, p. 251. V. encore FYOT.

Marcieu. *Mai*, 1707, p. 64; *févr.*, 1749, p. 194. V. encore EVÉ.

Marcillac. *Août*, 1751, p. 2015.

Marcilly. *Juill.*, 1708, p. 256; *sept.*, 1708, p. 179.

Marck (la). *Avr.*, 1714, p. 215; *avr.*, 1717, p. 211; *mars*, 1726, p. 612; *mai*, 1726, p. 1068; *août*, 1750, p. 1899; *juin*, 1ᵉʳ vol., 1748, p. 172; *mars*, 1750, p. 197; *nov.*, 1775, p. 213. V. encore TOUR D'AUVERGNE (LA) et BOUILLON.

Marcoguel *Oct.-nov.*, 1705, p. 280; *nov.*, 1706, p. 210.

Marconnay. *Sept.*, 1745, p. 218.

Marconville. V. GAILLARBOIS.

Maredat. *Janv.*, 1716, p. 158.

Marensac. V. JOVENEL.

Mareschal. *Août*, 1755, p. 1889; *déc.*, 1ᵉʳ vol., 1756, p. 2795; *oct.*, 1747, p. 155; *févr.*, 1751, p. 201.

Marescot. *Janv.*, 1705, p. 187; *janv.*, 1706, p. 501; *mai*, 1710, p. 135; *avr.*, 1714, p. 211; *févr.*, 1751, p. 405; *déc.*, 1740, p. 2756.

Marescotti. *Févr.*, 1705, p. 193.

Mareslan. V. PREISSAC.

p. 209; *juin*, 1er vol., 1749, p. 211; *avr.*, 1751, p. 192; *mai*, 1753, p. 211; *janv.*, 1er vol., 1756, p. 219; *avr.*, 1er vol., 1759, p. 212; *déc.*, 1759, p. 210; *juin*, 1761, p. 216; *avr.*, 2e vol., 1767, p. 200; *avr.*, 2e vol., 1775, p. 212.

Maupeou d'Ableiges. *Juill.*, 2e vol., 1765, p. 205. V. encore ABLEIGES.

Maupertuis. *Août*, 1706, p. 183; *sept.*, 1759, p. 211.

Mauregard. V. COUSTURIER (LE) et MONTHEGARD.

Maurepas. V. PHÉLYPEAUX.

Mauriac. *Mai*, 1768, p. 197.

Maurice *ou* Moruc. *Déc.*, 1er vol., 1750, p. 205.

Maurice de Saxe. *Déc.*, 2e vol., 1750, p. 196.

Maurin. *Nov.-déc.*, 1707, p. 71; *nov.*, 1752, p. 205.

Mauron. V. BRÉHAN-MAURON.

Mauroy. *Mars*, 1715, 1er part., p. 208; *juill.*, 1742, p. 1672. V. encore MUSNIER.

Naury. *Juill.*, 1er vol., 1770. p. 250.

Maussion-Dumesnil. *Déc.*, 1er vol., 1750, p. 205.

Mautour. V. MOREAU.

Mauville. *Oct.*, 1er vol., 1774, p. 256; *mai*, 1778, p. 211.

Maux du Fouilloux. *Mai*, 1721, p. 165; *avr.*, 1724, p. 783.

May. *Mai*, 1750, p. 202.

May de Termont. *Avr.*, 1er vol., 1762, p. 203; *août*, 1776, p. 212.

Maye (le). *Mai*, 1714, p. 150.

Mayeur (le). *Oct.*, 1er vol., 1761, p. 218.

Maynaud. *Nov.*, 1729, p. 2759.

Mayneaud de la Tour. *Juin*, 1er vol., 1758, pp. 1225.

Maynier. V. FORBIN-MAYNIER.

Maynon. *Sept.*, 1752, p. 2079; *mai*, 1756, p. 1035; *oct.*, 2^e vol., 1756, p. 252.

Mayrie (la). V. GUILLEMIN.

Maz (du). *Avr.*, 1701, p. 315; *oct.*, 1715, pp. 156-144.

Mazade. *Mars*, 1738, p. 609; *oct.*, 1er vol., 1771, p. 223; *avr.*, 2^e vol., 1775, p. 212.

Mazade d'Argeville. *Mai*, 1758, p. 206.

Mazancourt. *Sept.*, 1752, p. 206.

Mazarini. V. MAZARIN.

Mazarin. *Juill.*, 1699, p. 224; *sept.*, 1699, p. 257; *juin*, 1707, p. 54; *mai*, 1709, p. 286; *nov.*, 1715, p. 241; *juin*, 1714, p. 286; *janv.*, 1715, p. 192; *juill.*, 1715, p. 259; *mai*, 1716, p. 279; *déc.*, 2e vol., 1750, p. 2967; *juin*, 2e vol., 1751, p. 1626; *sept.*, 1731, p. 2267; *juin*, 1er vol., 1755, p. 1248; *oct.*, 1755, p. 2321; *janv.*, 1758, p. 189; *oct.*, 1745, p. 195; *nov.*, 1755, p. 210; *mai*, 1754, p. 208; *avr.*, 1er vol., 1760, p. 214; *oct.*, 2e vol., 1768, p. 213.

Mazerolles. V. PARC (DU).

Mazières (des) V. PUYAU.

Mazis. *Mai*, 1740, p. 1058; *juin*, 2e vol., 1754, p. 201.

Mazuyer (le). *Déc.*, 1er vol., 1749, p. 208.

Méan. *Févr.*, 1710, p. 157; *avr.* 1753, p. 205.

Meaux. V. MAUX.

Méchatin. *Févr.*, 1752, p. 405.

Médicis. *Déc.*, 1709, p. 286.

Meelz. *Juin*, 1er vol., 1752, p. 1259.

Mégret. *Mai*, 1726, p. 1076; *sept.*, 1728, p. 215; *févr.*, 1751, p. 401, *août*, 1755, p. 1894; *juill.*, 1754, p. 1687; *févr.*, 1752, p. 214.

Mégret de Sérilly. *Janv.*, 1755, p. 207; *juin*, 1776, p. 256.

Megret d'Étigny. *Déc.*, 1776, p. 255.

Mégrigny. *Févr.*, 1685, p. 504; *oct.*, 1699, p. 151; *avr.*, 2e part., 1711, p. 101; *mars*, 1726, p. 609; *janv.*, 1729, p. 201; *juin*, 1er vol., 1752, p. 1258; *nov.*, 1752, p. 2509; *mars*, 1759, p. 612; *nov.*, 1711, p. 2544; *août*, 1761, p. 199; *janv.*, 1er vol., 1764, p. 183.

Meillant. *Sept.*, 1710, p. 58. V. encore MÉLIAND.

Meilleraye (la). *Mai*, 1710, p. 159; *août*, 1715, p. 309; *mai*, 1716, p. 270. V. encore PORTE (LA).

Mélac. *Mai*, 1704, p. 256.

Melfort. *Nov.*, 1721, p. 185.

Méliand. *Janv.*, 1704, p. 141; *juin*, 1716, p. 155; *déc.*, 1718, p. 151; *sept.*, 1740, p. 2121; *mai*, 1747, p. 207; *juin*, 2e vol., 1747, p. 212; *févr.*, 1766, p. 197; *sept.*, 1768, p. 214. V. encore MEILLANT.

Meliet de Fargues. *Sept.*, 1775, p. 213.

Mesnager. *Juin*, 1714, p. 156.

Mesnard. *Juin*, 1716, p. 159; *avr.*, 1er vol., 1772, p. 223.

Mesnard de Chouzv. *Févr.*, 1775, p. 236.

Mesniel (du). *Sept.*, 1757, p. 2103.

Mesnil (du). *Août*, 1749, p. 198.

Mesnil-Montant. V. Sévin.

Mesplès. *Févr.*, 1772, p. 213.

Mesplès de Saint-Armand. *Janv.*, 1753, p. 206.

Messageot. *Mai*, 1730, p. 1050; *oct.*, 2e vol., 1759, p. 209.

Messelière (la). V. Frotier.

Messey. *Nov.*, 1753, p. 207.

Messonier. *Oct.*, 1750, p. 158.

Melz. V. Berbier.

Metz (du). *Janv.*, 1706, p. 256; *oct.*, 1709, p. 206; *mars*, 1750, p. 615; *nov.*, 1730, p. 2552; *nov.*, 1735, p. 2521; *déc.*, 2e vol., 1746, p. 211. V. encore Clément.

Metzenhausen. *Nov.-déc.*, 1707, p. 42.

Meures. *Juill.*, 1750, p. 1688; *sept.*, 1750, p. 2114.

Meuret. V. Lescuyer.

Meusnier. *Déc.*, 2e vol., 1755, p. 202.

Meutanclos. V. Grandin.

Meuves, fameux banquier anobli. *Avr.*, 1705, p. 172.

Meuze. V. Choiseul.

Meximieux. *Nov.*, 1697, p. 145; *févr.*, 1706, p. 254.

Meyronnet. *Avr.*, 2e vol., 1772, p. 212.

Mézières. *Juin*, 1706, p. 511; *juill.*, 2e vol., 1775, p. 213.

Mianne. *Oct.*, 2e vol., 1759, p. 209.

Michau. *Déc.*, 1738, p. 2721.

Michaudière (la). *Mars*, 1re part., 1715, p. 200; *mars*, 1716, p. 21; *avr.*, 1727, p. 815; *oct.*, 1740, p. 2525; *févr.*, 1745, p. 207.

Michels de Champorcin (des). *Janv.*, 1749, p. 216.

Michodière. V. Michaudière.

Middleton. *Juill.*, 2e vol., 1763, p. 210.

Midorge. *Juin*, 2e vol., 1751, p. 1626; *avr.*, 2e vol., 1757, p. 202.

Midy. *Mai*, 1749, p. 224.

Mier. *Déc.*, 1710, p. 55.

Migieu (de). *Déc.*, 1709, p. 170; *févr.*, 1735, p. 597.

Mignard. *Févr.*, 1742, p. 403.

Migneux des Essarts. *Mai*, 1686, p. 85.

Mignot. *Nov.*, 1730, p. 2535; *sept.*, 1771, p. 212.

Mignot de Montigny. *Mai*, 1749, p. 252.

Milani de Cornillon. *Nov.*, 1741, p. 2558.

Milet. *Juill.*, 1er vol., 1770, p. 250.

Milhon de l'Ecossois. *Juin*, 2e vol., 1750, p. 185.

Millain. *Déc.*, 1727, p. 2748.

Millau. *Déc.*, 1er vol., 1750, p. 205.

Millet. *Août*, 1747, p. 182; *juin*, 2e vol., 1755, p. 228; *mai*, 1777, p. 211.

Millière (la). V. Chaumont.

Milly. *Juin*, 1699, p. 250. V. encore Guillemin.

Milon. *Févr.*, 1754, p. 595; *nov.*, 1755, p. 2533; *janv.*, 1er vol., 1772, p. 210.

Minet de Mérille. *Nov.*, 1738, p. 2499.

Mintier. *Mars*, 1773, p. 207.

Miotte de Ravannes. *Déc.*, 1731, p. 2913; *nov.*, 1756, p. 251.

Mirabault. *Juill.*, 1708, p. 138.

Miraman. V. Violan.

Miramion. *Mars*, 1696, p. 524.

Mirabeau. V. Riqueti.

Miran. *Avr.*, 1710, p. 508.

Mirepoix. *Juin*, 1702, p. 407; *mai*, 1703, p. 172; *avr.*, 2e vol., 1777, p. 211.

Mircy. V. Pomponne-Mirey.

Miromesnil. V. Hue de Miromesnil.

Misery. *Mai*, 1778, p. 211.

Mison. V. Laurencin.

Misson. *Févr.*, 1722, p. 96.

Mistral. *Juin*, 1706, p. 557.

Mithon de Senneville. *Juill.*, 1757, p. 1668. V. encore Senneville.

Mille de Chevrières. *Déc.*, 1714, p. 239.

Mizon. V. Mison.

Modène. *Oct.*, 2e vol., 1773, p. 211.

Mogniat. *Mai*, 1709, p. 264.

Moi. *Nov.*, 1711, 4e part., p. 107.

Moine (le). *Déc.*, 1759, p. 2916.

Molac. *Déc.*, 2e vol., 1751, p. 202.

Molé. *Janv.*, 1694, p. 227; *mars*, 1702, p. 511; *juill.*, 1707, p. 552; *avr.*, 1708, p. 162; *févr.*, 1709, p. 205; *mai*, 1709; p. 110; *févr.*, 1710, p. 257; *janv.*, 1711, p. 141; *juin*, 4e part., 1711, p. 45; *août*,

1716, p. 200; *juill.*, 1720, p. 149; *oct.*, 1755, p. 2510; *mars*, 1757, p. 614; *juin*, 2ᵉ vol., 1752, p. 205; *juill.*, 1755, p. 222; *oct.*, 1ᵉʳ vol., 1761, p. 219.

Molette de Morangiès. *Oct.*, 1755, p. 212; *avr.*, 2ᵉ vol., 1774, p. 215.

Molières. V. PRIVAT.

Molin. *Juill.*, 1755, p. 222.

Molineuf. *Janv.*, 1708, p. 554.

Mollet. *Févr.*, 1742, p. 400.

Mollondın. V. ESTAVAY.

Mommège. V. MONTMÈGE.

Mommerel. *Août*, 1754, p. 211.

Monaco. V. GRIMALDI.

Montbaut. V. HAYE (LA).

Moncaut. *Janv.*, 1705, p. 525.

Monceaux (du). *Févr.*, 1698, p. 271; *oct.*, 1709, p. 154; *janv.*, 1716, p. 242; *août*, 1716, p. 204.

Monceaux d'Auxi. *Août*, 1711, pp. 274-280; *mai*, 1745, p. 205; *juin*, 1ᵉʳ vol., 1745, p. 207; *mai*, 1750, p. 202; *nov.*, 1755, p. 206. V. encore AUXI,

Monchy. *Juin*, 2ᵉ vol., 1757, p. 1462; *déc.*, 1742, p. 2763; *août*, 1752, pp. 199 et 200; *janv.*, 1ᵉʳ vol., 1775, p. 256.

Monchy d'Hocquincourt. *Mai*, 1705, p. 517; *avr.*, 1713, p. 165; *mai*, 1715, p. 198; *nov.*, 1710, p. 211; *juin*, 1ᵉʳ vol., 1757, p. 1229; *janv.*, 1ᵉʳ vol., 1752, p. 206.

Monchy - Sénarpont. *Févr.*, 1756, p. 235.

Moneron de la Bussière. *Avr.*, 1755, p. 203.

Mouhénault d'Egli, fondateur du *Journal de Verdun. Juin*, 2ᵉ vol., 1749, p. 202.

Monestay. *Déc.*, 1719, p. 190.

Monestay-Chazeron. *Avr.*, 2ᵉ vol., 1772, p. 210; *mai*, 1776, p. 212.

Monestrol d'Albouy. *Juill.*, 1ᵉʳ vol., 1771, p. 209.

Monier. V. QUESNE (DU).

Monière de Cuer. *Oct.*, 2ᵉ vol., 1769, p. 215.

Moniquet. *Nov.*, 1711, p. 518.

Monmège. V. MONTMÈGE.

Monnerat. *Août*, 1750, p. 204.

Monnerot de Sève. *Oct.*, 1701, p. 596; *févr.*, 1704, p. 162. V. encore SÈVE.

Monnier. *Nov.*, 1755, p. 2524; *déc.*, 1742, p. 2761; *août*, 1771, p. 212.

Monnier de Fléville (l). *Oct.*, 1742, p. 2521.

Monsigot. *Août*, 1702, p. 258.

Monstier. V. MONTIER.

Monstrouet. *Juin*, 1772, p. 224.

Mont (du). *Sept.*, 1708, p. 87. V. encore GAUREAULT.

Montagnac. *Mars*, 1757, p. 607.

Mortagne. V. COLINS.

Montagny. V. FORNIER.

Montagu. *Juill.*, 1749, p. 205; *avr.*, 1ᵉʳ vol., 1760, p. 215; *juin*, 1777, p. 211. V. MONTAIGU.

Montaigu. *Sept.*, 1721, p. 2066; *déc.*, 1ᵉʳ vol., 1726, p. 2806; *mars*, 1752, p. 619; *oct.*, 1742, p. 2322; *nov.*, 1746, p. 197; *mai*, 1747, p. 206; *juin*, 2ᵉ vol., 1747, p. 211; *janv.*, 1749, p. 217; *déc.*, 1ᵉʳ vol., 1755, p. 197; *janv.*, 1ᵉʳ vol., 1765, p. 203; *janv.*, 1ᵉʳ vol., 1774, p. 229. V. encore MONTAGU et FUMEL-MONTAIGU.

Montaigu de Beaune. *Avr.*, 1699, p. 209; *mars*, 1705, p. 235; *mai*, 1766, p. 210.

Montaigu de Bouzoles. *Mai*, 1696, p. 320. V. encore BOUZOLLES.

Montainard. *Juin*, 2ᵉ vol., 1752, p. 1444. V. encore MONTEYNARD.

Montal (du). *Mai*, 1705, p. 215; *avr.*, 1710, p. 274; *mars*, 1754, p. 209. V. encore MONSAULNIN.

Montalais. *Juin*, 2ᵉ vol., 1749, p. 197.

Montalant. V. VIEIL-CHATEL.

Montalambert. *Juin*, 1ᵉʳ vol., 1754, p. 1251; *janv.*, 2ᵉ vol., 1765, p. 199. V. encore GUIGNOLET.

Montalet. V. BÉRARD.

Montalet de Villebreuil. *Nov.*, 1767, p. 210.

Moutamel. V. GIRONDE.

Montaney. V. BROSSARD.

Montanson. V. CHARRETON.

Montaran. *Juin*, 2ᵉ vol., 1751, p. 1626; *oct.*, 1758, p. 2303.

Montargis. *Févr.*, 1714, p. 174; *janv.*, 2ᵉ vol., 1768, p. 211. V. encore BAS (LE).

Montastruc. V. ARZAC.

Montataire. *Janv.*, 1706, p. 307; *avr.*, 1708, p. 199.

Montauban. *Oct.*, 1702, p. 215; *août*, 1707, p. 282; *juin*, 1ᵉʳ vol., 1750, p. 209; *déc.*, 1ᵉʳ vol., 1755, p. 198.

déc., 1697, p. 201; août, 1698, p. 213; nov., 1700, p. 178; nov., 1702, p. 219; oct., 1706, p. 252; déc., 1er part., 1711, pp. 49-93; déc., 4e part., 1711, p. 35; juill., 1715, p. 152; déc., 1715, p. 182; mai, 1716, p. 265; avr., 1717, p. 215; oct. 1721, p. 191; oct., 1725, p. 805; juill., 1721, p. 1645; juin, 2e vol., 1725, p. 1455; sept., 1er vol., 1725, p. 2107; nov., 1725, p. 2715; juill., 1726, p. 1091; sept., 1726, p. 2172; nov., 1726, p. 2605; déc., 1er vol., 1726, p. 2806; janv., 1727, p. 195; mars, 1727, p. 625; mai, 1727, p. 1045; sept., 1728, p. 2151; déc., 1er vol., 1728, p. 2759; avr., 1729, p. 829; juin, 1er vol., 1729, p. 1262; sept., 1730, p. 2114; août, 1751, p. 2014 et 2047; oct., 1751, p. 2465; av., 1752, p. 799; déc., 2e vol., 1755, p. 2952; juin, 1er vol., 1755, p. 1258; janv., 1740, p. 179; févr., 1740, p. 594; déc., 1740, p. 2755; déc., 1740, p. 2961; juin, 1711, p. 1481; févr., 1745, p. 592; avr., 1745, p. 815; mars, 1745, p. 255; déc., 1er vol., 1716, p. 189; nov., 1747, p. 210; juill., 1749, p. 205; oct., 1749, p. 211; nov., 1749, p. 216; déc., 2e vol., 1749, p. 192; mai, 1750, p. 207; juill., 1750, p. 215; janv., 1751, p. 199; janv., 1752. p. 202; juin, 1er vol., 1752, p. 206; nov., 1752, p. 209; janv., 1755, p. 201; janv., 1755, p. 206; févr., 1755, p. 210; juin, 2e vol., 1755, p. 189 et 194; juill., 1755, p. 210; nov., 1752, p. 203; janv., 1754, p. 190; mai, 1754, p. 206; janv., 1er vol., 1756, p. 222; nov., 1756, p. 251; janv., 2e vol., 1760, p. 208; août, 1760, p. 202; mars, 1761, p. 211; juill., 1er vol., 1761, p. 209; déc., 1762, p. 220; juill., 2e vol., 1765, p. 209; déc., 1765, p. 261; avr., 1769, p. 215; oct., 1er vol., 1770, p. 214; août, 1771, p. 212; avr., 2e vol., 1775, p. 211; juin, 1775, p 210; mars, 1775, p. 254; janv. 1er vol., 1776. p. 256; févr., 1778, p. 211.

Montmorency-Fosseuse. Déc., 1767, p. 258.

Montmorency-Laval. Avr., 1745, p. 815; avr., 1715, p. 200; nov., 1747, p. 116; juin, 1er vol., 1749, p. 210; mai, 1760, p. 207; oct., 2e vol., 1762, p. 193. V. encore Laval.

Montmorency-Luxembourg. Déc., 1740, p. 2755; oct., 2e vol., 1762, p. 193; janv., 2e vol., 1765, p. 180.

Montmorency-Olonne. Déc., 2e vol., 1755, p. 2952; févr. 1756, p. 595.

Montmorency-Robecque. Nov., 1745, p. 251; févr., 1749, p. 194.

Montmorency-Tingri. Janv., 1755, p. 214.

Montmorillon. Nov., 1756, p. 218.

Montmorin-Saint-Hérem. Févr., 1696, p. 171; août, 1701, p. 257; oct., 1701, p. 267; janv. 1702, p. 500; mars, 1710, p. 51; juill., 1710, p. 155; juin, 1722, p. 155; juill. 1723, p. 180; févr., 1724, p. 593; janv., 1727, p. 189; mars, 1752, p. 619; avr., 1747, p. 200; août, 1751, p. 168; déc., 1er vol., 1755, p. 197; déc., 2e vol., 1755, p. 201; juill., 1755, p. 217; juill., 1755, p. 222; mai, 1766, p. 210; juin, 1770, p. 250; oct., 1er vol., 1774, p. 256; oct., 2e vol., 1777, p. 215.

Montmoron de Sévigné. Août, 1705, p. 299.

Montmort. V. Habert et Payen.

Montmort de Doignon. Févr., 1777, p. 223.

Montmort de Tressan. Déc., 1706, p. 180; févr., 1712. p. 45.

Montmouton. V. Bérenger.

Montmurat. V. Felsins.

Montmyral. Mai, 1755, p. 1051.

Montoison. V. Clermont de Montoison.

Montolivet. Août, 1706, p. 44.

Montpellier. Avr., 1755, p. 820.

Montperni. Oct., 1754, p. 214.

Montpéroux. Mars, 1705, p. 257; mai, 1704, p. 151; nov.; 1705, p. 185; févr., 1714, p. 268; sept., 1759. p. 214; déc., 1765, p. 262.

Montpezat. Mai, 1704, p. 169; févr., 1708, p. 249; sept., 1740, p. 2124; nov. 1748, p. 212; juin, 2e vol.,

1755 p. 229; *oct.*, 2e vol., 1758, p. 210.

Montpouillan. *Juin*, 1762. pp. 250 et 568

Montréal. V. FORTIA.

Montregard. V. THIROUX DE MONT-REGARD.

Montreuil. V. CARBONET et GAUTIER.

Montrevel. V. BAUME-MONTREVEL (LA).

Montri. V. LANGLOIS DE MONTRI.

Montricoux. V. MALARIC.

Montriel. *Mars*, 1771, p. 211.

Montrognon. V. SALVERT.

Montrond. *Mai*, 1710, p. 201.

Montroux. *Mai*, 1706, p. 172.

Mont-Saint-Père. *Déc.*, 1759, p. 2914.

Montsauge. V. THIROUX.

Montsaulnin. *Oct.*, 1er vol., 1758, p. 206.

Montsaulnin du Montal. *Oct.*, 1696, p. 219. V. encore MONTAL (DU).

Montségur. V. FUMEL.

Montsoreau. *Janv.*, 1715, p. 196; *juin*, 1720, p. 165; *mars*, 1750, pp. 614; *mai*, 1716, p. 200; *janv.*, 1753, p. 206; *févr.*, 1755, p. 205. *oct.*, 2e vol., 1756, p. 252; *avr.*, 2e vol., 1778, p. 210. V. encore CHAMBES.

Montulé. *Mai*, 1711, p. 150; *oct.*, 1711, p. 259; *juill.*, 1750, p. 1686; *sept.*, 1750, p. 194; *févr.*, 1774, p. 211.

Montureux. V. BOURGIER.

Montval. V. PORTE DE MONTVAL (LA).

Montvalat. *Déc.*, 1er vol., 1747, p. 202.

Montvalat d'Entragues. *Janv.*, 1747, p. 199; *oct.*, 2e vol., 1775, p. 211. V. encore ENTRAGUES.

Montviel. *Janv.*, 1705, p. 342; *oct.*, 1706, p. 219.

Montzuzain. V. THOYNARD.

Morais de Brezolles. *Oct.*, 1704, p. 179.

Morand. *Oct.*, 1692, p. 151; *sept.*, 1698, p. 259; *avr.*, 1700, p. 212; *août*, 1706, p. 154; *avr.*, 1708, p. 173; *sept.*, 1752, p. 201; *déc.*, 1765, p. 197; *août*, 1775, p. 215.

Morandière (la). V. TURMEAU.

Morange. *Juill.*, 1705, p. 157.

Morangies. *Oct.*, 2e vol., 1775, p. 215.

Morangis. V. BARILLON.

Morant. V. MORAND.

Moras. V. PEIRENC.

Moreau. *Sept.*, 1698, p. 263; *déc.*, 1699, p. 96; *août*, 1751, p. 2015; *févr.*, 1752, p. 410; *juill.*, 1752, pp. 1666 et 1675; *mars*, 1755, p. 185; *oct.*, 1er vol., 1775, p. 213.

Moreau d'Avrolles *ou* Averolles. *Févr.*, 1756, p. 505; *mars*, 1759, p. 614.

Moreau de Mautour. *Juin*, 1703, p. 107; *avr.*, 1729, p. 826; *juin*, 1er vol., 1751, p. 1595; *janv.*, 1752, p. 197; *oct.*, 1757, p. 2306.

Moreau de Nassigny. *Sept.*, 1759, p. 2092.

Moreau de Plancy. *Janv.*, 1700, p. 206; *févr.*, 1776, p. 210.

Moreau de Saint-Elier, *Juin*, 2e vol., 1754, p. 205.

Moreau de Saint-Just. *Oct.*, 1751, p. 213. V. encore SAINT-JUST.

Moreau de Séchelles. *Déc.*, 2e vol., 1752, p. 2926; *janv.*, 1754, p. 194.

Moreau de Villeregis. *Juill.*, 1755, p. 1677.

Moreau des Raviers. *Déc.*, 1er vol., 1757, p. 2724.

Morel. *Avr.*, 1755, p. 825; *avr.*, 1755, p. 829; *juin*, 1er vol., 1757, p. 1228. V. encore CHAMPS (DES).

Morel de Courci. *Janv.*, 1716, p. 156.

Morel de Putanges. *Mai*, 1705, p. 125; *janv.*, 2e vol., 1765, p. 205; *janv.*, 2e vol., 1772, p. 210.

Morel de Stainville. *Avr.*, 1697, p. 258; *sept.*, 1698, p. 151.

Morel de Vindé. *Nov.*, 1755, p. 209.

Morel d'Aubigny. *Avr.*, 1er vol., 1777, p. 211.

Moreste. *Avr.*, 1707, p. 155.

Moreton. *Déc.*, 1er vol., 1748, p. 252; *mai*, 1752, p. 208. V. encore CHABRILLAN.

Moreton-Chabrilland. *Févr.*, 1755, p. 208; *avr.*, 2e vol., 1765, p. 205; *avr.*, 2e vol., 1767, p. 194; *juill.*, 1er vol., 1776, p. 256; *déc.*, 1776, p. 255.

Moreuil. V. COMENY et MALENAS.

Morey. *Avr.*, 1756, p. 825.

Morezan. *Nov.-déc.*, 1707, p. 575.

Morgan. *Juill.*, 1755, p. 1666; *déc.*, 1er vol., 1751, p. 180.

Morgny. V. DUVAL DE MORGNY.

Moriau. *Sept.*, 1759, p. 2089; *oct.*, 1742, p. 2520.

Morice. V. Maurice.

Lorie (la); *Mars*, 1774, p. 212.

Morille de Fouquerolles. *Mars*, 1759, p. 215. V. encore Fouquerolles.

Morillon. *Mars*, 1716, p. 25.

Morin. *Janv.*, 1716, p. 121; *juin*, 2ᵉ vol., 1749, p. 196.

Morin du Bosc. *Nov.*, 1697, p. 255.

Morin du Villeré. *Nov.*, 1705, p. 58.

Morinville. V. Godet et Perrochelle.

Morlat de Montour. *Mai*, 1728, p. 1065; *janv.*, 1756, p. 175.

Morlet de Museau de Garennes. *Mai*, 1741, p. 1054.

Morlière (la). *Août*, 1776, p. 212.

Mormez de Saint-Hilaire. *Déc.*, 1740, p. 2754; *août*, 1750, p. 209.

Mornay. *Juill.*, 2ᵉ vol., 1776, p. 215.

Mornay de Montchevreuil. *Févr.*, 1691, p. 276; *nov.*, 1699, p. 244; *juin*, 1706, p. 110; *févr.*, 1708; p. 217; *oct.*, 1716, p. 257; *mai*, 1721, p. 165; *mai*, 1729, p. 1055; *déc.*, 2ᵉ vol., 1750, p 2969; *nov.*, 1754, p. 2528; *déc.*, 1741, p. 2959; *juin*, 1745, p. 1242; *déc.*, 1764, p. 205; *sept.*, 1766, p. 206.

Mornière de la Saussaye. *Févr.*, 1722, p. 164.

Morogues. *Avr.*, 2ᵉ vol., 1775, p. 212.

Moron. *Janv.*, 1747, p. 200.

Morsan. V. Sens (le).

Morsau. V. Durey.

Mortagne. V. Colins.

Mortaigne. *Juin*, 2ᵉ vol., 1754, p. 1449; *févr.*, 1764, p. 254.

Mortaing. *Août*, 1729, p. 1900.

Morte (la). V. Gabaret.

Mortemart. V. Rochechouart.

Morville. V. Fleuriau.

Mory. *Sept.*, 1759, p. 214.

Mosson (la). *Août*, 1740, p. 1907. V. encore Bonnier.

Motet. *Nov.*, 1749, p. 212.

Mothe (la). *Mai*, 1704, p. 181; *févr.*, 1706, p. 255; *nov.*, 1727, p. 2558; *mars*, 1774, p. 211. V. encore Bigot, Bruère et Motte (la).

Mothe-Buracé (la). *Juill.*, 1ᵉʳ vol., 1772, p. 210.

Mothe d'Hugues (la). *Juill.*, 2ᵉ vol., 1765, p. 194.

Mothe-Houdancourt (la). *Juin*, 1695, p. 192; *juill.*, 1695, p. 71; *mai*, 1702, p. 425; *oct.*, 1706, p. 524; *avr.*, 2ᵉ part., 1711, p. 81; *mai*,

1726, p. 1074; *mars*, 1728, p. 645; *déc.*, 1ᵉʳ vol., 1756, p. 2795; *févr.*, 1745, p. 595; *déc.*, 1741, p. 210; *nov.*, 1747, p. 150; *févr.*, 1756, p. 255; *févr.*, 1775, p. 215; *oct.*, 1ᵉʳ vol., 1777, p. 212.

Mothe-Wauvert (la). *Mars*, 1775, p. 207.

Moti. V. Myre (la).

Motier de la Fayette. V. Fayette (la).

Motte (la). *Janv.*, 1706, p. 24; *févr.*, 1709, p. 182; *nov.*, 1718, p. 114; *janv.*, 1758, p. 185; *déc.*, 1ᵉʳ vol., 1751, p. 181; *juin*, 1764, p. 200; *juill.*, 1ᵉʳ vol., 1774, p. 215. V. encore Bouvier, Cerf, Frais, Mothe (la), Orléans et Pérouse (la).

Motte d'Aulnoy (la), *Déc.*, 1ᵉʳ vol., 1727, p. 2748.

Motte-Fouqué (la). V. Cossé.

Motte-Guérin (la). *Nov.*, 1701, p. 249; *déc.*, 1740, p. 2962; *janv.*, 1749, p. 220.

Motteville. *Mai*, 1749, p. 227.

Mouceau de Nollent (du). *Mars*, 1759, p. 614. V. encore Nollent.

Moucel de Louraille (du). *Août*, 1740, p. 1909.

Mouche (la). *Janv.*, 1756, p. 177; *avr.*, 1758, p. 816.

Mouche de Beauregard (la). *Oct.*, 1722, p. 162.

Mouchi. *Déc.*, 1705, p. 251; *févr.*, 1704, p. 281; *mai*, 1704, p. 180; *sept.*, 1751, p. 2266.

Moufle. *Févr.*, 1750, p. 209.

Moufle de Champigni. *Nov.*, 1729, p. 2758.

Moufle de la Thuillerie. *Nov.*, 1755, p. 207.

Mouliard. *Juill.*, 1ᵉʳ vol., 1772, p. 212.

Moulineau (du). *Nov.*, 1705, p. 276.

Moulins (des). V. Desmoulins.

Moulins de l'Isle (des). *Juill.*, 1754, p. 1681.

Moura. *Janv.*, 1758, p. 178.

Mourgues. V. Monaco.

Mourille de Montaran. *Oct.*, 1758, p. 2505.

Mourlière (la). *Avr.*, 1696, p. 287.

Mourvalon. *Mars*, 1775, p. 255.

Mousseau (du). *Avr.*, 1772, p. 185.

Moussi. *Oct.*, 1709, p. 154; *déc.*, 1709, p. 210.

Moustier. *Mai*, 1777, p. 211. V. encore MONTIER.

Moustier de Sainte-Marie (du). *Sept.*, 1754, p. 215.

Moustron. V. SAUTON.

Mouy. *Oct.*, 1699, p. 241; *déc.*, 1699, p. 225; *avr.*, 1700, p. 201; *avr.*, 1728, p. 860.

Moy (de). *Déc.*, 1695, p. 259; *déc.*, 1701, p. 245; *mai*, 1702, pp. 294 et 295.

Moyencourt. V. CHASTELER (DU).

Moyne (le). *Janv.*, 1756, p. 170.

Moyriac. *Sept.*, 1705, p. 95; *nov.*, 1708, p. 89; *mai*, 1725, p. 1008.

Mozène. *Janv.*, 1750, p. 201.

Mugueux. *Mai*, 1739, p. 1042.

Muisière (la). V. SAULNIER.

Murard. *Août*, 1750, p. 1897; *juin*, 1746, p. 198.

Murard de Biligneux. *Févr.*, 1705, p. 574.

Murat. *Déc.*, 2ᵉ vol., 1755, p. 194; *févr.*, 1761, p. 254; *janv.*, 1ᵉʳ vol., 1777, p. 254.

Murat de Calvisson. *Sept.*, 1752, p. 207.

Murat de Montfort, de Villeneuve-Varilettes, etc. *Oct.*, 1691, p. 80;

janv., 1702, p. 246; *oct.*, 1716, pp. 228-236; *nov.*, 1751, p. 2688; *mai*, 1740, p. 1037; *nov.*, 1751, p. 188. V. encore LOUET DE MURAT.

Murcey. V. MURSEY.

Murinais. *Juin*, 1772, p. 222.

Mursay. V. MURSEY.

Mursey. V. VALOIS.

Murviel. *Oct.*, 1705, p. 50; *mars*, 1755, p. 195.

Musampère (la). V. MAUCLERC.

Museau de Garennes. V. MORLET.

Musnier de Lartige. *Déc.*, 1ᵉʳ vol., 1751, p. 180.

Musnier de Mauroy. *Mai*, 1721, p. 160; *nov.*, 1759, p. 2718; *sept.*, 1741, p. 2115.

Mussegros. V. PARYOT.

Musset. *Févr.*, 1761, p. 216.

Mussy. *Oct.*, 1704, p. 52; *nov.*, 1704, p. 285.

Muy. *Oct.*, 2ᵉ vol., 1774, p. 211.

Muy (du). *Avr.*, 1744, p. 844; *mars*, 1755, p. 197; *mai*, 1768, p. 198. V. encore FELIX.

Myre (la). *Avr.*, 1ᵉʳ vol., 1769, p. 212.

Myre de Moti (la). *Juin*, 2ᵉ vol., 1753, p. 187.

N

Nadaillac. V. POUJET.

Nagu. *Oct.*, 1ᵉʳ vol., 1777, p. 215.

Nagu de Varennes. *Nov.*, 1750, p. 2552; *sept.*, 1754, p. 2089; *nov.*, 1756, p. 2580; *janv.*, 1757, p. 157; *juill.*, 1ᵉʳ vol., 1772, p. 210.

Nain (le). *Juin*, 1696, p. 291; *janv.*, 1698, p. 262; *mai*, 1699, p. 196; *déc.*, 1700, p. 101; *mai*, 1701, 1ᵉʳ vol., p. 272; *sept.*, 1701, p. 395; *déc.*, 1709, p. 280; *mars*, 1710, p. 46; *sept.*, 1726, p. 2175; *oct.*, 1727, p. 2355; *mai*, 1728, p. 1063; *juin*, 2ᵉ vol., 1756, p. 1470.

Nainville. *Oct.*, 1704, p. 208.

Namps. V. BOURNEL.

Nancré. V. DREUX.

Naintouillet. *Avr.*, 2ᵉ vol., 1778, p. 210.

Napier. *Avr.*, 2ᵉ vol., 1762, p. 207.

Narbonne. *Mars*, 1771, p. 210.

Narbonne-Clermont. V. CLERMONT-NARBONNE.

Narbonne-Lura. *Mars*, 1744, p. 626.

Narbonne-Pelet. *Déc.*, 1ᵉʳ vol., 1751, p. 190; *nov.*, 1755, p. 235; *oct.*, 2ᵉ vol., 1756, p. 254; *juill.*, 1ᵉʳ vol., 1760, p. 215; *août*, 1763, p. 204; *févr.*, 1775, p. 212.

Nargonne. *Août-sept.*, 1715, pp. 256 et 265.

Nassau. *Juin*, 4ᵉ part., 1711, p. 52; *nov.*, 1714, p. 525.

Nau. *Mai*, 1725, p. 1049.

Nau des Arpents. *Oct.*, 1759, p. 2524.

Naucaze. *Janv.*, 1708, pp. 89-99;

Nauchelles. *Sept.*, 1er vol., 1725, p. 2111.
Naulac. V. Fieubet.
Nauthiat. V. Jaubert.
Nauze (la). *Juin*, 1773, p. 213.
Navailles. V. Montaut.
Navarre. *Déc.*, 1er vol., 1755, p. 197.
Nazelles. V. Causé.
Nédonchel. *Mai*, 1736, p. 1027.
Néel. *Août*, 1772, p. 209.
Neel de Cristot. *Oct.*, 1er vol., 1775, p. 215. V. encore Cristot.
Néel de la Haye. *Août*, 1765, p. 196.
Neret. *Mai*, 1736, p. 1050.
Neret de la Ravoye. *Juill.*, 1701, p. 251; *sept.*, 1708, p. 92; *mars*, 1711, p. 120; *févr.*, 1712, pp. 81-92; *juin*, 1715, p. 206; *juin*, 1er vol., 1738, p. 1225.
Nelle. V. Cueuret.
Nérot. *Déc.*, 1er vol., 1750, p. 200.
Nesle. V. Mailly et Cœuret.
Nesmond. *Nov.*, 1705, p. 245; *avr.*, 1710, p. 219; *juill.*, 1710, p. 266; *juin*, 1715, p. 211; *déc.*, 1er vol., 1726, p. 2802.
Nettancourt. *Mai*, 1736, p. 1050; *mars*, 1747, p. 207; *sept.*, 1748, p. 255.
Neuf de la Poterie. *Juin*, 1774, p. 255.
Neuf de Sourdeval (le). *Avr.*, 1750, p. 208; *mars*, 1755, p. 196.
Neufbourg. V. Courtin et Tessier.
Neufchatel. V. Soissons.
Neuilly. V. Avet et Brunet de Neuilly.
Neuville. *Août*, 1688, p. 144; *janv.*, 1690, p. 206; *juin*, 1695, p. 187; *mai*, 1er vol., p. 269; *janv.*, 1702, p. 185; *janv.*, 1708, p. 227 et 252; *avr.*, 1er vol., 1757, p. 205. V. encore Bordeaux, Chiens (des), Coussturier, Titon, Vallot et Villeroy.
Nevers. *Janv.*, 1701, p. 69; *déc.*, 1701, p. 185; *août*, 1707, p. 133; *août*, 1707, p. 191; *juill.*, 1709, p. 125; *janv.*, 1715, p. 192; *sept.*, 1726, p. 2175. V. encore Mancini.
Nevet. *Nov.*, 1694, p, 208.
Neyret. V. Neiret.
Nezelles. V. Doublet.
Nicolaï. *Juill.*, 1696, p. 167; *déc.*, 1705, p. 198; *mars*, 1708, p. 244;

oct., 1716, p. 243; *juin-juill.*, 2e part., 1721, p. 86; *juill.*, 1725, p. 1684; *juin*, 1er vol., 1731, p. 1395; *mars*, 1735, p. 609; *avr.*, 1735, p. 820; *oct.*, 1737, p. 2311; *juill.*, 1740, p. 1675; *août*, 1747, p. 182; *mars*, 1755, p. 198; *déc.*, 1767, p. 245; *janv.*, 1er vol., 1770, p. 214; *oct.*, 2e vol., 1771, p. 210.
Nigot. *Janv.*, 1758, p. 172, *juin*, 1740, p. 1247; *juill.*, 1742, p. 1679; *févr.*, 1744, p. 403.
Nigot de Saint-Sauveur. *Févr.*, 1700, p. 216. V. encore Saint-Sauveur.
Nils. *Mai*, 1704, p. 205.
Niquet. *Juin*, 1726, p. 1272.
Nisas. V. Carrion.
Niso de Brague. *Févr.*, 1765, p. 192.
Noailles. *Déc.*; 1695, p. 274; *juin*, 1696, p. 310; *nov.*, 1696, p. 522; *avr.*, 1698, p. 216; *mars*, 1703, pp. 29; *juill.*, 1703, pp. 366; *déc.*, 1703, p. 343; *janv.*, 1704, p. 513, *avr.*, 1708, p. 508; *oct.*, 1708, pp. 146-195; *nov.*, 1708, pp. 94-153; *Déc.*, 1708, pp. 118-186 et 504; *Sept.-oct.*, 1710, p. 54; *mars*, 1716, p. 215; *juill.*, 1717, p. 202; *sept.*, 1720, p. 165; *août*, 1721, p. 158; *mai*, 1723, p. 1008; *juin*, 1723, p. 1254; *déc.*, 1er vol., 1725, p. 2958; *mai*, 1729, p. 1057; *févr.*, 1732, p. 410; *mars*, 1737, p. 615; *nov.*, 1759, p. 2712; *janv.*, 1745, p. 211; *avr.*, 1747, p. 197; *déc.*, 1er vol., 1747, p. 205; *avr.*, 1748, p. 210; *juill.*, 1748, p. 187; *mars*, 1759, p. 208; *janv.*, 1755, p. 202 et 209; *juill.*, 1755, p. 216; *juin*, 1756, p. 227; *janv.*, 1er vol., 1761, p. 204; *janv.*, 2e vol., 1761, p. 46; *août*, 1765, p. 197; *oct.*, 2e vol., 1766, p. 213; *nov.*, 1766, p. 209; *déc.*, 1767, p. 237; *oct.*, 1er vol., 1771, p. 224; *juill.*, 1er vol., 1773, p. 211; *oct.*, 2e vol., 1773, p. 211; *avr.*, 2e vol., 1774, p. 212; *oct.*, 2e vol., 1774, p. 212.
Noblet. *Nov.* 1741, p. 2547.
Noblet de Romery. *Déc.*, 1er vol., 1757, p. 2729.
Nocé. *Juin*, 1759, p. 1246.
Nocey de Fontenay. *Mars*, 1704, p. 519; *août*, 1712, p. 158; *nov.*, 1714, p. 517; *déc.*, 1714, p. 244.
Noé. *Oct.*, 1733, p, 2301; *janv.*,

1755, p. 203; *avr.*, 1754, p. 203; *avr.*, 1e vol., 1776, p. 234.
Noël de Saint-Denis. *Oct.*, 1757, p. 2365; *juin*, 1er vol., 1754, p. 195.
Nogaret. *Août*, 1756, p. 233.
Nogent. *Janv.*, 1703, p. 525; *sept.*, 1703, pp. 229-234; *févr.*, 1708, p. 211; *oct.*, 1714, p. 295. V. encore BAUTRU et FOUR (DU).
Noguez. *Févr.*, 1775, p. 213.
Nointel de Béchameil. *Mai*, 1705, p. 220; *juin*, 1709, p. 558; *juill.*, 1710, p. 49; *sept.*, 1718. p. 210; *janv.*, 1737, p. 163; *avr.*, 1740, p. 820.
Noinville. V. DUREY.
Noir (le) *Févr.*, 1709, p. 175; *janv.*, 1728, p. 189; *août*, 1751, p. 2013; *sept.*, 1754, p. 2087; *déc.*, 1740, p. 2963; *déc.*, 2e vol., 1748, p. 224; *oct.*, 1er vol., 1759, p. 233.
Noir de Moulon (le). *Nov.*, 1678, p. 39.
Noiraye (la). V. VOISIN.
Noirmoustier. *Juin*, 1705, p. 541; *oct.*, 1706, p. 252.
Noizet de Saint-Paul. *Mars*, 1775, p. 255.
Noland. *Avr.*, 1729, p. 829.
Nolin de la Tournelle. *Juin*, 1741, p. 1241.
Nollent. *Juill.*, 1er vol. 1774, p. 211. V. encore MONCEAU (DU).
Nollet. *Mai*, 1770, p. 210.
Nommion. V. PONGIN.
Nompar de Caumont. *Sept.*, 1690, p. 255; *juin*, 1698, p. 265; *juin*, 1702, p. 367; *févr.*, 1704, p. 268; *juill.* 1715, p. 155; *nov.*, 1723, p. 1004; *juill.*, 1726, p. 1691; *janv.*, 1750, p. 186; *déc.*, 1er vol.,

1757, p. 2720; *juin*, 1740, p. 1241; *nov.*, 1746, p. 198; *mars*, 1751, p. 211; *janv.*, 1753, p. 209; *janv.*, 1er vol., 1756, p. 222; *janv.*, 2e vol., 1756, p. 228; *oct.*, 2e vol., 1764, p. 206; *mars*, 1773, p. 209.
Nompère. *Juin*, 1er vol., 1730, p. 1253.
Nonant. *Oct.*, 1705, pp. 43 et 320; *juill.*, 1709, p. 140; *juin-juill.*, 2e part., 1721, p. 83; *mars*, 1756, p. 605; *déc.*, 1743, p. 2752; *avr.*, 1744, p. 839; *déc.*, 1er vol., 1753, p. 198; *oct.*, 1er vol., 1763, p. 209.
Noncourt. V. GUIRY.
Noraye (la). V. VOISIN.
Normant (le). *Janv.*, 1716, p. 159; *nov.*, 1730, p. 2532; *mai*, 1753, p. 1031; *sept.*, 1753, p. 2081; *juin*, 2e vol., 1753, p. 193; *juin*, 1760, p. 252.
Normant d'Estiolles (le). *Janv.*, 1er vol., 1752, p. 203.
Normanville. *Mars*, 1705, p. 111; *août*, 1707, p. 172.
Nos (des). V. DESNOS.
Nostre (le). *Sept.*, 1700, p. 278.
Noue-Vieuxpont (le). *Avr.*, 1er vol., 1770, p. 225; *févr.*, 1772, p. 208. V. encore MALBRON et VIEUXPONT.
Nourri (le). *Juin*, 1724, p. 1165.
Nouveau. *Déc.*, 1740, p. 2962.
Novion. V. POTIER.
Noyen. V. MONTCHAL.
Noyer. *Oct.*, 1716, p. 240; *août*, 1752, p. 1883.
Noyer (du). *Sept.*, 1756, p. 2181.
Nozières. *Avr.*, 2e vol., 1760, p. 216.
Nugent. *Avr.*, 1er vol., 1778, p. 211.
Nyert. *Mars*, 1756, p. 607; *janv.*, 1759, p. 192; *févr.*, 1744, p. 405; *nov.*, 1749. p. 211.

O

O. *Avr.*, 1705, p. 339; *mai*, 1706, p. 28; *janv.*, 1708, p. 59; *janv.*, 1708, p. 559; *juill.*, 1708, p. 24; *avr.*, 1712, p. 510; *févr.*, 1re part., 1715, pp. 154-158; *avr.*, 1727, p. 845; *mars*, 1728; p. 644; *sept.*, 1731, p. 2270; *nov.*, 1734, p. 2326; *août*, 1735, p. 1892; *oct.*, 1757,

p. 2315; *juill.*, 1745, p. 214; *août*, 1750, p. 210; *déc.*, 1765, p. 262.
Oblé. V. ROGER.
Obrien. *Avr.*, 1710, p. 287.
O'Brien de Thomond. *Avr.*, 1er vol., 1755, p. 209. V. encore THOMOND.
Offremont. V. GOBELIN.

Ogier. *Déc.*, 2ᵉ vol., 1755, p. 2915; *janv.*, 1758, p. 172; *mars*, 1775, p. 236.

Ogier de Berville. *Juin*, 1ᵉʳ vol., 1750, p. 209.

O'Gilvy. *Avr.*, 1722, p. 185; *avr.*, 2ᵉ vol., 1757, p. 205; *janv.*, 1ᵉʳ vol., 1765, p. 201.

Ognate. V. ARAZOLA.

Ogny. V. RIGOLEY.

Oheguerty. *Janv.*, 2ᵉ vol., 1765, p. 205.

O'Driscol. *Avr.*, 2ᵉ vol., 1777, p. 211.

O'Kelly. *Janv.*, 1ᵉʳ vol., 1777, p. 231.

O'Kennely. *Août*, 1775, p. 212.

Olbreuze. V. DESMIERS.

Olier de Verneuil. *Mars*, 1688, p. 205; *oct.*, 1702, p. 235; *mai*, 1710, p. 154; *août*, 4ᵉ part., 1711, p. 55; *janv.* 1716, p. 154; *oct.*, 1716, p. 236; *avr.*, 1719, p. 160; *août*, 1722, p. 215; *janv.*, 1717, p. 201.

Olivet (d'). *Nov.*, 1768, p. 214.

Olivier. *Févr.*, 1722, p. 162; *juin*, 1772, p. 222.

Olivier de Sénozan. *Juill.*, 1740, p. 1668; *oct.*, 1741, p. 2541; *avr.*, 2ᵉ vol., 1759, p. 210.

Olivier de Viriville. *Janv.*, 1ᵉʳ vol., 1770, p. 215.

Ollier. V. OLIER.

Olonne. *Juill.*, 1713, p. 150. V. encore MONTMORENCY OLONNE et HARCOURT-OLONNE.

Ombreval. *Janv.*, 1705, p. 212. V. encore RAVOT.

Omelane. *Déc.*, 1774, p. 272.

Ons-en-Bray. V. GENDRE (LE) et PAJOT.

Oppède. V. FORBIN.

Oppenord. *Avr.*, 1742, p. 811.

Oraison. *Déc.*, 1709, p. 259; *janv.*, 1755, p. 210.

Oraison d'Ancezune. *Juin*, 2ᵉ vol., 1749, p. 200. V. encore ANCEZUNE.

Orange des Roches. *Janv.*, 1705, p. 177.

Orçay. *Août*, 1750, p. 1899.

Orgemont. *Juin*, 1706, p. 550.

Orgeval. V. JARENTE.

Orglandes de Briouse. *Déc.*, 1758, p. 2719.

Orival. V. RIENCOURT.

Orléançon. *Août*, 1742, p. 1699.

Orléans. *Sept.*, 1721, p. 168; *juin*, 2ᵉ vol., 1748, p. 209.

Orléans de la Motte. *Sept.*, 1733, p. 2084.

Orléans-Longueville. *Févr.*, 1694, p. 171; *juill.*, 1707, p. 205; *juill.*, 1748, p. 203.

Orléans-Rothelin. *Oct.*, 1694, p. 261; *août*, 1714, p. 253; *sept.*, 1715, p. 251; *août*, 1716, p. 208; *janv.*, 1728, p. 187; *févr.*, 1728, p. 415; *oct.*, 1742, p. 2323; *juill.*, 1744, p. 1703; *sept.*, 1744, p. 2052; *févr.*, 1746, p. 129; *mai*, 1749, p. 229; *juill.*, 2ᵉ vol., 1762, p. 205; *juill.*, 2ᵉ vol., 1764, p. 191.

Orméa. *Juill.*, 1ᵉʳ vol., 1771, p. 210.

Ormesson. V. FÈVRE D'ORMESSON (LE).

Ormoys. *Sept.*, 1704, p. 271.

Ornaison de Chamarante. *Mars*, 1699, p. 155; *sept.*, 1716, p. 208; *mai*, 1717, p. 164; *déc.*, 1ᵉʳ vol., 1737, p. 2722.

Orriac. V. CASSAN.

Orry. *Sept.*, 1739, p. 2314; *déc.*, 1ᵉʳ vol., 1747, p. 206; *nov.*, 1761, p. 198; *janv.*, 2ᵉ vol., 1775, p. 212.

Orry de Fulvy. *Févr.*, 1750, p. 205.

Orsay. V. BOUCHER.

Orsigny. *Juin*, 2ᵉ vol., 1750, p. 185.

Orsteinstein. V. TRAVERS.

Ortès. *Nov.*, 1774, p. 257.

Ortous de Mairan. *Avr.*, 1ᵉʳ vol., 1771, p. 212.

Orval. *Févr.*, 1729, p. 418; *juin*, 2ᵉ vol., 1729, p. 1470; *déc.*, 1755, p. 2714. V. encore BÉTHUNE D'ORVAL et TABOUROT.

Orves. *Avr.*, 1752, p. 211.

Osigny. V. COEURET.

Osmond. *Avr.*, 1755, p. 208; *janv.*, 2ᵉ vol., p. 210; *oct.*, 1ᵉʳ vol., 1776, p. 211.

Ossone. *Avr.*, 1716, p. 170.

Ossun. *Mars*, 1749, p. 208; *avr.*, 1749, pp. 232-239; *avr.*, 1750; p. 210; *févr.*, 1759, p. 213.

Otho. *Avr.*, 1755, p. 211.

Ottange. V. ELTZ.

Ouchamps. V. BOULET.

Ouroy. V. GRIVEL-DOUVOY ou D'OUROY.

Oursin. *Févr.*, 1742, p. 410; *juin*, 1744, p. 1489; *mars*, 1744, p. 212.

Outresoule. *Août*, 1750, p. 209.

Oysonville. *Mars*, 1775, p. 233.

Ozonne de Bâville. *Juin*, 2ᵉ vol., 1755, p. 193.

P

Paris de Montmartel). *Avr.*, 1748, p. 207. V. encore MONTMARTEL.

Parisiòre (la). *Déc.*, 1er vol., 1736, p. 2792.

Parquet. *Oct.*, 1er vol., 1757, p. 202.

Parrocel. *Août*, 1752, p. 202.

Parteville. *Avr.*, 1er vol., 1764, p. 205.

Parthenay. *Août*, 1753, p. 1892; *août*, 1761, p. 199.

Paryot de Mussegros. *Mars*, 1716, p. 50.

Pas de Brion (du). *Oct.*, 1740, p. 2529. V. encore BRION DE COMBRONDE.

Pas-Feuquières. *Août*, 1691, pp. 167-182; *juill.*, 1694, p. 87; *janv.* 1695, pp. 288 et 536; *févr.*, 1697, p. 284; *avr.*, 1702, p. 526; *mars*, 1707, p. 512; *févr.*, 1720, p. 171; *sept.*, 1726, p. 2172; *août*, 1727, p. 1929; *juin*, 1er voi., 1728, p. 1254; *sept.*, 1728, p. 2150; *juill.*, 1739, p. 1674; *nov.*, 1741, p. 2542; *févr.*, 1742, p. 405; *juill.*, 1742, p. 1680; *févr.*, 1759, p. 213. V. encore SAISSEVAL-FEUQUIÈRES.

Paslard. *Nov.*, 1725, p. 2743.

Pasquier. *Mai*, 1757, p. 1036.

Pasquier de Franclieu. *Avr.*, 1715, p. 149; *oct.*, 1er vol., 1773, p. 212.

Passard. *Juill.*, 1741, p. 1692.

Passi. V. PETIT.

Passerat de Résinant. *Août*, 1700, p. 175.

Patoulet. *Déc.*, 1700, p. 48.

Palu. *Déc.*, 1758, p. 2721; *mars*, 1749, p. 211.

Paulmier. *Sept.* 1753, p. 2097.

Paulmier de la Bucaille. *Mai*, 1734, p. 1051; *déc.*, 1er vol., 1754, p. 2747; *mars*, 1754, p. 209.

Paulmy. V. VOYER.

Paumet. *Janv.*, 1708, p. 355.

Pavé. *Févr.*, 1749, p. 191.

Paviot. *Déc.*, 1758, p. 2717.

Payen. *Janv.*, 1705, p. 173; *janv.*, 1727, p. 191; *oct.*, 1745, p. 201.

Payen de Fercourt. *Oct.*, 1715, p. 2320.

Payen de Montmort. *Juill.*, 1742, p. 1685.

Pechpeirou. *Mai*, 1756, p. 1022; *déc.*, 2e vol., 1756, p. 2973; *juill.*, 1742, p. 1670; *mars*, 1746, p. 211;

juill., 1748, p, 195; *sept.*, 1754, p. 211.

Pechpeirou de Beaucaire. *Févr.*, 1776, p. 212.

Pechpeirou-Comminges. *Mai*, 1772, p. 211.

Pécoil. *Déc.*, 1720, p. 165; *juin*, 1726, p. 1275; *juin*, 1770, p. 249.

Pécome. *Mai*, 1729, p. 1035.

Pécou. *Juin*, 1739, p. 1247.

Pecquet. *Oct.*, 1728, p. 2542.

Pecquot. *Mai*, 1755, p. 1019; *juin*, 1741, p. 1250; *juin*, 2e vol., 1755, p. 229.

Pecquot de Saint-Maurice. *Nov.*, 1697, p. 224; *mai*, 1731, p. 1197.

Pegna-Blanca. *Janv.*, 1750, p. 201.

Péguilham de Larboust. *Juill.*, 2e vol., 1775, p. 212.

Peichpeyroux. V. PEICHPEIROU.

Peinier. V. THOMASSIN.

Peirenc de Blet. *Mars*, 1775, p. 211.

Peirenc de Moras. *Janv.*, 1710, p· 155; *nov.*, 1732, p. 2508; *janv.*, 1731, p. 191; *janv.*, 1758, p. 182; *avr.*, 1748, p. 215.

Peirenc de Saint-Cyr. *Oct.*, 1735, p. 2554; *juill.*, 1738, p. 1659.

Pelet. V. NARBONNE.

Peletier (le). V. PELLETIER (LE).

Peletyer. *Oct.*, 1757, p. 2309.

Pélissier. *Fév.*, 1722, p. 165; *mai*, 1749, p. 234.

Pellard. *Sept.*, 1745, p. 218.

Pelleport. *Mai*, 1704, p. 197.

Pelleré. *Juin*, 1724, p. 1231.

Pellerin. *Juin*, 1er vol., 1738, p. 1221.

Pellerin de Gauville (le). *Mai*, 1766, p. 208; *avr.*, 1er vol., 1772, p. 222.

Pelleterie (la). *Juin*, 1762, p. 194.

Pelletier (le). *Févr.*, 1685, p. 148; *oct.*, 1696, p. 277; *févr.*, 1701, pp. 118 et 198; *avr.*, 1702, p. 516; *juin*, 1703, p. 16; *août*, 1706, p. 230; *oct.*, 1706, p. 158; *mai*, 2e part., 1711, p. 77; *août*, 4e part., 1711, p. 61; *Janv.*, 1712, p. 220; *févr.*, 1712, p. 70; *mars*, 1720, p. 165; *sept.*, 1725, p. 619; *déc.*, 1er vol., 1725, p. 2558; *févr.*, 1726, p. 596; *févr.*, 1729, p. 409; *janv.*, 1730, p. 185; *sept.* 1731, p. 2268; *juin*, 1er vol., 1734, p. 1251; *déc.*, 2e vol., 1736, p. 2981; *janv.*, 1745, p. 211; *déc.*, 2e vol., 1748, p. 225,

1702, p 381; *juin*, 1706, p. 214; *sept.*, 1747, p. 179; *oct.*, 1767, p. 207.

Petit. *Oct.*, 1702, p. 277; *janv.*, 1703, p. 97; *mai*, 1704, p. 122; *juill.*, 1704; p. 81; *avr.*, 1705, p. 63; *sept.*, 1708, p. 91; *févr.*, 1736, p. 389.

Petit d'Avesnes (le). *Juin*, 1756, p. 228.

Petit de Grandcour. *Juin*, 2e vol., 1751, p. 204.

Petit de Loudeville. *Juin*, 1er vol., 1750, p. 209.

Petit de Marivats. *Avr.*, 1744, p. 839.

Petit de Marivel. *Févr.*, 1778, p. 212.

Petit de Passi. *Avr.*, 1727, p. 846; *mai*, 1759, p. 1056.

Petit de Ravannel. *Déc.*, 2e vol., 1747, p. 196.

Petit de Villeneuve. *Nov.*, 1711, 4e part., p. 110; *avr.*, 1710, p. 261; *sept.*, 1751, p. 2207; *avr.*, 1752, p. 801; *juill.*, 1753, p. 1679; *avr.*, 1755, p. 850; *déc.*, 2e vol., 1747, p. 196.

Petit des Landes. *Avr.*, 1753, p. 209. V. encore LANDES (DES).

Petitpas. *Janv.*, 1756, p. 178.

Petitpied des Essars. *Août*, 1699, p. 104; *juill.*, 1705, p. 175.

Peyrebac. *Juill.*, 2e vol., 1769, p.230.

Peyrel de Grandval. *Févr.*, 1734, p. 398. V. encore POIREL DE GRANDVAL.

Peyronnie (la). V. GIGOT.

Peyrouce (la). *Juill.*, 1750, p. 1004; *janv.*, 1754, p. 193; *oct.*, 1er vol., 1763, p. 209. V. encore ROCHON DE LA PEYROUSE.

Beysieu. V. LONGECOMBE.

Peylier. *Déc.*, 2e vol., 1753, p. 200.

Pezay. *Janv.*, 1er vol., 1777, p. 254.

Pezé. V. COURTARVEL.

Pezeau (du). *Févr.*, 1754, p. 210.

Pezenne. V. BEAULAC.

Pezeux. *Oct.*, 1694, p. 242; *mai*, 1703, p. 208; *déc.*, 1742, p. 2765. V. encore CLÉRADIUS.

Pezey. *Nov.*, 1751, p. 2685.

Phélypeaux. *Avr.*, 1688, p. 111; *févr.*, 1689, p. 355; *janv.*, 1694, p. 221; *mai*, 1694, p. 64; *mars*, 1697, pp. 235-249; *sept.*, 1697, p. 248; *janv.*, 1703, p. 308; *juin*,

1704, p. 567; *oct.*, 1704, p. 199; *avr.*, 1705, p. 187; *juin*, 1708, pp. 575-591; *sept.*, 1710. p. 506; *avr.*, 1711, p. 88; *sept.*, 4e part., 1711, p. 59; *août*. 1715, p. 11; *janv.*, 1716, p. 152; *mars*, 1718, p. 171; *avr.*, 1724, p. 785; *mai*, 1724, p. 1226; *juin*, 1er vol., 1725, p. 1249; *sept.*, 1er vol., 1725, p. 2107; *oct.*, 1725, p. 2542; *nov.*, 1725, p. 2744; *déc.*, 1er vol., 1726, p. 2804; *déc.*, 1er vol., 1727, p. 2751; *juin*, 2e vol., 1729, p. 1470; *mai*, 1752, p. 1019; *févr.*, 1754, p. 404; *mai*, 1754, p. 1054; *juin*, 2e vol., 1754, p. 1455; *mars*, 1757, p. 610; *janv.*, 1746, p. 202; *févr.*, 1747, p. 206; *déc.*, 1er vol., 1751, p. 188; *avr.*, 1752, p. 209; *déc.*, 1763, p. 195; *nov.*, 1770, p. 225. V. encore VRILLIÈRE (LA).

Philip. *Janv.*, 1708, p. 157.

Philippe. *Sept.*, 1698, p. 119.

Piarron. V. PIARROT.

Piarrot de Chamousset. *Nov.*, 1714, p. 518; *déc.*, 1759, p. 2944; *janv.*, 1740, p. 183; *août*, 1753, p. 210; *juin*, 1773, p. 212. V. encore CHAMOUSSET.

Pibrac. V. FAURE DE PIBRAC.

Picard. *Août*, 1705, p. 50; *oct.*, 1711, 4e part., p. 107.

Picard d'Aubercourt. *Juin*, 1697, p. 212.

Picart (le). *Juill.*, 1708, pp. 15-27; *sept.*, 1716, p. 210.

Picart de Périgny. *Févr.*, 1701, p. 197; *mars*, 1720, p. 165.

Pichon. *Août*, 1712, p. 158; *févr.*, 1757, p. 404; *mai*, 1744, p. 1056.

Pichon de Madières. *Août*, 1759, p. 1889.

Picon. V. PICOT.

Picot d'Andrezel. *Mars*, 1749, p. 211; *avr.*, 1749, p. 252; *juill.*, 2e vol., 1765, p. 194. V. encore ANDREZEL.

Picot de Combreux. *Janv.*, 2e vol., 1772, p. 212; *déc.*, 1777, p. 213; *janv.*, 1er vol., 1777, p. 229.

Picot de Dampierre. *Sept.*, 1688, p. 89; *janv.*, 2e vol., 1772, p.215.

Piques. *Mai*, 1714, p. 150.

Picquet. *Mai*, 1699, p. 203; *oct.*, 1740, p. 2523; *juill.*, 1742, p. 1684.

Plenneville. *Juin*, 2ᵉ vol., 1749, p. 200.

Plesnoye (la). *Oct.*, 2ᵉ vol., 1775, p. 212.

Plessis (du). *Avr.*, 1708, p. 558; *avr.*, 1726, p. 854; *janv.*, 1727, p. 192; *oct.*, 1ᵉʳ vol., 1772, p. 210. V. encore VERNET (DU), LARBOUILLARD, BAS (LE) et RICHELIEU.

Plessis-Bellière. V. ROUGÉ.

Plessis-Besançon (du). *Sept.*, 1708, p. 78.

Plessis Châtillon (du). *Juill*, 1709, p. 140; *févr.*, 1712, p. 80; *juin*, 1715, p. 206; *févr.*, 1718. p. 234; *déc.*, 1ᵉʳ vol., 1726, p. 2805; *déc.*, 1758, p. 2722; *nov.*, 1745, p. 226; *juin*, 1ᵉʳ vol., 1754, p. 208; *déc.*, 1ᵉʳ vol., 1754, p. 206; *oct.*, 2ᵉ vol., 1756, p. 229; *juill.*, 2ᵉ vol., 1762, p. 187; *août*, 1763, p. 202; *janv.*, 1ᵉʳ vol., 1764, p. 183; *oct.*, 2ᵉ vol., 1775, p. 212; *mai*, 1776, p. 212.

Plessis-Clereau (du). *sept.*, 1726, p. 2175.

Plessis d'Argentré (du). *Oct.*, 1740, p. 2325.

Pleurre. *Nov.*, 1759, p. 2718; *févr.*, 1742, p. 409; *août*, 1743, p. 197; *mars*, 1773, p. 211; *janv.*, 2ᵉ vol., 1778, p. 211.

Pleurs. V. PLEURRE.

Ploeuc du Timeur. *Févr.*, 1739, p. 391. V. encore RIVIÈRE (LA).

Plumard. *Sept.*, 1747, p. 168.

Plumartin. V. HERVAULT.

Podenas. *Mars*, 1777, p. 234.

Podénas de Villepinte. *Juin*, 1759, p. 214.

Poeppe. *Avr.*, 1702, p. 528.

Poerier de Franqueville. *Mai*, 1770, p. 210.

Poictiers. *Mai*, 1748, p. 195; *juin*, 1759, p. 214; *avr.*, 1ᵉʳ vol., 1778, p. 212.

Poivillain. *Oct.*, 1ᵉʳ vol., 1771, p. 224.

Poinsy. V. CROIX DE POINSY (LA).

Pointis. *Juin*, 1707, p. 116.

Poilvillain. *Déc.*, 1767, p. 241.

Poirel de Grandval. *Oct.*, 1702, p. 242. V. encore PEYREL DE GRANDVAL.

Poirier-Cottereau (du). *Juin*, 2ᵉ vol., 1757, p. 1157; *févr.*, 1740, p. 592.

Poirier de Vallois. *Avr.*, 1729, p. 825.

Poissi (de). *Mars*, 1698, p. 272.

Poisson. *Oct.*, 1735, p. 2326; *avr.*, 2ᵉ vol., 1771, p. 213.

Poisson de Malvoisin. *Août*, 1754, p. 211.

Poissonnier. *Janv.*, 1ᵉʳ vol., 1777, p. 255.

Poitiers. *Oct.*, 1ᵉʳ vol., 1775, p. 215.

Polastre. *Févr.*, 1707, p. 105.

Polastron de la Fuselière. *Avr.*, 1704, p. 48; *mai*, 1704, p. 188; *mars*, 1706, p. 141; *oct.*, 1706, p. 244; *juill.*, 1707, p. 65; *déc.*, 1715, p. 248; *juill.*, 1742, p. 1660; *janv.*, 1746, p. 199; *juin*, 2ᵉ vol., 1755, p. 194; *déc.*, 1767, p. 237; *janv.*, 2ᵉ vol., 1771, p. 224.

Poleins. *Nov.*, 1703, p. 297; *oct.*, 1747, p. 156.

Polémieux. V. BARONNAT.

Polignac. *Juin*, 1706, p. 236; *sept.*, 1706, p. 71; *juill.*, 1709, p. 235; *mai*, 1715, p. 41; *juin*, 1712, p. 195; *avr.*, 1713, p. 176; *mai*, 1715, pp. 41-48; *nov.*, 1721, p. 82; *déc.*, 1758, p. 2922; *avr.*, 1759, p. 817; *déc.*, 1741, p. 2759; *mai*, 1755, p. 208; *oct.*, 1ᵉʳ vol., 1762, p. 198; *déc.*, 1764, p. 204; *avr.*, 2ᵉ vol., 1767, p. 194; *déc.*, 1767, pp. 237 et 244; *août*, 1768, p. 214; *mars*, 1776, p. 231; *nov.*, 1777, p. 211.

Pollaillon de Sameuse. *Oct.*, 1691, p. 228.

Pollart de Villequoy. *Mai*, 1700, p. 211; *juin*, 1707, p. 43; *nov.-déc.*, 1707, p. 75; *oct.*, 1711, p. 297; *févr.*, 1716, p. 79; *janv.*, 1729, p. 201; *janv.*, 1755. p. 210; *août*, 1755, p. 209.

Pommeraye. V. BALAINE.

Pommereu. *Oct.*, 1702, p. 269; *août*, 1715, p. 512; *mai*, 1725, p. 1052; *nov.*, 1727, p. 2559; *févr.*, 1752, p. 407; *déc.*, 2ᵉ vol., 1751, p. 2947; *janv.*, 1735, p. 190; *juin*, 2ᵉ vol., 1756, p. 1171; *nov.*, 1748, p. 211.

Pompadour. *Juin*, 1708, p. 556; *mars*, 1ᵉʳ vol., 1722, p. 168; *sept.*, 1726, p. 2174; *févr.*, 1752, p. 406; *oct.*, 1752, p. 2206; *mai*, 1741, p. 1052; *juin*, 2ᵉ vol., 1748, p. 207.

Pomponne. V. ARNAULT.

Pomponne-Mirey. *Mai*, 1740, p. 1035.

Poncher. *Déc.*, 1721, p. 2912; *avr.*, 1755, p. 820.

Postel ou Possel. *Août*, 1763, p.199; *déc.*, 1763, p. 196.

Pot de Rhodes. *Juill.*, 1706, pp. 133-141; *janv.*, 1715, p. 188; *août*, 1717, p. 153; *févr.*, 1740, p. 391.

Potérat. *Avr.*, 1740, p. 813; *nov.*, 1741, p. 2543; *juin*, 1771, p. 236.

Poterie (la). V. Neuf.

Potier de Novion et de Gèvres. *Févr.*, 1687, p. 330; *sept.*, 1693, p. 54; *juin*, 1694, p. 205; *avr.*, 1702, p. 580; *nov.*, 1702, pp. 208-215; *févr.*, 1705, p. 80; *juill.*, 1705, p. 598; *févr.*, 1704, p. 158; *déc.*, 1704, p. 235; *avr.*, 1705, p. 71; *oct.*, 1705, p. 513; *nov.*, 1705, p. 179; *août*, 1707, p. 129; *juill.*, 1709, p. 128; *mai*, 1715, pp. 212-222; *sept.*, 1715, p. 252; *juill.*, 1717, p. 206; *juill.*, 1722, p. 179; *déc.*, 1er vol., 1723, pp. 1240 et 1242; *déc.*, 1er vol., 1725, p.2939; *juin*, 1726, pp. 1271 et 1272; *avr.*, 1729, p.829; *sept.*, 1751, p.2269; *nov.*, 1735, p.2524; *oct.*, 1735, p. 2325; *avr.*, 1739, pp. 822-52; *déc.*, 1759, p. 2948; *oct.*, 1740, p. 2528; *juin*, 1741, p. 1244; *déc.*, 1744, p.205; *févr.*, 1747, p. 202; *août*, 1747, p. 187; *juill.*, 1748, p. 196; *déc.*, 2e vol., 1748, p. 223; *févr.*, 1752, p. 215; *déc.*, 1er vol., 1754, p. 206; *janv.*, 1er vol., 1756, p.222; *oct.*, 2e vol., 1757, p. 212; *avr.*, 2e vol., 1758, pp. 198 et 199; *nov.*, 1769, p.225; *juin*, 1772, p. 224; *sept.*, 1774, p. 248; *janv.*, 2e vol., 1725, p.211.

Potier Savis de Pelletot. *Déc.*, 2e vol., 1745, p. 183.

Pouancey. *Oct.*, 1757, p. 2310.

Poudenx. *Févr.*, 1708, pp. 274-283; *mars*, 1709, p. 281; *juin*, 1709, p. 242.

Pouffler. *Mai*, 1756, p. 1021.

Pouget de Nadaillac (du). *Août*, 1707, p. 186; *avr.*, 1740, p. 827; *mai*, 1749, p. 252; *juin*, 2e vol., 1751, p. 197; *déc.*, 1771, p. 212; *oct.*, 2e vol., 1774, p. 212; *juin*, 1776, p. 251.

Poujade. *Août*, 1702, p. 252.

Poullain de Saint-Foix. *Oct.*, 1er vol., 1776, p. 211.

Poulletier. *Oct.*, 1704, p. 208; *avr.*,

1711, 2e part., p. 80; *mars*, 1736, p. 601; *oct.*, 1er vol., 1765, p. 196.

Pouilly-Bessey. *Janv.*, 1er vol., 1775, p. 212.

Poulpry. *Déc.*, 1758, p. 2718; *avr.*, 1er vol., 1769, p. 214.

Poupe (la). V. Darrots.

Poupelinière (la). V. Arrot.

Poupet (le). *Juill.*, 1740, p. 1667.

Pourroy de Quinsonnas. *Avr.*, 1753, p. 205.

Poussart. *Déc.*, 1758, p. 2718.

Poussart du Vignan. *Juin*, 1741, p. 1479.

Pousse. V. Raguier.

Poussemothé. *Janv.*, 1688, p. 321; *déc.*, 1697, p. 204; *janv.*, 1708, p. 549; *mars*, 1718, p. 174; *nov.*, 2e vol., 1722, p. 201; *mai*, 1725, p. 1051; *déc.*, 1er vol., 1727, p. 2750; *mars*, 1742, p. 628; *mai*, 1750, p. 207; *août*, 1753, p. 210; *juill.*, 1er vol., 1761, p. 209; *avr.*, 1er vol., 1762, p. 201.

Poussel de Montauban. *Janv.*, 1685, p. 90.

Pouyvet de la Blinière. *Déc.*, 1er vol., 1748, p. 230.

Poyade (la). V. Houlier.

Poyanne. *Août*, 1761, p. 199; *avr.*, 2e vol., 1767, p. 194. V. encore Baylens.

Poylebon. V. Montesquiou.

Poype (la). *Avr.*, 1709, p. 253; *févr.*, 1752, p. 407; *sept.*, 1739, p. 2091; *nov.*, 1751, p. 194.

Poyrel. *Sept.*, 1716, p. 206.

Pra de Balay-Sauly. V. Cléradius.

Pracontal. *Déc.*, 1705, p. 358; *juill.*, 1723, p. 184; *mai*, 1729, p. 1055; *juin*, 1er vol., 1755, p. 197; *sept.*, 1751, p. 214; *juin*, 1772, p. 222.

Pradel. *Oct.*, 1696, p. 251.

Praslin. V. Choiseul.

Prat (du). *Nov.*, 1708, p. 191; *juin*, 1712, p. 116; *juill.*, 1742, p. 1677; *janv.*, 2e vol., 1767, p. 188.

Prat de Barbanson (du). *Févr.*, 1735, p. 407; *août*, 1744, p. 1925; *mai*, 1749, p. 225; *févr.*, 1750, p. 208; *août*, 1750, p. 210.

Pré (du). V. Dupré.

Préaux. V. Hastrel.

Préchac. *Nov.*, 1715, p. 180.

Preissac. *Août*, 1753, p. 209. V. encore Abzac.

Preissac d'Espagne. *Janv.*, 2ᵉ vol., 1765, p. 181. V. encore ESPAGNE.

Preissac de Fezensac. *Mai*, 1777, p. 212.

Preissac de Marestan. *Sept.*, 1752, p. 205.

Prémeaux. V. MACHECO.

Prémont. *Mars*, 1705, p. 112.

Presle. *Janv.*, 1708, p. 354.

Presque. V. BONAFOU.

Pressigny. *Nov.-déc.*, 1707, p. 365.

Prestre (le). V. VAUBAN.

Prestre de Lesonet (le). *Juin*, 1ᵉʳ vol., 1758, p. 1224.

Prêtre (le). *Mai*, 1750, p. 202.

Pretz (des). *Janv.*, 1755, p. 187.

Prévost. *Févr.*, 1764, p. 255.

Prevost de la Tousche. *Sept.*, 1750. p. 196.

Prévost de Sansac. *Déc.*, 1775, p. 228.

Prévost de Barail. *Déc.*, 1ᵉʳ vol., 1751, p. 2759.

Prévost du Four (le). *Sept.*, 1748, p. 256.

Prezau. *Févr.*, 1730, p. 421.

Prie. *Nov.*, 1700, p. 176; *févr.*, 1709, p. 209; *déc.*, 1715, p. 169; *déc.*, 2ᵉ vol., 1732, p. 2925; *juin*, 1ᵉʳ vol., 1751, p. 190; *mars*, 1755, p. 186; *mars*, 1775, p. 210.

Prieur (le). *Avr.*, 1752, p. 211; *mai*, 1759, p. 205.

Princé. V. CHARLOT.

Princerie-Coignac (la). *Mai*, 1776, p. 212.

Pringy. *Janv.*, 1704, p. 205; *juill.*, 1709, p. 237.

Prix-Hay. *Avr.*, 2ᵉ vol., 1758, p. 201.

Privat de Molières. *Juill.*, 1742, p. 1671.

Proisy d'Eppe. *Oct.*, 1ᵉʳ vol., 1774, p. 235. V. MARFONTAINES.

Promleroy. V. LANCRY.

Prondre. *Févr.*, 1736, p. 589; *janv.*, 2ᵉ vol., 1757, p. 255; *nov.*, 1771, p. 212.

Prougent. *Sept.*, 1755, p. 2088.

Proustière (la). V. GOURREAU.

Provenzal. *Mai*, 1729, p. 1035.

Prulay. V. BONVOUST.

Prumarède. *Juin*, 1770, p. 250.

Prunay. *Mars*, 1756, p. 602.

Prunelé. *Mai*, 1750, p. 1049; *avr.*, 1758, p. 816; *juin*, 1739, p. 1246; *mars*, 1746, p. 209; *mai*, 1750, p. 204.

Prunevaux. V. FOULLÉ.

Prunier. *Oct.*, 1754, p. 214.

Prunier de Saint-André. *Sept.*, 1692, pp. 105-119; *mai*, 1760, p. 208; *mai*, 1766, p. 209.

Pruslay. *Mai*, 1778, p. 211.

Prye. *Août*, 1758, p. 1875.

Pucelle. *Févr.*, 1704, p. 269; *mai*, 1715, p. 289; *mars*, 1751, p. 608; *août*, 1759, p. 1888; *janv.*, 1745, p. 210; *févr.*, 1745, p. 185.

Puech de Comeiras (del). *Janv.*, 1755, p. 213; *mars*, 1755, p. 185; *juin*, 2ᵉ vol., 1757, p. 210; *oct.*, 1ᵉʳ vol., 1759, p. 233; *janv.*, 1ᵉʳ vol., 1762, p. 196.

Puech de la Laubières (del). *Juin*, 2ᵉ vol., 1757, p. 210.

Puget. *Févr.*, 1773, p. 213.

Puidevale de Saint-Marsol de Boncoroz. *Avr.*, 1755, p. 204.

Puis (du). *Févr.*, 1755, p. 598.

Puis de Chantemerle (du). *Oct.*, 1742, p. 2328.

Puisieux. V. BRULART.

Puisséguiers. *Déc.*, 1ᵉʳ vol., 1728, p. 2764.

Pujet. *Avr.*, 1708, p. 158; *juin*, 1708, p. 122; *avr.*, 1710, pp. 208-214; *mars*, 1718, p. 172; *févr.*, 1728, p. 415.

Pujet de Barbantane. *Juin*, 2ᵉ vol., 1753, p. 184.

Pujol. *Sept.*, 1696, p. 509; *avr.*, 1710, p. 506; *juill.*, 1ᵉʳ vol., 1760, p. 209.

Puligny. V. RIGOLEY.

Pully. V. GÉDOUIN.

Punont. *Juin*, 1760, p. 255.

Pusignan. *Janv.*, 1696, p. 284.

Pusignieu. *Mai*, 1775, p. 225.

Putanges. *Mai*, 1706, p. 165. V. encore MONET.

Puy (du). *Févr.*, 1695, p. 190; *nov.*, 1706, p. 241; *oct.*, 1738, p. 2299.

Puyau des Mazières. *Oct.*, 1709, p. 122.

Puydufou. *Mars*, 1696, p. 221.

Puyguion. *Juill.*, 1708, p. 151.

Puy-Montbrun (du). *Déc.*, 1741, p. 2963; *août*, 1774, p. 214.

Puynormand. *Mai.*, 1704, p. 184.

Puységur. *Nov.-déc.*, 1707, p. 420 ; *oct.*, 1714, p. 345 ; *déc.*, 1er vol., 1757, p. 2751 ; *juill.*, 1742, p. 1690 ; *juill.*, 1er vol., 1772, p. 210. V. encore CHASTENET.

Puysieux. *Déc.*, 1704, p. 201 ; *janv.*, 1705, pp. 8-24. V. encore BRULART.

Q

Quadt. *Mai*, 1704, p. 196.

Quantin. *Févr.*, 1742, p. 402 ; *août*, 1742, p. 1901.

Quantin de la Vienne. *Sept.*, 1747, p. 179.

Quantin de Richebourg. *Mars*, 1719, p. 171 ; *mai*, 1748, p. 190 ; *juill.*, 2e vol., 1762, p. 187. V. encore RICHEBOURG et TOUSTAIN.

Quarré. *Janv.*, 1750, p. 201.

Quatrebarbes. *Août*, 1698, p. 221 ; *janv.*, 1700, p. 199 ; *janv.*, 1704. p. 90 ; *avr.*, 2e part., 1711, p. 82.

Queille (la). *Mai*, 1706, p. 59 ; *févr.*, 1755, p. 210 ; *juin*, 1758, p. 211 ; *mai*, 1775, p. 212 ; *juill.*, 1er vol., 1776, p. 256.

Quelen. *Août*, 1686, p. 87 ; *avr.*, 1722, p. 186 ; *oct.*, 1722, p. 159 ; *nov.*, 1746, p. 289 ; *juin*, 1777, p. 212.

Quélen d'Estuer. *Déc.*, 1738, p. 2719.

Quélen-Stuart ou Stuer. *Sept.*, 1750, p. 2115 ; *mars*, 1772, p. 211.

Quélus. *Janv.*, 1705, p. 296 ; *août*, 1704. p. 595 ; *déc.*, 1704, p. 189 ; *mars*, 1705, p. 197.

Québillac. *Avr.*, 1er vol., 1774, p. 211 ; *avr.*, 2e vol., 1774, p.213.

Quémadeu. *Févr.*, 1778, p. 210.

Quentin. V. QUANTIN.

Querhoent. V. KERCHOENT.

Quérouart. V. KEROUART.

Querrieu. V. GAUDECHART.

Querronas. *Nov.*, 1728, p. 2561.

Quesnay. *Janv.*, 1er vol., 1775, p. 234.

Quesnaye. *Févr.*, 1705, p. 575.

Quesne (du). *Avr.*, 1710, p. 257 ; *mai*, 1724, p. 1225 ; *juin*, 1724, p. 1225 ; *août*, 1763, p. 199 ; *déc.*, 1763, p. 197.

Quesne de Monier (du). *Déc.*, 1763, p. 197.

Quesnel (du). *Juill.*, 1708, p. 19-27 ; *nov.*, 1714, p. 331 ; *avr.*, 1722, p. 186 ; *juill.*, 1734, p. 1686 ; *juin*, 2e vol., 1754, p. 205 ; *janv.*, 2e vol., 1769, p. 214.

Quesnois. V. FÈVRE DE QUESNOIS (LE).

Quesnois (du). *Mai*, 1774, p. 225.

Quesso de Valcourt. *Juin*, 1742, p. 1475 ; *juill.*, 1742, p. 1679.

Queuille (la). V. QUEILLE (LA).

Quein de la Neuville (le). *Mai*, 1768, p. 197.

Quincarnou. *Avr.*, 2e vol., 1774, p. 212.

Quincy. V. BOULU, FOURVIÈRE, PINON et SÉVIN.

Quinson. *Janv.*, 1750, p. 182.

Quinsonas. V. POURROY.

Quintin. *Nov.*, 1702, p. 314.

Quiqueran de Beaujeu. *Juill.*, 1736, p. 1755 ; *août*, 1737, p. 1884.

Quiry. *Nov.*, 1731, p. 2686.

Quitri. V. GUITRY.

R

Rabiot de Moslé. *Juin*, 1761, p. 217.

Rabodanges. *Févr.*, 1722, p. 163 ; *janv.*, 1752, p. 203 ; *janv.*, 2e vol., 1776, p. 215.

Rabutin. V. BUSSY.

Racine. *Déc.*, 1er vol., 1752, p. 2710 ; *juin*, 1741, p. 1246 ; *déc.*, 1742, p. 2761 ; *juin*, 1er vol., 1754, p. 209 ; *avr.*, 2e vol., 1765, p. 202.

Radovay. *Mars*, 1741, p. 625.

Rafélis. *Déc.*, 1774, p. 269.

Raffetot. *Janv.*, 1705, p. 555; *mai,* 1759, p. 1040. V. encore CANON-VILLE.

Raffin. *Févr.*, 1714, p. 276.

Ragarcu. *Août*, 1709, p. 185.

Ragereu. *Juill.*, 1er vol., 1756, p. 254.

Ragui. V. CHARTRAIRE.

Ragois. *Août*, 1709, p. 267.

Ragois de Bretonvilliers (le). *Janv.*, 1700, p. 201; *sept.*, 1712, p. 172; *oct.*, 1712, p. 250; *févr.*, 1714, p. 275; *janv.*, 1757, p. 163; *juill.*, 2e vol., 1763, p. 208. V. encore BRETONVILLIERS.

Ragouzinski. *Oct.*, 1754, p. 215.

Raguain. *Juin*, 1745, p. 1210.

Raguienne. *Juin*, 2e vol., 1755, p. 193.

Raguier. *Août*, 1706, pp. 40 et 45.

Raguier de Pousse. *Mars*, 1729, p. 624.

Raimond de Modène. *Févr.*, 1772, p. 213.

Rainvilliers. *Déc.*, 1777, p. 210.

Rais. V. BREIL (DU).

Ralet de Chalet. *Mars*, 1755, p. 197.

Rallemont. *Juin*, 1777, p. 211.

Rambaud. *Mai*, 1749, p. 229.

Rambouillet. V. ANGENNES.

Rambures. *Janv.*, 1705, p. 110; *août,* 1706, p. 71. V. encore ROCHE DE RAMBURES (LA).

Rameau. *Nov.*, 1764, p. 174.

Rampin. V. LIGNEROLLE.

Ramsault. V. RAULT.

Ramé. V. BOUTEILLER (LE).

Ramzay. *Févr.*, 1770, p. 212.

Rancher. *Août*, 1699, p. 98; *mai,* 1702, p. 192; *mai*, 1705, p. 284; *avr.*, 1717, p. 210.

Ranchin. *Nov.*, 1727, p. 2559; *oct.*, 1745, p. 200.

Ranconnet. *Déc.*, 1er vol., 1749, p. 210.

Randon de la Tour. *Déc.*, 1774, p. 268. V. encore TOUR (LA).

Randon de Sommery. *Févr.*, 1749, p. 192.

Ranguueil. *Sept.*, 1696, p. 52; *oct.*, 1729, p. 254.

Rannes. *Janv.*, 1705, p. 554. V. encore ARGOUGES.

Raoussel. *Nov.*, 1689, p. 267; *avr.*, 1706, p. 268; *janv.*, 1710, p. 114;

mai, 1753, p. 1035; *févr.*, 1754, p. 400.

Raphael. *Mars*, 1754, p. 209.

Rarai. *Juin*, 1772, p. 222.

Rasilly. *Mars*, 1704, pp. 201-224; *avr.*, 1704, p. 296; *juin*, 2e vol., 1749, p. 197; *févr.*, 1760, p. 249; *juill.*, 2e vol., 1765, p. 196; *sept.*, 1765, p. 213; *oct.*, 2e vol., 1766, p. 212; *juill.*, 1er vol., 1769, p. 225.

Rastel de Rocheblave. *Mars*, 1777, p. 255.

Rastignac. V. CHAPT.

Rat (le). *Mars*, 1er vol., 1722, p. 170.

Ratabon. *Sept.*, 1716, p. 208; *mai,* 1727, p. 1044; *juin*, 1er vol., 1728, p. 1255; *déc.*, 2e vol., 1756, p. 2979.

Rattray. *Juin*, 1er vol., 1751, p. 189.

Raucen. V. MARTIAL.

Raucourt. *Avr.*, 1729, p. 825.

Raudot. *Août*, 1757, p. 1885; *juin,* 1742, p. 1476.

Raullin de Belval. *Janv.*, 2e vol., 1775, p. 210.

Rault de Ramsault. *Déc.*, 1774, p. 272.

Ravannel. V. PETIT DE RAVANNEL.

Ravannes. V. MIOTTE.

Ravend de Saint-Frémond. *Juin*, 1722, p. 154.

Ravenoville. V. DERRIER.

Raverot. *Nov.*, 1710, p. 99.

Ravel. *Avr.*, 1715, p. 231.

Raviers (des). V. MOREAU.

Ravignan. *Juin*, 1712, p. 47; *juin,* 2e vol., 1755, p. 228.

Ravilhon. *Juin*, 1697, p. 234.

Ravilliers. V. GOUYON.

Ravot. *Nov.*, 1729, p. 2757.

Ravot d'Ombreval. *févr.*, 1718, p. 212; *juin*, 1er vol., 1752, p. 206; *sept.*, 1754, p. 215. V. encore OMBREVAL.

Ravoye (la) V. NEIRET.

Raymond. *Mai*, 1700, p. 215; *déc.*, 1771, p. 212.

Raymond de Lesbordes. *Avr.*, 1er vol., 1771, p. 213; *janv.*, 1er vol., 1774, p. 228.

Raymond de Marcest. *Févr.*, 1753, p. 598.

Raynier de Boisseleau. *Nov.*, 1698, p. 283; *oct.*, 1699, p. 216; *déc.*, 1er vol., 1729, p. 2961.

Razaud. *Sept.*, 1753, p. 202; *juin,* 2e vol., 1754, p. 202.

Réaulx. V. RÉAUX.

Réaumur. V. Ferchaud.
Reauville. *Sept.*, 2° vol., 1725, p. 2518.
Réaux (des). *Déc.*, 1697, p. 126; *mars*, 1698, p. 166; *mars*, 1755, p. 192 ; *mai*, 1775, p. 225. V. Tallemant.
Rebé. *Févr.*, 1765, p. 192.
Rébé-Faverge. *Août*, 1695, p. 275 ; *sept.*, 1698, pp. 140 et 185.
Rebecque. V. Constant.
Rebel. *Déc.*, 1775, p. 255.
Rebenac. *Févr.*, 1698, p. 285. V. encore Louvois.
Rébèque de Mallière. *Août*, 1721, p. 157.
Rebeyre. *Juill.*, 1er vol., 1776, p. 236.
Rebours (le). *Mai*, 1695, p. 287; *déc.*, 1700, p. 175; *août*, 1704, p. 410; *nov.*, 1704, p. 547; *oct.*, 1706, p. 275; *sept.*, 1714, p. 540; *mai*, 1718, p. 186 ; *mars*, 1727, p. 625 ; *juin*, 2° vol., 1729, p. 1470; *juill.*, 1750, p. 1687; *août*, 1751, p. 2041; *nov.*, 1756, p. 2570; *mai*, 1757, p. 1044; *mars*. 1749, p. 210; *janv.*, 1er vol., 1778, p. 228.
Récourt-de-Lens-de-Licques. *Juin*, 1er vol., 1751, p. 1597; *juin*, 1er vol., 1745 p. 205; *avr.*, 2° vol., 1756, pp. 217 et 225; *déc.*, 1775, p. 234. V. encore Rupelmonde.
Redon. *Oct.*, 1er vol., 1772, p. 210.
Redon de Fontenilles. *Juin*, 1761, p. 217. V. encore Rochefontanilles (la).
Refontaine. V. Lepreuil.
Refuge (du). *Sept.*, 1688, p. 85; *juill.*, 1700, p. 288; *oct.*, 1er vol., 1756, p. 236.
Régnaudière. *Mai*, 1756, p. 1022.
Régnault. *Mai*, 1728, p. 1064; *juill.*, 1753, p. 1681 ; *juin*, 1740, p. 1240; *juin*, 2° vol., 1755, p. 194; *juill.*, 1755, p. 211 ; *oct.*, 1er vol., 1761, p. 217.
Régnault des Barres. *Sept.*, 1743, p. 2105; *avr.*, 2° vol., 1767, p. 198.
Régnier de Guerchy. *Févr.*, 1748, p. 211 ; *déc.*, 2° vol., 1749, p. 191; *oct.*, 2° vol., 1767, p. 207.
Regnon. *Nov.*, 1761, p. 198.
Reignac. V. Barbarin.
Reims. *Déc.*, 1742, p. 2761.
Reinal. V. Reynal.

Reinterie (la). *Mai*, 1732, p. 1019; *oct.*, 1756, p. 2577.
Reisel. *Déc.*, 1702, p. 264.
Relingue. *Oct.*, 1704, p. 302.
Relongue de la Louptière. *Mai*, 1756, p. 261; *mars*, 1758, p. 214 ; *juill.*, 2° vol., 1771, p. 215.
Remansart. V. Flavigny.
Rembach. *Oct*., 1er vol., 1761, p. 218.
Remilly. V. Jougleur (le).
Remond. *Janv.*, 1701, p. 142.
Renaud de Villeneuve. *Juill.*, 1745, p. 213.
Rency. V. Brunet.
Rennel. *Juin*, 1756, p. 228 ; *janv.*, 1704, p. 251 ; *juin*, 2° vol., 1752, p. 202.
Rennel de Lescut. *Juin*, 1756, pp. 228-254.
Rennepont. *Mars*, 1705, p. 244; *oct.*, 1706, p. 226 ; *avr.*, 1er vol., 1775, p. 209. V. encore Pons.
Renneville. *Oct.*, 2° vol., 1775, p. 210.
Renolds. *Janv.*, 1705, p. 301.
Rénouard. *Janv.*, 1er vol., 1756, p. 227.
Renouard de Fleury. *Août*, 1758, p. 1877.
Rénouard de la Touanne. *Juill.*, 1701, p. 250; *juill.*, 1712, p. 235.
Renouard - Villayer. *Févr.*, 1754, p. 405; *juin*, 1er vol., 1758, p. 1228.
Renty. *Juill.*, 1710, p. 175; *mai*, 1729, p. 1054.
Repaire (du). V. Beaumont.
Rôcio. V. Audert.
Résinant. V. Passerot.
Resmond. *Févr.*, 1714, p. 276.
Reste. *Sept.*, 1753, p. 208.
Restout. *Févr.*, 1768, p. 194; *mai*, 1768, p. 197.
Retz. V. Goudi.
Reversaux. V. Gueau de Reversaux.
Reverssat de Celetz. *Oct.*, 1722, p. 163.
Revest de Vachières. *Sept.*, 1708, p. 76.
Revol. *Févr.*, 1704, p. 149; *mai*, 1705, p. 48 ; *mai*, 1705, p. 121; *août*, 1707, p. 129; *avr.*, 1759, p. 816; *nov.*, 1749, p. 210; *déc.*, 2° vol., 1749, p. 190. V. encore Broglio.
Rey (du). V. Durey.
Reyffard. *Juin*, 1er vol., 1750, p. 211.

Rochechouart. *Mars,*1695, pp. 258 et 260; *juill.,* 1696, p. 245; *sept.,* 1696, pp. 55-58; *févr.,* 1701, p. 115; *oct.,* 1701, p. 587; *oct.,* 1702, pp. 102-115; *août,* 1704, p. 416; *oct.,* 1704, p. 208; *juin,* 1707, p. 249; *juill.,* 1708, p. 142; *mars,* 1709, p. 294; *juin,* 1714, p. 141; *mai,* 1718, p. 184; *sept.,* 1718, p. 212; *nov.,* 1721, p. 184; *janv.,* 1725, p. 182; *oct.,* 1727, p. 2351; *sept.,* 1728, p. 2130; *déc.,* 1er vol., 1728, p. 2761; *mai,* 1729, p.1036; *mai,* 1730, p. 1049; *août,* 1731, p. 2044; *déc.,* 1731, p.2915; *févr.,* 1733, p. 598; *sept.,* 1733, p. 2084; *nov.,* 1733, p 2522; *mars,* 1735, p. 617; *févr.,* 1737, p, 407; *juin,* 1er vol., 1737, p. 1252; *déc.,* 1er vol., 1737, p. 2726; *avr.,* 1740, p. 819; *nov.,* 1741, p. 2535; *févr.,* 1742, p.405; *mai,* 1742, p. 1265; *oct.,* 1742, p. 2522; *janv.,* 1743, p. 177; *janv.,* 1744, p. 191; *avr.,* 1745, p. 199; *juin,* 1746, p. 196; *juill.,* 1746, p.212; *avr.,* 1747, p. 202; *avr.,* 1750, p. 211; *mars,* 1751, p. 209; *août,* 1752, p. 198; *avr.,* 1753, p. 201; *juin,* 1er vol.,1754; p. 209; *janv.,* 1er vol., 1756, p. 221; *janv.,* 2e vol., 1756, p. 233; *août,* 1756, p. 235; *sept.,* 1757, p. 221; *juill.,* 1er vol.,1762, p. 101; *sept.,* 1771, p. 212; *mai,*1772, p. 210; *juill.,* 1er vol., 1772, p. 210; *sept.,* 1772, p. 211; *août,* 1775, p. 211; *juin,* 1776, p.236; *juill.,* 2e vol., 1776, p. 40; *janv.,* 1er vol., 1777, pp. 234 et 235; *avr.,* 1er vol., 1777, p. 212; *avr.,* 2e vol., 1778, p. 213.

Rochechouart-Pontville. *Sept.,*1757, p. 221.

Roche-Colombe (la). *Déc.,* 1er vol., 1751, p. 188.

Roche-Courbon (la). *Avr.,* 1755, p. 200; *févr.,* 1773, p. 215.

Roche de Gensac (la). *Févr.,* 1771, p. 215.

Roche de Rambures (la). *Juill.,*1755, p. 210; *nov.,* 1755, p. 255. V. encore RAMBURES.

Roche-Dragon (la). *Oct.,* 2e vol., p. 211.

Rochefontenilles (la). *Août,* 1716,

p. 199; *mai,* 1er vol., 1722, p. 193; *mai,* 1733, p, 1035; *févr.,* 1734, p. 400; *mai,* 1735, p. 1022; *juill.,* 1755, p. 1672; *août,* 1756, p. 1928; *déc.,* 2e vol., 1746, p. 210; *mars,* 1755, p. 199; *nov.,* 1755, p. 255; *févr.,* 1759, p. 213.
V. encore REDON DE FONTENILLES.

Rochefort. *Avr.,* 1729, p. 823.
V. ALOIGNY, MARESTE et TOUR (LA).

Rochefort d'Ally. *Avr.,*1747, p. 198; *oct.,* 1752, p. 210; *mai,* 1766, p. 210; *oct.,* 1er vol., 1772, p. 213; *mars,* 1774, p. 211; *sept.,* 1777, p. 215.

Rochefoucauld. *Mai,* 1698, p. 266; *nov.,* 1698, p. 278; *mai,* 1699, p. 123; *août,* 1699, p. 96; *janv.,* 1703, p. 514; *oct.,* 1704, p. 206; *août,* 1704, p. 386; *juin,* 1706, p. 43; *janv.,* 1708, p. 542; *mars,* 1708, p. 215; *janv.,* 1714, pp. 41-53; *sept.,* 1714, p. 342; *janv.,* 1715, p. 185; *déc.,* 1715, p. 266; *juill.,* 1717, p. 205; *juin-juill.,* 2e part., 1721, p. 80; *nov.,* 1721, p. 184; *nov.,*1724, p. 2497; *janv.,* 1725, p. 180; *févr.,* 1725, p.595; *sept.,* 1er vol., 1725, p. 2109; *juin,* 1726, p. 1276; *févr.,* 1728, p. 415; *sept.,* 1728, p. 2130; *nov.,* 1731, p. 2685; *févr.,* 1752, p. 410; *sept.,* 1752, p. 2079; *déc.,* 1er vol., 1735, p. 2741; *avr.,* 1757, p. 829; *août,* 1757, p.1888; *déc.,* 1er vol., 1757, p. 2734; *juill.,* 1742, p. 1670; *nov.,* 1745, p. 254; *déc.,* 1er vol., 1746, p. 185; *avr.,* 1748, p. 209; *déc.,* 1er vol., 1749, p. 211; *mars,* 1750, p. 203; *juin,* 2e vol., 1750, p. 185; *déc.,* 1753, p. 200; *juin,* 2e vol., 1754, p. 196; *mai,* 1755, p. 201; *nov.,* 1756, p. 232; *juin,* 2e vol., 1757, p. 204; *janv.,* 1er vol., 1760, p. 202; *avr.,* 1er vol., 1762, p. 205; *janv.,* 2e vol., 1763, p. 199; *juill.,* 2e vol., 1765, p. 195; *mai,* 1768, p. 197; *mars,* 1778, p. 208.

Rochefoucauld-Cousanges(la). *Janv.,* 2e vol., 1770, p. 214.

Rochefoucauld-Estissac. *Janvier,* 2e vol., 1771, p. 225.

Rochefoucauld - Rochebaron. *Avr.,* 2e vol., 1767, p. 195.

janv., 1729, p. 201 ; juin, 1er vol., 1754, p. 208 ; juin, 2e vol., 1757, p. 208.

Rossin. *Nov.*, 1729, p. 2759.

Rostaing. *Oct.*, 1724, p. 2260.

Rostange. *Janv.*, 1er vol., 1778, p. 228.

Rothe. *Juin*, 1741, p. 1253 ; *juill.*, 2e vol., 1763, p. 210 ; *janv.*, 2e vol., 1767, p. 186.

Rothelin. V. ORLÉANS.

Rotondy de Biscaras. *Mars*, 1702, p. 207.

Rottembourg. *Mai*, 1716, p. 256 ; *sept.*, 1751, p. 2269 ; *avr.*, 1735, p. 820 ; *juill.*, 1755, p. 1670.

Rouais. *Déc.*, 1er vol., 1728, p. 2758.

Roualle. *Déc.*, 1758, p. 2721.

Rouannay. V. GOUFFIER.

Rouault. V. ROUHAULT.

Roucy. *Janv.*, 1704, p. 252 ; *mai*, 1704, p. 204 ; *févr.*, 1707, p. 512 ; *janv.*, 1708, p. 342 ; *juin*, 1708, pp. 375-391 ; *janv.*, 1709, p. 254 ; *sept.*, 1714, p. 342 ; *oct.*, 1722, p. 161 ; *juill.*, 1731, p. 1831.

Rouelle. *Sept.*, 1770, p. 229.

Rouen de Bermonville. *Déc.*, 1771, p. 211.

Rouge (le). *Avr.*, 1753, p. 208.

Rougé. *Avr.*, 1715, p. 152 ; *juin*, 2e vol., 1752, p. 1443 ; *oct.*, 1er vol., 1761, p. 220 ; *sept.*, 1765, p. 211 ; *janv.*, 1er vol., 1777, p. 254.

Rougé du Plessis-Bellière. *Avr.*, 1705, p. 183 ; *Juill.*, 1726, p. 1693 ; *juill.*, 1732, p. 1664 ; *janv.*, 1735, p. 185 ; *sept.*, 1765, p. 211.

Rougemont. V. GRENAUD.

Rougeot. *Févr.*, 1765, p. 205.

Rouillet. *Mai*, 1758, p. 1029.

Rouget. *Févr.*, 1735, p. 405.

Rougier. *Mars*, 1749, p. 210.

Rougraw. *Oct.*, 1er vol., 1773, p. 213.

Rouhault. *Avr.*, 1702, pp. 150-179 ; *août*, 1715, pp. 217-223 ; *févr.*, 1751, p. 400 ; *avr.*, 1er vol., 1759, p. 212.

Rouhault de Cayeux. *Juin*, 1772, p. 152.

Rouhault de Gamaches. *Mai*, 1735, p. 1031 ; *déc.*, 1er vol., 1736, p. 2794 ; *déc.*, 1739, p. 2917 ; *avr.*, 1747, p. 204.

Rouillé. *Févr.*, 1698, p. 257 ; *mars*, 1701, p. 188 ; *mars*, 1702, p. 537 ;

juill., 1702, p. 195 ; *févr.*, 1705, p. 274, *sept.*, 1705, p. 216 ; *mars*, 1706, pp. 51 et 53 ; *mai*, 1706, pp. 78 et 79 ; *mars*, 1708, p. 337 ; *juill.*, 1708, p. 128 ; *oct.*, 1708, p. 155 ; *juill.*, 1710, p. 49 ; *févr.*, 1712, p. 75 ; *juin*, 1712, p. 119, *août*, 1712, p. 159 ; *oct.*, 1714, p. 287 ; *juin*, 1715, p. 196 ; *déc.*, 1715, p. 267 ; *déc.*, 1717, p. 296 ; *avr.*, 1725, p. 845 ; *juin*, 1er vol., 1725, p. 1246 ; *mai*, 1726, p. 1076 ; *févr.*, 1728, p. 414 ; *sept.*, 1er vol., 1729, p. 2043 ; *nov.*, 1729, p. 2737 ; *janv.*, 1750, p. 185 ; *juill.*, 1753, p. 1677 ; *Juill.*, 1754, p. 1684, *Janv.*, 1757, p. 165 ; *févr.*, 1740, p. 594 ; *déc.*, 2e vol., 1747, p. 195 ; *dec.*, 1er vol., 1749, p. 212 ; *Juin*, 1er vol., 1751, p. 188 ; *juin*, 1er vol., 1755, p 206 ; *mars*, 1755, p. 196 ; *juin*, 2e vol., 1755, p. 228 ; *août*, 1755, p. 259 ; *janv.*, 1er vol., 1756, p. 227 ; *nov.*, 1761, p. 197 : *juin*, 1774, p. 255.

Roulliez. V. SANGUIN DE ROULLIEZ.

Roujault. *Août*, 1697, p. 275 ; *sept.*, 1705, p. 230 ; *juill.*, 1708, p. 126 ; *mars*, 1re part., 1715, p. 196 ; *nov.*, 1754, p. 2527 ; *oct.*, 2e vol., 1756, p. 252.

Roullin. *Avr.*, 1728, p. 861 ; *déc.*, 1758, p. 2716 ; *févr.*, 1740, p. 502.

Roultz (le) *Déc.*, 2e vol., 1729, p. 3165.

Roure (du) *Avr.*, 1688, p. 538 ; *avr.*, 1704, p. 528 ; *févr.*, 1705, p. 564. V. encore GRIMOARD.

Rousse d'Alembon. *Mai*, 1749, p. 229.

Rousseau. *Janv.*, 1725, p. 201 ; *juin*, 1741, p. 1466 ; *oct.*, 1742, p. 2322 ; *déc.*, 2e vol., 1749, p. 195 ; *avr.*, 1755, p. 205.

Roussel. *Déc.*, 1er vol., 1757, p. 2722 ; *juin*, 2e vol., 1749, p. 201 ; *mars*, 1751, p. 210.

Roussel de Grancey. *Févr.*, 1722, p. 165 ; *juill.*, 1760, p. 212.

Roussel de Tilly. *Sept.*, 1775, p. 225. V. encore ROUX et TILLY.

Rousselet. *Mai*, 1713, pp. 134-150 ; *juill.*, 1724, p. 1643 ; *mai*, 1739, p. 1058.

Rousselet de Châteaurénaud. *Avr.*,

1746, p. 200; *juill.*, 2ᵉ vol., 1756, p. 236. V. encore CHATEAURENAUD.
Rousseville. *Mars*, 1713, p. 158. V. VILLERS DE ROUSSEVILLE.
Roussi. *Janv.*, 1705, p. 511; *déc.*, 1705, p. 528.
Roussillon. V. CLERMONT.
Routrier. *Juill.*, 1751, p. 1831.
Rouville. *Févr.*, 1698, p. 244.
Rouvray. *Août*, 1719, p. 144; *janv.*, 1725, p. 199; *août*, 1756, p. 1921; *juin*, 1740, p. 1245.
Rouvre. V. CHÂSTEIGNER et TISSART.
Rouvroy. V. SAINT-SIMON.
Roux (le). *Mars*, 1755, p. 199.
Roux de Gilbertprey (le). *Juin*, 1741, p. 1479.
Roux de la Rue. *Févr.*, 1759, p. 214. V. encore RUE (LA).
Roux de Tilly. *Févr.*, 1755, p. 400. V. encore ROUX et TILLY.
Rouxel de Grancey. *Juill.*, 1ᵉʳ vol., 1760, p. 212.
Rouxel-Médavy. *Févr.*, 1691, p. 179; *févr.*, 1705, p. 196; *avr.*, 1705, p. 191; *mai*, 1706, p. 164; *sept.*, 1706, p. 559; *déc.*, 4ᵉ part., 1711, p. 92; *févr.*, 1716, p. 285; *mars*, 1716, p. 18; *mai*, 1725, p. 1055; *nov.*, 1725, p. 2745; *mai*, 1727, p. 1047; *mai*, 1728, p. 1065; *août*, 1728, p. 1891; *juin*, 1ᵉʳ vol., 1757, p. 1254; *juin*, 1745, p. 1441.
Rouxelin. *Nov.-déc.*, 1707, p. 572.
Rouxelle. *Mars*, 1705, p. 254.
Rovère (la). V. LANTI.
Rovoy. V. VIVIER (DU).
Roy (le). *Mai*, 2ᵉ part., 1711, p. 72; *nov.*, 1728, p. 2562; *mai*, 1751, p. 1025; *juill.*, 1757, p. 1672; *mai*, 1758, p. 1026; *avr.*, 1746, p. 205.
Roy de Chattongue (le). *Déc.*, 1700, p. 176.
Roy de Jumelles (le). *Mai*, 1695, p. 218.
Roy de Roquemont (le). *Nov.*, 1745, p. 2554.
Royan. *Mai*, 1693, p. 266, *mars*, 1696, p. 227.
Roye. V. ROCHEFOUCAULD-ROYE et ROUCI.

Royer. *Févr.*, 1685, p. 89; *juill.*, 1746, p. 209.
Royer de la Sauvagère (le). *Août*, 1770, p. 228. V encore SAUVAGÈRE (LA).
Rozay. V. FRÉMONT et CHÉNÉDÉ.
Rozel. *Janv.*, 1705, p. 301; *oct.*, 1706, p. 107.
Rozefort. V. BESSON.
Rozen. V. ROSEN.
Ruau du Tronchot. *Sept.*, 1741, p. 2114. V. encore TRONCHOT.
Ruault. *Oct.*, 1716, p. 246.
Ruaux (des). *Juill.*, 1755, p. 225.
Rubantel. *Août*, 1699, p. 97; *mai*, 1705, p. 267.
Rubelles. V. BONNEAU.
Rubempré. V. MAILLY DE RUBEMPRÉ.
Ruberso. *Oct.*, 1758, p. 2503.
Rue (la). *Avr.*, 1720, p. 188. V. encore ROUX DE LA RUE.
Rue-Beaupré (la). *Mars*, 1751, p. 608.
Rue de Boisroger (la). *Janv.*, 2ᵉ vol., 1771, p. 224.
Ruelle (la). *Avr.*, 1758, p. 816.
Rues (des). *Déc.*, 1759, p. 5148.
Ruffec. V. VOLVIRE et SAINT-SIMON.
Rugy. V. GOULET.
Rully. *Avr.*, 2ᵉ vol., 1776, p. 210.
Rumain. *Févr.*, 1750, p. 422; *déc.*, 2ᵉ vol., 1755, p. 2954; *avr.*, 2ᵉ vol., 1767, p. 194; *déc.*, 1770, p. 225; *mai*, 1771, p. 214.
Rumain de Coëtenfao. *Déc.*, 1ᵉʳ vol., 1746, p. 182. V. encore COETENFAO.
Rumeau. *Sept.*, 1752, p. 204.
Rumilly. V. DIVONNE.
Rumont. *Juill.*, 1ᵉʳ vol., 1772, p. 212. V. encore MONTLÉARD.
Rupelmonde. *Déc.*, 1704, p. 195; *juin*, 1ᵉʳ vol., 1751, p. 1397; *mai*, 1755, p. 1055; *juin*, 1ᵉʳ vol., 1745, p. 205; *avr.*, 2ᵉ vol., 1756, p. 217. V. encore RÉCOURT-DE-LENS-DE-LICQUES.
Ruvigny. V. MASSUÉ.
Ruzé d'Effiat. *Oct.*, 1698, p. 211; *juin*, 1719, p. 129.
Ryans. *Mars*, 1746, p. 208.
Ryanto. *Avr.*, 1ᵉʳ vol., 1775, p. 209.

S

Sablé. *Juin*, 1710, p. 48.
Sablonnières. V. CATELAN.
Sabran. *Juin-juill.*, 2ᵉ part., 1721,
  p. 83; *mars*, 1737, pp.616 et 618;
  août, 1737, p. 1884; *avr.*, 1741,
  p. 838; *juin*, 1745, p. 1459; *avr.*,
  1746, p. 198; *août*, 1748, p. 213;
  avr., 1750, p. 208; *mars*, 1755,
  p. 193; *janv.*, 1ᵉʳ vol., 1762,
  p. 197; *avr.*, 1ᵉʳ vol., 1762,
  p. 202; *juill.*, 1ᵉʳ vol., 1775,
  p. 213. V. encore PONTEVEZ.
Sabrevois. *Mars*, 1755, p. 185;
  janv., 2ᵉ vol., 1757, p. 234.
Sabrevois de Cluselles. *Nov.*, 1751,
  p. 2686; *janv.*, 1758, p. 178.
Saché. *Févr.*, 1706, p. 255.
Sachot. *Avr.*, 1687, p. 289; *oct.*,
  1691, p. 290; *mars*, 1745, p. 601.
Sacoiste. *Oct.*, 1727, p. 2351.
Sacquespée. *Déc.*, 1771, p. 212.
Sacriste de Tombebœuf. *Févr.*, 1747,
  p. 206,
Sacy. *Oct.*, 1727, p. 2352.
Sade. *Nov.*, 1755, p. 2528; *août*,
  1746, p. 208; *avr.*, 2ᵉ vol., 1767,
  p. 198; *mai*, 1768, p. 196; *févr.*,
  1776, p. 210.
Sadoc de Grandval. *Mars*, 1705,
  p. 108.
Sage (le). *Déc.*, 1ᵉʳ vol., 1747, p. 207.
Saget. *Avr.*, 1738, p. 818.
  agone. *Janv.*, 1701, p. 140. V. en-
  core MANSART.
Sahuguet. *Juin*, 1759, p. 1462.
Saburs. V. BRÉVEDENT.
Saignes. V. GARDE (LA).
Saillant. *Avr.*, 1710, p. 220.
Sailly. *Avr.*, 1715, p. 231; *mai*,
  1715, p. 207; *déc.*, 1ᵉʳ vol., 1725,
  p. 2538; *août*, 1769, p. 214; *oct.*,
  2ᵉ vol., 1774, p. 211; *juin*, 1777,
  p. 211. V. encore LOUIS.
Sainctot. *Janv.*, 1691, p.274; *Juill.*,
  1713, p. 159; *août*, 1750, p. 204;
  déc., 1ᵉʳ vol., 1753, p. 199.
Sainson. *Juill.*, 1737, p. 1672; *nov.*,
  1753, p. 209.
Saint-Aignan. V. BEAUVILLIERS.
Saint-Albin. V. VENDOMOIS.

Saint-Alvère. *Janv.*, 2ᵉ vol., 1759,
  p. 212. V. LOSTANGES.
Saint-Amant. *Avr.*, 1705, p. 74;
  nov., 1736, p. 2568. V. encore
  ISARN.
Saint-André. *Août*, 1708, p. 148;
  mars, 1736, p. 606; *oct.*, 1ᵉʳ vol.,
  1761, p. 218. V. encore PRUNIER
  et CASSAN.
Saint-Andrès. *Oct.*, 1ᵉʳ vol., 1774,
  p. 236.
Saint-Ange. V. HAMAY.
Saint-Aoust. V. FRADET.
Saint-Armand. V. MESPLES.
Saint-Astier. *Févr.*, 1778, p. 212.
Saint-Aubin. V. FRESLON DE SAINT-
  AUBIN et GENDRE DE SAINT-AUBIN
  (LE).
Saint Aubin de Saligny. *Oct.*, 2ᵉ vol.,
  1773, p. 213.
Saint-Augustin. V. SOUCHE (LA).
Saint-Aulaire. V. BEAUPOIL.
Saint-Bélin. *Mai*, 1747, p. 205; *oct.*,
  1ᵉʳ vol., 1756, p. 236.
Saint-Blein. *Juill.*, 2ᵉ vol., 1763,
  p. 208.
Saint-Blimond, *Janv.*, 1759, p. 181;
  mars, 1743, p. 609, *janv.*, 2ᵉ vol.,
  1760, p. 208; *mai*, 1777, p. 212.
Saint-Bonnet. *Juin*, 1702, p. 314.
Saint-Bris. V. LAMBERT.
Saint-Chamans. *Févr.*, 1685, p. 152;
  Juin, 1706, p. 537; *août*, 1720,
  p. 189; *déc.*, 1ᵉʳ vol., 1726,
  p. 2804; *juin*, 2ᵉ vol., 1729,
  p. 1471; *mai*, 1730, p. 1046; *juin*,
  1ᵉʳ vol., 1751, pp. 1395 et 1396;
  mars, 1733, p. 609; *avr.*, 1733,
  p.821; *mai*, 1734, p. 1036; *juin*,
  1741, p. 1261; *févr.*, 1750, p.208;
  févr., 1752, p. 210; *sept.*, 1765,
  p. 213.
Saint-Christophe. V THENAY.
Saint-Cire. *Mars*, 1724, p. 575.
Saint-Clair de Vauciennes. *Avr.*,
  1ᵉʳ vol., 1773, p. 211.
Saint-Contest. V. BARBERIE DE
  SAINT-CONTEST.
Saint-Cristan de Montauzel. *Janv.*,
  2ᵉ vol., 1752, p. 202.

Saint-Cyr. *Juill.*, 1" vol., 1777, p. 210. V. COMETTE, GIRY et PEIRENC.

Saint-Denis. V. HURAULT et NOEL.

Saint-Elier. V. MOREAU DE SAINT-ELIER.

Saint-Estève. *Janv.*, 1708, p. 151; *avr.*, 1740, p. 827.

Saint-Evremond. *Oct.-nov.*, 1703, p. 28; *mai*, 1760, p. 209.

Saint-Exupère. *Mars*, 1758, p. 208.

Saint-Félix de Varenne. *Janv.*, 1700, p. 90. V. encore VARENNES.

Saint-Ferveol. *Févr.*, 1752, p. 406.

Saint-Florentin. *Juin*, 2° vol., 1751, p. 1626. V. PHÉLYPEAUX.

Saint-Foix. V. POULLAIN.

Saint-Frémond. V. RAVEND.

Saint-Fulgent. V. ARQUISTADE.

Saint-Gelais. *Févr.*, 1" part., 1715, p. 114.

Saint-Gilles. V. DANIAU.

Saint-Géniez. V. GONTAUT.

Saint-Georges. *Juill.*, 1704, p. 73; *juin*, 1711, p. 156; *août*, 1711, p. 255; *juill.*, 1742, p. 1675, *mai*, 1747, p. 202; *juin*, 1" vol., 1747, p. 210; *juin*, 1" vol., 1748, p. 177; *nov.*, 1755, p. 204; *juin*, 1760, p. 252; *mars*, 1775, p. 234.

Saint-Georges de Vérac. *Mai*, 1755, p. 1023; *nov.*, 1756, p. 222; *déc.*, 1769, p. 236.

Saint-Germain. *Déc.*, 1776, p. 235; *févr.*, 1778, p. 211. V. FOUCAULT.

Saint-Germain de Georges. *Janv.*, 1706, p. 231.

Saint-Gilles. V. DANIAU.

Saint-Geyrac. *Nov.*, 1774, p. 236.

Saint-Hérem. V. MONTMORIN.

Saint-Hilaire. *Févr.*, 1707, p. 295; *déc.*, 1740, p. 2754, *janv.*, 2° vol., 1772, p. 211; *févr.*, 1772, p. 214.

Saint-Jal de Lastic. *Nov.*, 1756, p. 227. V. encore LASTIC.

Saint-Jean. V. CHEILUS.

Saint-Jory. V. FAUR (DU).

Saint-Julien. V. SAINT-PIERRE.

Saint-Just. *Juin-juill.*, 2° part., 1721, p. 85; *déc.*, 1723, p. 1259. V. encore MOREAU DE SAINT-JUST.

Saint-Lattier. *Oct.*, 2° vol., 1777, p. 212.

Saint-Laurent. *Mars*, 1708, p. 295.

Saint-Léger. V. BONNET.

Saint-Légier. *Oct.*, 1742, p. 2319.

Saint-Leu. V. DURFORT.

Saint-Lubin. V. BLIN.

Saint-Luc. V. FÈVRE DE SAINT-LUC (LE).

Saint-Marcolle. V. FAROU.

Saint-Mars. *Oct.*, 1708, p. 142.

Saint-Marsal de Contos. *Janv.*, 1753, t. 208.

Saint-Marseault. V. GRÉEN.

Saint-Marsol de Boncoroz. V. PUIDEVALE.

Saint-Martin. *Mars*, 1712, p. 152; *août*, 1752, p. 1885; *sept.*, 1739, p. 2089; *juill.*, 1" vol., 1772, p. 215. V. encore ALLEMAN DE SAINT-MARTIN.

Saint-Maur. V. DUPRÉ.

Saint-Maurice. V. PECQUOT.

Saint-Mauris. *Janv.*, 1703, p. 502; *déc.*, 1" vol., 1755, p. 196.

Saint-Mégrin. *Janv.*, 2° vol., 1767, p. 185.

Saint-Morel. *Avr.*, 1710, p. 289.

Saint-Maximin. V. SCONIN.

Saint-Nectaire. V. SENNETERRE.

Saint-Offange. *Nov.*, 1690, p. 250.

Saint-Olon. V. PIDOU.

Sint-Ouen. V. DOUESPE.

Saint-Pau. V. BALZAC.

Saint-Paul. *Juin*, 1706, p. 550. V. CABRE et NOIZET.

Saint-Paulet. V. TOUR-SAINT-PAULET (LA).

Saint-Perier de Bendeville. *Janv.*, 2° vol., 1757, p. 234.

Saint-Phal. *Févr.*, 1712, p. 53.

Saint-Pierre. *Juill.*, 1709, p. 171; *mars*, 1758, p. 298. V. encore CASTEL.

Saint-Pierre dé Saint-Julien. *Févr.*, 1757, p. 227; *juill.*, 2° vol., 1763, p. 209.

Saint-Pol Hécourt. *Avr.*, 1703, p. 57; *juill.*, 1703, p. 395; *mai*, 1705, p. 445; *nov.*, 1705, pp. 186 et 195; *juin*, 1708, p. 167.

Saint-Ponange. *Mars*, 1702, p. 540; *oct.*, 1706, p. 531.

Saint-Quentin. *Janv.*, 1708, p. 545; *janv.*, 1727, p. 191; *sept.*, 1751, p. 2269. V. encore TOUR (LA).

Saint-Quentin du Doignon. *Déc.*, 1769, p. 256; *janv.*, 1" vol., 1770, p. 215.

Saint-Quintin de Blet. *Avr.*, 1748, p. 215; *avr.*, 2° vol., 1759, p. 214;

Simplicien (le P.). *Nov.*, 1759, p. 213.

Sinety. *Avr.*, 2e vol., 1775, p. 212.

Siougeat. *Déc.*, 1er vol., 1750, p. 205.

Sirmond de Villars. *Déc.*, 1705, pp. 249-252.

Sirnet. *Nov.*, 1718, p. 113.

Siry de Marigny. *Janv.*, 1er vol., 1777, p. 236. V. encore ANÉS et MARIGNY.

Sissone. *Oct.*, 1722, p. 161.

Sisy. *Août*, 1758, p. 212.

Sivignon. *Janv.*, 1746, p. 200.

Sivry. V. FIEUBET.

Skelton. *Avr.*, 1710, p. 300 ; *juin*, 1er vol., 1756, p. 1255; *nov.*, 1741, p. 2510.

Scanen. *Déc.*, 1740, p. 2965.

Soissons. *Févr.*, 1710, p. 254 ; *janv.*, 1721, p. 112. V. encore BARON DE SOISSONS.

Soisy. V. CREIL.

Solar de Breille. *Déc.*, 1765, p. 260.

Solare. V. FONTAINE (LA).

Solars de Monasterel. *Août*, 1765, p. 198.

Solenni. *Nov.*, 1744, p. 207.

Soliers. V. FORBIN-JANSON.

Solignac. *Juin*, 1774, p. 117.

Solleville. *Juill.*, 2e vol., 1765, p. 193.

Solre. *Déc.*, 1764, p. 204.

Sommerive. V. DESRUS.

Sommery. V. DUMESNIL et SAUMERY.

Sommière. V. CAUCHON.

Sône (la), *Janv.*, 1755, p. 214. V. encore BOFFIN et LASSONE.

Sonning. *Juin-juill.*, 2e part., 1721, p. 83; *déc.*, 1er vol., 1728, p. 2764.

Soquence. *Juill.*, 1er vol., 1775, p. 211.

Sorbe. *Oct.*, 1er vol., 1760, p. 204.

Sorthon. V. BRAUX.

Souard de Bonnemare. *Juin*, 2e vol., 1749, p. 204.

Soubeyran. *Sept.*, 1741, p. 2120.

Soubise. V. ROHAN.

Soubriac. *Déc.*, 2e vol., 1748, p. 224.

Somarière V. VAU (DU).

Soucelier. *Janv.*, 1er vol., 1756, p. 223.

Souche (la). *Déc.*, 1er vol., 1756, p. 2792.

Souche-Saint-Augustin. *Mai*, 1738, p. 1024.

Souchet. *Nov.*, 1751, p. 194.

Soudé. V. GODET.

Soudeille. *Juin*, 2e vol., 1728, p. 1485; *déc.*, 1771, p. 211; *févr.*, 1778, p. 212.

Soufflot. *Févr.*, 1750, p. 208.

Souillac. *Sept.*, 1696, p. 509 ; *oct.*, 1701, pp. 591-596; *nov.*; 1701, p. 112; *nov.*, 1710, p. 98; *nov.*, 1712, p. 264; *mars*, 1725, p. 620; *févr.*, 1729, p. 403.

Soul (du). *Juin*, 1er vol., 1738, p. 1224.

Soulanges. *Oct.*, 2e vol., 1764, p. 207.

Soulet. *Nov.*, 1736, p. 2575; *août*, 1740, p. 1906; *déc.*, 2e vol., 1745, p. 185; *dec.*, 2e vol., 1746, p. 212.

Souliers. *Juill.*, 1704, p. 220.

Souligné. *Août*, 1749, p. 198.

Soullet. V. SOULET.

Sounet. *Mars*, 1740, p. 611.

Souplet. *Nov.*, 1718, p. 115.

Sourches. V. BOUSCHET (DU).

Sourdeilles. *Août*, 1711, 4e part., p. 46.

Sourdeval. V. NEUF (LE).

Sourdière (la). V. GUYET.

Sourdis. V. ESCOUBLEAU.

Souscelle. *Avr.*, 1710, p. 257.

Sousmont. V. TURGOT.

Sousville. V. CHALVER.

Souville, V. HERMENT.

Souvré. *Déc.*, 1715, p. 225 ; *juin-juill.*, 2e part., 1721, p. 80; *mars*. 1755, p. 194; *nov.*, 1757, p. 202. V. encore TELLIER (LE).

Souzy. *Avr.*, 2e vol., 1774, p. 212.

Soyecourt. V. SEIGLIÈRE.

Soyen d'Intraville. *Mars*, 1770, p. 213.

Sparl. *Mai*, 1725, p. 1051.

Sparre. *Avr.*, 1er vol., 1765, p. 208; *janv.*, 1er vol., 1765, p. 203.

Spinola. *Juill.*, 1740, p. 1681; *nov.*, 1744, p. 205.

Stainville. *Juill.*, 1706, pp. 215 et 569. V. encore. CHOISEUL et MOREL.

Stoppa. *Janv.*, 1701, p. 106; *sept.*, 1747, p. 176.

Stuart ou Stuer. V. QUÉLEN.

Stuer. V. ESTUER.

Sublet. *Oct.*, 1745, p. 2318.

Sublet de Heudicourt. *Janv.*, 1707, p. 294; *févr.*, 1709, p. 236; *févr.*,

1710, p. 190; *juin*, 1715, p. 219; *avr.*, 1712, p. 839.
Subtil. *Mai*, 1759, p. 1039.
Sucet. *Juin*, 1708, p. 111.
Sucre. *Juill.*, 1724, p. 1654.
Sully. V. Béthune.
Sulpice. *Oct.*, 1er vol., 1772, p 210.
Surbeck. *Mars*, 1712, p. 82; *mai*, 1714, p. 128; *juill.*, 1724, p. 1657; *avr.*, 1741, p. 832; *nov.*, 1741, p. 2555.
Surgères. *Févr.*, 1723, p. 593; *sept.*,

1746, p. 190; *juin*, 1760, p. 253; *oct.*, 1er vol., 1767, p. 207; *janv.*, 1er vol., 1778, p. 228.
Surian. *Déc.*, 1er vol., 1754, p. 205.
Surirey de Saint-Rémy. *Mars*. 1773, p. 211; *juin*, 1776, p. 256. V. encore Saint-Rémy.
Surrière (la). *Févr.*, 1719, p. 131. V. encore Poirier.
Surville. *Janv.*, 1703, p. 312.
Suze (la). V. Baume (la).
Symonnet. *Août*, 1722, p. 216.

T

Taboureau. *Juill.*, 2e vol., 1763, p. 209.
Tabourot. *Août*, 1755, p. 209.
Tabourot d'Orval. *Mars*, 1754, p. 209. V. encore Orval.
Tagny. V. Caurel.
Taillasson. *Déc.*, 2e vol., 1755, p. 202.
Taillebourg. V. Trémoille (la).
Taillefer. *Oct.*, 1729, p. 2544.
Talard. V. Baume (la).
Talaru de Chalmazel. *Févr.*, 1706, p. 61; *mars*, 1710, p. 142; *juin*, 1er vol., 1729, p. 1261; *juin*, 2e vol., 1750, p. 181; *juin*, 1774, p. 236.
Talhouet de Bonamour. *Nov.*, 1755, p. 205. V. encore Lentivi.
Tallard. *Mai*, 1704, p. 292; *oct.*, 1704, p. 555; *déc.*, 2e vol., 1732, p. 2925.
Tallemant. *Août*, 1712, p. 129. V. encore Réaux (des).
Talleyrand. *Janv.*, 1744, p. 192; *déc.*, 1724, p. 2725; *févr.*, 1732, p. 405; *avr.*, 1737, p. 825; *mai*, 1741, p. 1052; *janv.*, 1744, p. 191; *juin*, 1er vol., 1745, p. 207; *janv.*, 1751, p. 202; *avr.*, 1752, p. 203.
Talleyrand-Périgord. *Avr.*, 1er vol., 1759, p. 214; *juin*, 1775, p. 237.
Talmond. V. Trémoille (la).
Talon. *Mars*, 1698, p. 256; *févr.*, 1700, p. 249; *avr.*, 1700, p. 207; *févr.*, 1701, p. 197; *oct.*, 1702, p. 237; *déc.*, 1704, p. 341; *août*, 1709, p. 195; *juin*, 4e part., 1711,

p. 44; *nov.*, 1715, p. 203; *avr.*, 1721, p. 785; *oct.*, 1725, p. 2544; *janv.*, 1727, p. 193; *déc.*, 1er vol., 1728, p. 2761; *déc.*, 2e vol., 1750, p. 2969; *oct.*, 1752, p. 2296; *oct.*, 1755, p. 2299; *nov.*, 1756, p. 2585; *août*, 1759, p. 1888; *juin*, 1744, p. 1274; *févr.*, 1747, p. 205; *déc.*, 2e vol., 1750, p. 195; *janv.*, 2e vol., 1768, p. 211; *mars*, 1775, p. 253; *janv.*, 1er vol., 1778, p. 238.
Tambonneau. *Juin*, 1685, p. 65; *févr.*, 1700, p. 253; *oct.*, 1721, p. 2259; *janv.*, 1757, p. 156; *juin*, 1759, p. 1245.
Tamisier. *Juin*, 2e vol., 1754, p. 206.
Tancarville. *Févr.*, 1721, pp. 40-43.
Tanchoux. V. Castagnet.
Tane. *Oct.*, 2e vol., 1777, p. 213.
Tanlay. *Juill.*, 1755, p. 1666; *juin*, 1740, p. 1252. V. encore Thevenin.
Tannegui. *Avr.*, 1755, p. 205.
Tanneguy du Châtel. *Déc.*, 1757, p. 203; *avr.*, 2e vol., 1778, p. 213.
Tanneguy-le-Veneur. *Mars*, 1730, p. 614; *nov.*, 1748, p. 212; *avr.*, 2e vol., 1757, p. 202. V. encore Veneur (le).
Tapol. *Juill.*, 1709, p. 166.
Tardieu. *Déc.*, 1er vol., 1756, p. 2795; *sept.*, 1757, p. 2103; *juin*, 1er vol., 1758, p. 1251; *nov.*, 1755, p. 201.
Tardieu de Maleyssie. *Avr.*, 1er vol., 1778, p. 212. V. encore Maleyssie.

Thou (de). *Juin*, 1691, p. 202 ; *mai*, 1738, p. 1023 ; *mai*, 1746, p. 198.

Thoubeau. *Nov.*, 1703, p. 56.

Thouret de Mahury. *Juin*, 1ᵉʳ vol., 1729, p. 1260.

Thourry. V. CLERMONT.

Thoy. *Mars*, 1726, p. 610.

Thoynard. *Févr.*, 1752, p. 408 ; *sept.*, 1746, p. 198.

Thoynard de Montzuzain. *Juill.*, 1742, p. 1662.

Thubières de Caylus. *Avr.*, 1741, p. 852.

Thugny. V. CROZAT.

Thuillerie(la). V. COIGNET et MOUFLE.

Thuillier. *Déc.*, 1ᵉʳ vol., 1750, p. 207.

Thuisy. *Janv.*, 1698, p. 207 ; *nov.*, 1704, p. 203 ; *mai*, 1727, p. 1044 ; *mai*, 1757, p. 1045.

Thulon. *Sept.*, 1698, p. 140.

Thumery de Boissise. *Oct.*, 1737, p. 2309 ; *déc.*, 1744, p. 207 ; *mars*, 1762, p. 234 ; *nov.*, 1764, p. 159.

Thurin. V. BELLON.

Thurot. *Janv.*, 1ᵉʳ vol., 1761, p. 204.

Thyard de Bisjy. *Nov.*, 1701, p. 105 ; *janv.*, 1715, p. 199 ; *juill.*, 1723, p. 179 ; *févr.*, 1735, p. 407 ; *nov.*, 1736, p. 2570 ; *juill.*, 1737, p. 1674 ; *avr.*, 1744, p. 840 ; *avr.*, 1747, p. 205 ; *juin*, 1ᵉʳ vol., 1748, p. 176 ; *févr.*, 1753, p. 208 ; *sept.*, 1754, p. 215 ; *mars*, 1755, p. 194 ; *déc.*, 1764, p. 205 ; *déc.*, 1765, p. 261. V. encore BISSY.

Tibermesnil. V. FERTÉ.

Tiercelin. *Sept.*, 1745, p. 215.

Tiercelin de Brosses. *Avr.*, 1696, p. 297 ; *mars*, 1699, p. 157 ; *févr.*, 1712, p. 73 ; *oct.*, 1ᵉʳ vol., 1756, p. 233.

Tierci. V. FENEL.

Tiffauges. *Juill.*, 1714, p. 190.

Tigni. V. BEAUVEAU.

Tilladet. V. CASSAGNET.

Tillat de Félino. *Janv.*, 1ᵉʳ vol., 1775, p. 254.

Tillet (du). V. TITON DU TILLET.

Tillet de Saint-Mathieu (du). *Août*, 1744, p. 1925. V. encore TITON.

Tillières. *Janv.*, 1703, p. 534 ; *mai*, 1723, p. 1012 ; *juin*, 1ᵉʳ vol., 1756, p. 1233 ; *avr.*, 2ᵉ vol., 1757, p. 202. V. encore VENEUR (LE).

Tilliers. V. TILLIÈRES.

Tilly. *Sept.* 1725, p. 617 ; *oct.*, 1727, p. 2355 ; *juin*, 1ᵉʳ vol., 1732,

p. 1259. V. encore ROUSSEL et ROUX.

Tilly de Blaru. *Févr.*, 1775, p. 236.

Timbronne de Valence. *Juill.*, 2ᵉ vol., 1765, p. 193.

Timbrune. *Juill.*, 1734, p. 1682.

Tingry. V. MONTMORENCY.

Tiques de Chambon. *Août*, 1748, p. 213.

Tiraqueau. *Juin*, 1709, p. 206 ; *mai*, 1753, p. 212.

Tirant. *Juin*, 2ᵉ vol., 1749, p. 205.

Tissart. *Oct.*, 1ᵉʳ vol., 1761, p. 218.

Tissard du Rouvre. *Avr.*, 1ᵉʳ vol., 1771, p. 212.

Tisseuil - Danvaux. *Janv.*, 1738, p. 180.

Titon. *Mars*, 1750, p. 198.

Titon de Villegenon. *Déc.*, 1739, p. 2947.

Titon de la Neuville. *Oct.*, 1748, p. 230.

Titon du Tillet. *Avr.*, 1703, p. 58 ; *mai*, 1705, p. 281 ; *juin*, 1706, p. 212 ; *juill.*, 1707, p. 170 ; *juill.*, 1708, p. 35 ; *janv.*, 1711, p. 142 ; *févr.*, 1711, p. 120 ; *mai*, 1728, p. 1065 ; *déc.*, 1ᵉʳ vol., 1728, p. 2755 ; *juin*, 1ᵉʳ vol., 1758, p. 1222 ; *déc.*, 1738, p. 2720 ; *mars*, 1740, p. 612 ; *avr.*, 1740, p. 824 ; *nov.*, 1744, p. 206 ; *mars*, 1755, p. 193 ; *janv.*, 2ᵉ vol., 1765, p. 204 ; *août*, 1763, p. 197 ; *mars*, 1769, p. 220 ; *juin*, 1776, p. 254.

Tivolière de Virville. *Mai*, 1701, 1ᵉʳ vol., p. 354.

Tizon d'Argence. *Janv.*, 1ᵉʳ vol., 1765, p. 203. V. encore ARGENCE.

Tocqueville. V. CLÉREL.

Toisi. *Mai*, 1729, p. 1036.

Tombebœuf. V. SACRISTE.

Tombœuf. *Oct.*, 1ᵉʳ vol., 1774, p. 254.

Tonnelier de Breteuil. *Janv.*, 1685, p. 288 ; *janv.*, 1698, p. 258 ; *févr.*, 1698, p. 259 ; *avr.*, 1698, p. 242 ; *avr.*, 1701, p. 318 ; *août*, 1703, p. 214 ; *mai*, 1705, p. 527 ; *août*, 1705, p. 92 ; *janv.*, 1708, p. 42 ; *mars*, 1708, p. 85 ; *mars*, 1708, p. 219 ; *mars*, 1710, p. 40 ; *sept.*, 1712, p. 169 ; *oct.*, 1714, p. 542 ; *avr.*, 1716, p. 186 ; *déc.*, 1719, p. 187 ; *juin*, 2ᵉ vol., 1725, p. 1456 ; *sept.*, 2ᵉ vol., 1725, p. 2317 ; *déc.*, 1ᵉʳ vol., 1727, p. 2754 ; *mars*,

1728, p. 644; *déc.*, 1er vol., 1728, p. 2765; *juin*, 1er vol., 1731, p. 1391; *avr.*, 1752, p. 800; *août*, 1752, p. 1883; *févr.*, 1755, p. 599; *juin*, 1740, p. 1249; *sept.*, 1740, p. 2118; *juin*, 1741, p. 1262; *janv.*, 1745, p. 178; *oct.*, 1749, p. 211; *avr.*, 1751, p. 205; *juin*, 2° vol., 1755, p. 189; *juill.*, 2° vol., 1765, p. 195; *janv.* 1er vol., 1772, p. 211; *mai*, 1772, p. 210; *oct.*, 1er vol., 1772, p. 212.

Tonnelier de Charmeaux. *Juin*, 1764, p. 201.

Tonnerre. V. CLERMONT.

Torcy. *Févr.*, 1692, p. 250; *déc.*, 1694, pp. 158-169; *juin*, 1702, p. 390; *févr.*, 1703, p. 76; *mai*, 1706, p. 70; *déc.*, 1721, p. 167; *févr.*, 1726, p. 596; *déc.*, 1er vol., 1726, p. 2805. V. encore COLBERT.

Torpannes. V. CHOL.

Totteville. V. COQUET.

Tottrant. *Juin*, 1724, p. 1229.

Touanne (la). V. RÉNOUARD.

Touche (la). V. GUIMONT.

Touches (des). *Mai*, 1704, p. 191; *oct.*, 1741, p. 2542.

Toulongeon. *Nov.*, 1756, p. 2583; *mars*, 1778, p. 207.

Toulouse de Lautrec. *Févr.*, 1758, p. 188.

Tour (la). *Avr.*, 1712, p. 508; *mars*, 1er part., 1715, p. 219; *nov.*, 1751, p. 2687; *déc.*, 2° vol., 1732, p. 2922; *juin*, 1760, p. 253. V. encore FRANCE, GALLOYS, GUAY et RANDON.

Tour-Châtillon (la). V. ZURLAUBEN.

Tour d'Apchier (la). *Févr.*, 1er part., 1715, p. 159; *sept.*, 1730, p. 2114; *févr.*, 1759, p. 591; *mars*, 1750, p. 205; *juin*, 2° vol., 1755, p. 189; *juill.*, 1755, p. 223; *juill.* 2° vol., 1763, p. 210.

Tour d'Auvergne (la). *Juill.*, 1706, p. 212; *nov.-déc.*, 1707, p. 590; *avr.*, 1717, p. 211; *déc.*, 1721, p. 166; *août*, 1722, p. 215; *mai*, 1725, p. 1051; *mai*, 1725, p. 1055; *sept.*, 1er vol., 1725, pp. 2108 et 2110; *janv.*, 1727, p. 189; *juill.*, 1729, p. 1683; *mai*, 1730, p. 1048; *mai*, 1753, p. 1031; *juin*, 2° vol., 1753, p. 1459; *juill.*, 1755, p. 1678; *juin*, 1er vol., 1757, p. 123; *févr.*,

1745, p. 402; *mai*, 1746, p. 199; *juill.*, 1746, p. 209; *mai*, 1747, p. 206; *juin*, 2° vol., 1747, p. 210; *août*, 1750, p. 204; *déc.*, 1er vol., 1750, p. 207; *avr.*, 1755, p. 211; *juin*, 2° vol., 1755, p. 192; *janv.*, 2° vol., 1756, p. 234; *déc.*, 1763, p. 196; *déc.*, 1767, p. 240; *janv.*, 1er vol., 1771, p. 226; *janv.*, 2° vol., 1771, p. 224; *nov.*, 1771, p. 213; *oct.*, 2° vol., 1772, p. 211. V. encore BOUILLON et MARCK (LA).

Tour de Bouillon (la). *Sept.* 1739, p. 2095.

Tour de Bontemps (la). *Sept.*, 1774, p. 249.

Tour de Gouvernet (la). *Nov.*, 1738, p. 2502; *juin*, 1741. p. 1252; *mai*, 1772, p. 211.

Tour de Montauban. *Juin*, 1er vol., 1729, p. 1259; *févr.*, 1730, p. 417; *oct.*, 1757, p. 2308.

Tour de Rochefort (la). *Juin*, 1697, p. 209.

Tour de Saint-Vidal (la). *Mai*, 1715, p. 274.

Tour du Pin (la). *Janv.*, 1703, pp. 190-200; *févr.*, 1748, p. 207; *juin*, 2° vol., 1753, p. 187; *août*, 1753, p. 209; *juin*, 2° vol., 1754, p. 202; *juill.*, 1755, p. 221; *août*, 1756, p. 234; *juin*, 1760, p. 253; *nov.*, 1760, p. 208; *juill.*, 2° vol., 1752, p. 206; *avr.*, 1er vol., 1771, p. 211; *oct.*, 1er vol., 1774, p. 236; *avr.*, 1er vol., 1775, p. 209; *juin*, 1775, p. 236; *févr.*, 1777, p. 223; *mars*, 1778, p. 208; *avr.*, 1er vol., 1778, p. 211.

Tour-Landri. V. MAILLÉ DE LA TOUR-LANDRI.

Tour-Maubourg (la). *Août*, 1737, p. 1888; *mai*, 1749, p 225; *janv.*, 2° vol., 1778, p. 211.

Tour-Maubourg du Fay (la). *Mai*, 1749, p. 225; *août*, 1750, p. 210; *févr.*, 1755, p. 211.

Tour Saint-Quentin (la). *Janv.*, 1er vol., 1776, p. 212. V. encore SAINT-QUENTIN.

Tour-Taxis (la). *Nov.*, 1759, p. 214; *avr.*, 2° vol., 1775, p. 212.

Tourdonnet. V. JOUSSINEAU.

Tourmont. *Nov.*, 1756, p. 2576; *août*, 1737, p. 1888.

Tournay d'Assignies ou Tourna,

d'Assigny. *Juin*, 1" vol., 1738, p. 1221; *févr.*, 1750, p. 209; *juin*, 1" vol., 1755, p. 200.
Tourneburne. *Mars*, 1751, p. 208.
Tournefort. V. Vivier de Tourne- fort (du).
Tournelle (la). *Oct.* 1700, p. 186; *mai*, 1701, 1" vol., p. 268; *juill.*, 1703. p. 61; *janv.*, 1738, p. 179; *déc.*, 1740, p. 2753; *déc.*, 1744, p. 209; *janv.*, 1745, p. 212. V. encore Nolin.
Tournelles (des). *Avr.*, 1738, p. 813; *nov.*, 1741, p. 2541. V. encore Parent des Tournelles.
Tournemine. *Févr.*, 1709, pp. 188- 194; *nov.*, 1709, p. 72.
Tournes. *Avr.*, 1753, p. 204.
Tournon. *Janv.*, 1703, p. 333; *août*, 1773, p. 211.
Tourote. V. Bélanger.
Tourouvre. *Janv.*, 1706, p. 229; *août*, 1724, p. 1747; *sept.*, 2° vol., 1725, p. 2317; *mai*, 1740, p. 1033.
Tour Saint-Paulet (la). *Avr.*, 1740, p. 820.
Tour-Taxis (la). *Févr.*, 1719, p. 128.
Tourton. *Oct.*, 1" vol., 1775, p. 213.
Tou.-Vidaud (la). *Janv.*, 1704, p. 199; *avr.*, 1710, p. 16.
Tourville. *Mai*, 1701, 1" vol., p. 333; *janv.*, 1702, p. 185; *déc.*, 1702, p. 252; *nov-déc.*, 1707, p. 345; *févr.*, 1711, p. 121; *août*, 1714, p. 268; *mars*, 1716, p. 51; *oct.*, 1722, p. 165; *sept.*, 1732, p. 2079; *avr.*, 1" vol., 1772, p. 223.
Tousche (la). V. Prévost de la Touche.
Toustain. *Août*, 1749, p. 195; *août*, 1774, p. 213.
Toustain de Frontebosc. *Mars*, 1762, p. 214.
Toustain de Richebourg. *Déc.*, 1740, p. 2757; *août*, 1742, p. 1698; *août*, 1756, p. 236; *déc.*, 1773, p. 227. V. encore Quantin et Richebourg.
Toustain de Viray. *Janv.*, 2° vol., 1758, p. 209; *mars*, 1769, p. 221; *nov.*, 1775, p. 213.
Tracy. V. Destutt.
Tragin. *Juin*, 1775, p. 234.
Traban de Beaudans. *Déc.*, 1" vol., 1750, p. 207.
Trans. V. Villeneuve.
Trante. *Déc.*, 1738, p. 2920.

Travers d'Orsteinstein. *Oct.*, 1" vol., 1776, p. 213.
Trecesson. *Mai*, 1704, p. 181; *juin*, 1743, p. 1440.
Tredefond. *Déc.*, 1" vol., 1750, p. 199.
Trélon. V. Blois.
Tremblay (du). V. Clerc (le) et Choart.
Tremblaye (la). *Déc.*, 1776, p. 235.
Trembouille. *Juin*, 1" vol., 1733, p. 1246.
Tremereuc. *Avr.*, 1702, p. 243.
Trémoille (la). *Août*, 1689, p. 257; *mai*, 1693, p. 266; *févr.*, 1696, p. 291; *mars*, 1696, p. 227; *mai*, 1698, p. 264; *déc.*, 1698, pp. 240- 247; *juin*, 1705, p. 341; *avr.*, 1706, p. 307; *oct.*, 1706, p. 252; *août*, 1707, p. 177; *nov.-déc.*, 1707, p. 410; *juin*, 1709, p. 259; *mars*, 1717, p. 186; *juill.*, 1717, p. 203; *janv.*, 1720, p. 165; *févr.*, 1725, p. 593; *mai*, 1728, p. 1064; *oct.*, 1730, p. 2329; *sept.*, 1733, p. 2090; *janv.*, 1739, p. 186; *juin*, 1741, p. 1468; *oct.*, 1749. p. 212; *juill.*, 2° vol., 1763, p. 208; *juin*, 1764, p. 200, *mai*, 1766, p. 207; *oct.*, 2° vol., 1766, p. 211; *déc.*, 1767, p. 236.
Trémoïlle de Taillebourg (la). *Oct.*, 1749, p. 212.
Trémolet. V. Montpezat.
Tresne (de). *Nov.*, 1698, p. 78; *juin*, 1703, pp. 198-216; *juill.*, 1708, p. 259.
Tresnel. V. Harville.
Trossan. V. Montmort et Vergne (la).
Tressemanes-Chateuil. *Janv.*, 1685, p. 283.
Tressort. V. Grolier.
Tribouleau. *Oct.*, 1729. p. 2541; *févr.*, 1733, p. 397.
Trie-Pillavoine. *Janv.*, 1726, p. 190.
Tréville. *Nov.*, 1700, p. 175; *sept.*, 1708, p. 49.
Triboulleau. *Janv.*, 1736, p. 177.
Trinquand. *Nov.*, 1753, p. 210.
Tripoly. *Juill.*, 2° vol., 1764, p. 192.
Troger de l'Eguille. *Oct.*, 2° vol., 1772, p. 211.
Trois-Dames. *Févr.*, 1740, p. 591.
Troismont. V. Garaby.
Tronc (du). V. Cordier (le).
Tronchay. *Août*, 1714, p. 262.
Tronchot. *Avr.*, 1741, p. 837.

U

Usson de Bonac. *Déc.*, 1715, p. 261; *sept.*, 1738. p. 2086; *nov.*, 1748, p. 211; *sept.*, 1749, p. 209; *mars*, 1755, p. 196.

Uxelles. *Sept.*, 1708, p. 179; *déc.*, 1771, p. 212.

Uzès. V. CRUSSOL.

V

Vacher (le). *Févr.*, 1706, p. 193; *avr.*, 1758. p. 817.

Vachières. V. REVEST.

Vachon. *Juin*, 2e vol., 1755, p. 189.

Vacon. *Févr.*, 1752, p. 215.

Vacquellé. *Juill.*, 1755, p. 215.

Vaillac. V. GOURDON DE GENOUILLAC.

Vaguier d'Aubignon. *Oct.*, 2e vol., 1774, p. 211.

Vaillant (le). *Juin*, 1705, p. 552; *oct.*, 1716, p. 247.

Vaissière (la). V. BRUNET DE LA VAISSIÈRE.

Val (du). *Févr.*, 1685, p. 91.

Val de Fontenay (du). *Nov.*, 1702, p. 207.

Valadous de Portus. *Juin*, 1746, p. 197.

Valbelle. *Sept.*, 1702, p. 181; *oct.-nov.*, 1703, p. 293; *nov.*, 1708, p. 198; *nov.*, 1708, p. 270; *nov.*, 1709, p. 74; *janv.*, 1725, p. 201; *juin*, 1725, p. 1255; *sept.*, 1727, p. 2135; *nov.*, 1727, p. 2559; *nov.*, 1730, p. 2553; *mai*, 1752, p. 1016; *févr.*, 1735, p. 402; *sept.*, 1745, p. 212; *juin*, 1er vol., 1752, p. 206; *janv.*, 1755, p. 210; *mars*, 1755, p. 210; *sept.*, 1754, p. 215. *janv.*, 2e vol., 1767, p. 186.

Valbrune. *Oct.*, 1750, p. 2327.

Valcourt. V. QUÉSSE.

Valcroissant. *Déc.*, 1760, p. 195.

Valeilles. *Oct.*, 1740, p. 2552.

Valençay. V. ESTAMPES.

Valence. *Mai*, 1725, p. 1004.

Valenceau. V. DROBIN.

Valernod. *Juill.*, 1708, p. 35.

Valette (la). *Janv.*, 1709, p. 552; *avr.*, 1740, p. 811; *mars*, 1744, p. 601; *août*, 1747, p. 182; *juill.*, 1748, p. 194; *janv.*, 1er vol., 1773, p. 215.

Vallette de Laudun. *Déc.*, 2e vol., 1756, p. 2975.

Valière. *Févr.*, 1759, p. 211.

Vallembras de Ségrie. *Oct.*, 1752, p. 165.

Vallendré. *Sept.*, 1754, p. 214.

Valles de Launay (de). *Mai*, 1699, p. 207.

Vallier. *Mars*, 1778, p. 209.

Vallier d'Anjou. *Mars*, 1699, p. 143; *août*, 1699, p. 105.

Vallière (la). *Juin*, 1608, p. 245; *nov.-déc.*, 1707, p. 61; *oct.*, 1709, p. 126; *janv.*, 1715, p. 275; *mai*, 1731, p. 1192; *févr.*, 1732, p. 410; *avr.*, 1758, p. 819; *août*, 1759, p. 1888; *mars*, 1745, p. 602; *févr.*, 1759; p. 211; *avr.*, 2e vol., 1765, p. 204; *juill.*, 2e vol., 1775; p. 213; *févr.*, 1776, p. 211.

Vallois. V. POIRIER.

Vallois de Mursay. V. VALOIS DE MURSEY.

Vallon de Boisroger. *Févr.*, 1774, p. 215.

Vallon de Couvrelles. *Janv.*, 1757, p. 158.

Vallons (des). V. VERDE (LA).

Vallorie. V. BUHLE.

Vallot. *Mars*, 1755, p. 602.

Vallot de Neuville. *Juin*, 1694, p. 208; *mai*, 1701, 1er vol. p. 550; *sept.*, 1705, p. 117; *avr.*, 1709, p. 242.

Valois de Mursey. *Nov.*, 1706, p. 528; *avr.*, 1707, p. 540; *avr.*, 1729, p. 825; *oct.*, 1er vol., 1770, p. 213; *juill.*, 2e vol., 1771, p. 212.

Valory. *Juill.*, 1754, p. 1684; *avr.*, 2e vol. 1765, p. 206; *sept.*, 1770, p. 229; *déc.*, 1774, pp. 268 et 269.

Valsemé. *Janv.*, 1703, p. 527; *janv.*,

1075, p. 286; *janv.*, 1708, p. 241.
V. encore Malet de Graville.

Vandegre de la Goutte. *Mai*, 1758, p. 1020. V. encore Malet.

Van der Lindë. *Juin*, 1741, p. 1246.

Van der Noot. *Nov.*, 1770, p. 221.

Vandeuil. *Sept.*, 1696, p. 32; *avr.*, 1712, pp. 176-187; *juin*, 1712, p. 118; *juin*, 1er vol., 1750, p. 1256; *déc.*, 1745, p. 2753; *juin*, 2e vol., 1750, p. 185. V. encore Clérambault.

Vandeuvre. V. Mégrigny.

Van Holt. *Févr.*, 1755, p. 214.

Vanloc. *Sept.*, 1765, p. 211; *avr.*, 1er vol., 1771, p. 213.

Vanolles. *Nov.*, 1740, p. 2552; *avr.*, 1er vol., 1758, p. 204; *oct.*, 1er vol., 1759, p. 252; *sept.*, 1770, p. 230.

Varagne de Gardouch. *Févr.*, 1765, p. 205.

Varan. V. Vastan.

Varanchan. *Déc.*, 2e vol., 1751, p. 201.

Varastre. V. Guicou.

Varax. *Févr.*, 1706, p. 51.

Vardes. *Juill.*, 1727, p. 1708. V. encore Bec de Vardes (du).

Vareilles. *Déc.*, 1759, p. 210; *janv.*, 1er vol., 1760, p. 202. V. encore Broue (la).

Varengeville. *Févr.*, 1702, p. 277; *mai*, 1705, p. 81.

Varenne (la). *Janv.*, 1685, p. 246; *avr.*, 1712, p. 511; *juill.*, 1728, p. 1691. V. encore Hosdier.

Varennes. *Nov.*, 1771, p. 213. V. encore God ou Goddes, Nagu, Saint-Félix et Vérani.

Vareville. *Mars*, 1725, p. 619.

Varilettes. V. Villeneuve.

Varillas. *Juin*, 1696, p. 297.

Varnassal. V. Roche-Varnassal (la).

Varnier. *Févr.*, 1729, p. 410.

Vassal. *Oct.*, 1735, p. 2320.

Vassan. *Janv.*, 1716, p. 136; *juin*, 2e vol., 1752, p. 203; *janv.*, 2e vol., 1756, p. 234; *janv.*, 2e vol., 1772, p. 210; *avr.*, 1er vol., 1774, p. 211; *avr.*, 2e vol., 1774, p. 215; *janv.*, 2e vol. 1775, p. 212; *avr.*, 1er vol., 1775, p. 211; *sept.*, 1776, p. 212.

Vassau. *Janv.*, 1er vol., 1771, p. 226.

Vassé. *Juill.*, 1701, p. 259; *juin*,

1705, p. 116; *juin*, 1707, p. 49; *mai*, 1710, p. 155; *oct.*, 1712, p. 252; *mai*, 1716, p. 263; *juin*, 1er vol., 1729, p. 1261; *nov.*, 1733, p. 2524; *juin*, 1741, p. 1213 *juill.*, 1742, p. 1685; *nov.*, 1749, p. 215; *juill.*, 2e vol., 1765, p. 208; *oct.*, 1er vol., 1765, p. 209.

Vasseur (le). *Févr.*, 1685, p. 156; *mai*, 1699, p. 206; *août*, 1699, p. 99; *janv.*, 1700, p. 204; *juin*, 1700, p. 194; *oct.*, 1709, p. 197.

Vassigny. *Mars*, 1704, p. 128.

Vassor (le). *Déc.*, 1709, p. 219.

Vassy. *Août*, 1742, p. 1699.

Vastan. V. Aubery.

Vatteville. *Avr.*, 1726, p. 832; *avr.*, 1733, p. 819; *mars*, 1745, p. 616.

Vau (du). *Mai*, 1712, p. 47; *avr.*, 1720, p. 190.

Vau de Soucarière (du). *Juill.*, 1735, p. 1668.

Vauban. *Févr.*, 1685, p. 157; *juill.*, 1705, p. 58; *avr.*, 1707, p. 175; *mai*, 1717, p. 164; *avr.*, 1731, p. 810; *mai*, 1753, p. 209; *juill.*, 1er vol., 1760, p. 213.

Vaubecourt. *Mai*, 1692, pp. 178-195; *janv.*, 1698, p. 210; *avr.*, 1701, p. 295; *nov.* 1704, p. 203; *juin*, 1705, p. 244; *mai*, 1727, p. 1044.

Vaubersey. V. Gras (le).

Vaubourg. *Oct.*, 1709, p. 158; *mai*, 1711, 2e part. p. 78.

Vaucel (du). *Nov.*, 1759, p. 2714.

Vauchel. *Janv.*, 1725, p. 199

Vauchelle. *Août*, 1719, p. 143. V. encore Blotefière.

Vauciennes V. Saint-Clair.

Vaucouleurs. *Avr.*, 1711, 2e part., p. 79; *avr.* 1er vol., 1776, p. 236.

Vaucresson. *Déc.*, 1er vol., 1728, p. 2764; *mai*, 1730, p. 1049; *août*, 1740, p. 1907.

Vaudeuil. V. Drouyn.

Vaudray ou Vaudrey. *Janv.*, 1703, p. 519; *sept.*, 1705, p. 89; *nov.*, 1741, p. 2537.

Vaudreuil. *Oct.*, 1706, p. 113; *mai*, 1730, p. 1040. V. encore Ricaud et Vendeuil.

Vaudricourt. *Janv.*, 1756, p. 180.

Vaugien. V. Bertin.

Vaugirauld. *Juill.*, 2e vol., 1772, p. 211.

Vauguyon (la). *Sept.*, 1703, p. 234; *janv.*, 1704, pp. 15-47; *oct.*, 1722, p. 159; *nov.*, 1746, p. 289; *janv.*, 2ᵉ vol., 1767, p. 186; *mars*, 1772, p. 211.

Vauldrey. *Mai*, 1748, p. 198.

Vaultier. *Sept.*, 1728, p. 2129.

Vaulx-Palamin. *Janv.*, 2ᵉ vol., 1772, p. 210.

Vaumorière (de). *Oct.*, 1693, p. 148.

Vaur (la). Gibonde.

Vauréal. V. Guérapin.

Vausserre. *Mars*, 1710, p. 129.

Vautedar. *Juin*, 1741, p. 1470; *sept.*, 1741, p. 2122.

Vauve. *Janv.*, 1706, p. 229.

Vauvineux. V. Cochevillet.

Vauvray. *Nov.*, 1700, p. 180.

Vauvré. V. Girardin.

Vaux. *Févr.*, 1712, p. 62; *mars*, 1720, p. 165; *janv.*, 1ᵉʳ vol., 1776, p. 211. V. encore Billard de Vaux.

Vayer (le). *Juill.*, 1726, p. 1690; *avr.*, 1727, p. 847; *nov.*, 1734, p. 2523; *févr.*, 1736, p. 396; *mars*, 1739, p. 614; *oct.*, 1740, p. 2324; *avr.*, 1746, p. 198; *juill.*, 2ᵉ vol., 1765, p. 195.

Veaux. *Oct.*, 2ᵉ vol., 1770, p. 215.

Velasquez de Covarruvias. *Janv.*, 1750, p. 201.

Velfray. V. Bressey.

Velleron. V. Cambis.

Venault de la Lande (le). *Juin*, 2ᵉ vol., 1750, p. 185. V. encore Lande (la).

Vence. V. Villeneuve.

Venderels. *Juill.*, 1716, p. 190.

Vendeuil. V. Vandeuil.

Vendôme. *Juin*, 1712, p. 265.

Vendomois de Saint-Albin. *Avril*, 1ᵉʳ vol., 1778, p. 211.

Vendt. *Juin*, 2ᵉ vol., 1755, p. 194.

Veneur (le). *Avr.*, 1687, p. 292; *mai*, 1704, p. 228; *juin*, 1ᵉʳ vol., 1728, p. 1254; *juill.*, 1738, p. 1656; *nov.*, 1740, p. 2550; *juin*, 1741, p. 1245; *mai*, 1748, p. 189; *janv.*, 1750, p. 198; *mars*, 1773, p. 210. V. encore Tanneguy et Tillières.

Veneur de Tillières (le). *Mai*, 1758, p. 200.

Ventadour. V. Lévis.

Yentodes Pennes. *Févr.*, 1756, p. 378.

Ver. V. Piquet.

Ver (le). *Juin*, 1ᵉʳ vol., 1747, p. 212; *févr.*, 1760, p. 250.

Vérac. V. Saint-Georges.

Vérani de Varennes. *Sept.*, 1750, p. 194.

Verbois. V. Bruchié.

Verceil. *Févr.*, 1705, p. 564; *mars*, 1708, p. 258.

Verdoin. *Mai*, 1709, p. 264.

Ve de des Vallons (la). *Janv.*, 1ᵉʳ vol., 1757, p. 229.

Verdelban des Fourniels. *Avr.*, 2ᵉ vol., 1765, p. 206.

Verdelin. *Avr.*, 1ᵉʳ vol., 1764, p. 205; *juill.*, 1ᵉʳ vol., 1775, p. 211.

Verdier (du). *Mars*, 1716, p. 211; *déc.*, 1ᵉʳ vol., 1753, p. 197.

Verduc. *Août*, 1755, p. 207.

Verdun. *Mars*, 1704, pp. 191-200.

Verduro de Gavielle (la). *Janv.*, 2ᵉ vol., 1757, p. 233.

Verdussen. *Juill.*, 2ᵉ vol., 1762, p. 187.

Verger de la Rochejaquelein. *Juill.*, 1702, p. 206.

Vergès. *Juin*, 2ᵉ vol., 1729, p. 1469; *août*, 1749, p. 198.

Vergeur de la Granche. *Juin*, 1706, p. 143.

Vergne (la). *Févr.*, 1712, p. 45; *févr.*, 1735, p. 597; *avr.*, 1735, p. 820; *janv.*, 1734, p. 189; *oct.*, 1757, p. 2315.

Vergne de Tressan (la). *Sept.*, 1735, p. 2080; *déc.*, 1741, p. 2961; *mai*, 1750, p. 208.

Verguier (du). *Juin*, 2ᵉ vol., 1749, p. 205.

Verheyen de Verrebroucq. *Mai*, 1710, p. 141.

Vérin. V. Chalut.

Verjus de Crécy. *Juin*, 1706, pp. 146-153; *déc.*, 1709, p. 550.

Vernage. *Mai*, 1775, p. 213.

Vernassal. *Sept.*, 1745, p. 213; *juin*, 1764, p. 201. V. encore Roche-Varnassal (la).

Vernet du Plessis (du). *Juin*, 1696, p. 293.

Verneuil. V. Bourbon, Chapon, Gorrier et Olier.

Verney. *Août*, 1770, p. 230.

Vernicourt, V. Lalouette.

1704, p. 198; *janv.*, 1708, p. 210;
août, 4* part., 1711, p. 43; *févr.*,
1728, p. 414; *juill.*, 1746, p. 210.
V. encore NOUÉ (LA).

Vigean. *Août*, 1754, p. 1892.

Vigerie (la). *Déc.*, 1er vol., 1757,
p. 2725.

Vigier (du). *Janv.*, 1703, p. 338;
avr., 1752, p. 209; *avr.*, 2* vol.,
1759, p. 215; *déc.*, 1760, p. 195;
janv., 2* vol., 1768, p. 210.

Vignacourt. V. WIGNACOURT.

Vignan (du). V. POUSSART.

Vignerot. V. WIGNEROT.

Vignes (des). *Mai*, 1754, p. 1030.

Vignier d'Hauterive. *Avr.*, 1700,
p. 208.

Vignolles. V. LARRIATÉGUY.

Vigny. *Janv.*, 1738, p. 182.

Vilars. *Janv.*, 1er vol., 1775, p. 232.

Vilefort. *Mai*, 1704, p. 178.

Vilevans. *Nov.*, 1711, 4e part,
p. 107.

Vilhemur. V. VILLEMUR.

Villacerf. *Févr.*, 1696, p. 299; *oct.*,
1696, p. 276; *mai*, 1698, p. 264;
sept., 1698, p. 266; *oct.*, 1699,
p. 254; *mai*, 1701, 1er vol., p. 268;
mai, 1705, p. 246; *juin*, 1716,
p. 158. V. encore COLBERT.

Villages. *Mars*, 1728, p. 659.

Villandry. V. BRETON (LE).

Villannes. V. GAIGNON.

Villars. *Janv.*, 1694, p. 217; *mars*,
1698, p. 268; *févr.*, 1699, p. 146;
févr., 1701, p. 117; *févr.*, 1702,
p. 277; *juill.*, 1706, p. 130;
août, 1707, p. 278; *juill.*, 1708,
p. 133; *mars*, 1708, p. 172; *août*,
1721, p. 158; *nov.*, 1723, p. 1002;
mars, 1753, p. 605; *juin*, 2e vol.,
1734, p. 1457. V. encore SIR-
MOND.

Villarfouchard. *Sept.*, 1748, p. 236.

Villarnoul. *Nov.*, 1752, p. 204.

Villars. *Mars*, 1744, p. 603; *oct.*,
1748, p. 229; *juin*, 1770, p. 249;
avr., 2* vol., 1778, p. 212. V. en-
core GRIMOARD DE VILLARL et
LAUCIER-VILLARS.

Villars - Chandieu *Juill.*, 1757,
p. 1672.

Villars de la Brosse-Roquin. *Sept.*,
1776, p. 213.

Villarsy. V. THIROUX.

Villart de Grécourt. *Juin*, 1743,
p. 1239.

Villayer. V. RENOUARD.

Ville. *Juin*, 1708, p. 158; *nov.*,
1756, p. 231. V. encore ARNAULT.

Ville (la). *Mai*, 1774, p. 225.

Ville de Férolles (la). *Mai*, 1766,
p. 208.

Ville du Portault (la). *Mai*, 1738,
p. 1024.

Villebois. *Avr.*, 2* vol., 1701, p. 252.

Ville-Breuil. *Avr.*, 1709, p. 259;
déc., 2* vol., 1725, p. 3158. V. en-
core BÉRARD DE VILLE-BREUIL.

Villechavant. *Juin*, 2* vol., 1729,
p. 1470.

Villefort. *Déc.*, 2* vol., 1753,
p. 200. V. encore ISARN DE VIL-
LEFORT.

Villefroid. *Mai*, 1777, p. 212.

Villegagnon. V. DURAND.

Villegenon. V. TITON.

Villeurnoy. V. BERTHELOT.

Villejuif. V. DURET.

Villelume de Barmontel. *Juin*, 2e vol.,
1757, p. 207.

Villemaré. V. LAY (LE).

Villemareuil. *Sept.*, 1705, p. 222.

Villemeneust. V. LESQUEU.

Villemeur. *Juin*, 1712, p. 120; *oct.*,
1755, p. 2326; *janv.*, 2e vol.,
1763, p. 205. V. encore VILLEMUR.

Villemontée. *Oct.*, 1714, p. 281;
oct., 2e vol., 1762, p. 193; *oct.*,
1er vol., 1772, p. 212.

Villemot. V. BOVEXE.

Villemorien. *Janv.*, 1er vol., 1774,
p. 228.

Villemort. *Juin*, 1777, p. 211.

Villemur. *Juill.*, 1699, p. 68; *févr.*,
1721, p. 128; *mars*, 1er vol., 1722,
p. 169; *juin*, 1726, p. 1276; *oct.*,
1727, p. 2350; *avr.*, 1750, p. 210.
V. encore FILLON DE VILLEMUR,
RIOTOR, ROGER et VILLEMEUR.

Villendrault. V. FAURIE (LA).

Villènes. *Janv.*, 2* vol., 1768, p. 211.

Villeneuve. *Sept.*, 1727, p. 2135;
mai, 1736, p. 1027; *oct.*, 1748,
p. 228; *janv.*, 1750, p. 201;
juill., 1751, p. 210; *sept.*, 1752,
p. 206; *févr.*, 1753, p. 211; *juin*,
2* vol., 1754, p. 206; *janv.*,
1er vol., 1761, p. 204; *mai*, 1766,
p. 208; *sept.*, 1770, p. 229; *juill.*,
2* vol., 1771, p. 212; *janv.*,

1er vol., 1774, p. 228. V. encore,
Brun, Chesteu, Dogre (le), Fon-
taine, Petit et Renaud.

Villeneuve - Cillard. *Mars*, 1773,
p. 208.

Villeneuve de Bargemont. *Nov.*,
1756, p. 222.

Villeneuve de Languedoue, *Juill.*,
1755, p. 1679.

Villeneuve de Sainte Lamelles. *Mai*,
1702, p. 297.

Villeneuve de Trans. *Nov.*, 1758,
p. 2506; *mars*, 1741, p. 627; *avr.*
1751, p. 193; *août*, 1755, p. 211;
juill., 1er vol., 1760, p. 206.

Villeneuve Varilettes. V. Murat de
Villeneuve.

Villeneuve de Vence. *Mai*, 1702,
pp. 292 et 297; *sept.*, 1724,
p. 2065; *janv.*, 1750, p. 200;
mai, 1755, p. 201; *févr.*, 1760,
p. 249.

Villeneuve de Villoiseau. *Nov.*,
1755, p. 203.

Villennes. V. Guignon.

Villeperot. V. Pajot de Villeperot.

Villepinte. V. Podénas.

Villepreux. *Juill.*, 1729, p. 1682.

Villequier. *Mai*, 1721, p. 162; *oct.*,
1er vol., 1771, p. 223. V. encore
Aumont et Tonnelier (le).

Villequoy. V. Pollart.

Villeray. *Oct.*, 1705, p. 320.

Villeré (du). V. Morin.

Villeregis. V. Moreau.

Villermont. *Oct.*, 1707, p. 297.
V. Desnotz.

Villeroy. *Avr.*, 1694, p. 276; *oct.*,
1700, p. 135; *janv.*, 1708, p. 230;
nov., 1708, p. 193; *avr.*, 1716,
p. 184; *juin*, 1716, p. 156.

Villeroy de Neuville. *Janv.*, 1716,
p. 225; *avr.*, 1716, p. 184; *juin*,
1716, p. 156; *sept.*, 1720, pp. 156-
160; *mars*, 1729, p. 624; *juill.*,
1750, p. 1687; *févr.*, 1751, p. 599;
déc., 2e vol., 1752, p. 2921; *mai*,
1754, p. 1026; *nov.*, 1758, p. 2500;
janv., 1747, p. 199; *août*, 1750,
p. 212; *oct.*, 2e vol., 1767,
p. 212.

Villers. *Juin*, 1699, p. 238; *août*,
1699, p. 100; *mars*, 1700, p. 213;
mai, 1700, p. 270; *juin*, 1700,
p. 201; *juin*, 1701, p. 174; *mai*,
1715, p. 209; *déc.*, 1755, p. 2745;

sept., 1759, p. 2092; *avr.*, 1er vol.,
1775, p. 212. V. encore Bois de
Villers (du), Guyot de Villers et
Marcès de Villers.

Villers-Chandry. V. Tyran.

Villers de Rousseville. *Juin*, 2e vol.,
1757, p. 211. V. Rousseville.

Villers la Faye. *Juin*, 1774, p. 236.

Ville-Savin. *Mars* 1776, p. 231.

Villetan. V. Dutrou.

Villetaneuse. *Juin*, 1709, p. 175.

Villette-Mursé. *Janv.*, 1708, p. 166.

Villevault. *Juin*, 1er vol., 1755, p. 208.

Villier. V. Courtin.

Villiers. *Mai*, 1710, p. 269; *févr.*,
1752, p. 410. V. encore Binot et
Boucher de Villiers.

Villiers-Béraud *ou* Bérault. *Avr.*,
1750, p. 210; *juin*, 2e vol., 1751,
p. 205. V. encore Bérault.

Villiers de l'Isle-Adam. *Mars*, 1759,
p. 214.

Vilemort. *Mai*, 1704, p. 186.

Vimeur. *Mars*, 1751, p. 212.

Vimeur de Rochambeau. *Sept.*, 1754,
p. 212. V. encore Rochambeau.

Vincelaye (la). *Mars*, 1720, p. 165;
nov., 1742, p. 2549.

Vins. *Mars*, 1752, p. 611; *août*,
1757, p. 1885; *déc.*, 1er vol., 1751,
p. 179.

Vintimille. *Févr.*, 1708, pp. 256-
274; *avr.*, 1727, p. 817; *mai*,
1727, p. 1043; *mars*, 1735, p. 610;
sept., 1734, p. 2088; *nov.*, 1759,
p. 2720; *juill.*, 1740, p. 1673;
mai, 1744, p. 1054; *mai*, 1748,
p. 193; *juin*, 2e vol., 1755, p. 193;
oct., 1er vol., 1756, p. 236; *juill.*,
2e vol., 1762, p. 187; *déc.*, 1767,
p. 215; *déc.*, 1771, p. 212.

Violan de Miraman. *Déc.*, 1715,
p. 248.

Violay (la). V. Berton.

Viole. *Avr.*, 1759, p. 821.

Viomesnil. *Juin*, 1772, p. 222.

Vion. *Avr.*, 1752, p. 210.

Vion d'Hérouval. *Mai*, 1689, p. 295;
janv., 1708, p. 62.

Vion de Cotinville, *Sept.*, 1752,
p. 205. V. encore Cottinville.

Vion de Gaillon. *Juill.*, 1er vol., 1770,
p. 250; *avr.*, 1er vol., 1775,
p. 211.

Vion de Tessancourt. *Juill.*, 1755,
p. 217.

Viou. *Déc.*, 1er vol., p. 181.

Vipart. *Nov.*. 1727, p. 2559.

Viray. V. TOUSTAIN.

Vireau. *Juin*, 2e vol., 1737, p. 1462.

Virieu. *Janv.*, 1753, p. 203 ; *nov.*, 1754, p. 213 ; *juin*, 1773, p. 211 ; *avr.*, 1er vol., 1777, p. 211.

Virieu de Beauvoir. *Août*, 1774, p. 213. V. encore BÉAUVOIR.

Virly. *Mars*, 1772, p. 209.

Viriville. V. GRÔLÉE, OLIVIER et TI-VOLIÈRE.

Viry. *Avr.*, 1707, p. 128 ; *oct.*, 1709, p. 148.

Visdelou. *Juill.*, 1727, p. 1708 ; *août*, 1730, p. 1899 ; *oct.*, 1731, p. 2462 ; *nov.*, 1732, p. 2509.

Vissec. *Juill.*, 1744, p. 1705 ; *sept.*, 1752, p. 206.

Vissec de la Tude. *Janv.*, 1738, p. 177.

Vissec la Tude Joannis. *Déc.*, 1738, p. 2725 ; *avr.*, 1743, p. 819.

Vilry. *Août*, 1712, p. 138 ; *août*, 1728, p. 1891 ; *janv.*, 1er vol., 1771, p. 228.

Vivans. *Juill.*, 1691, p. 25 ; *janv.*, 1701, p. 143 ; *juin*, 1702, p. 367 ; *janv.*, 1703, p. 327 ; *déc.*, 1719, p. 188 ; *oct.*, 1727, p. 2357 ; *sept.*, 1730, p. 2114 ; *mars*, 1739, p. 610 ; *déc.*, 1739, p. 2945, *juin*, 1772, p. 224. V. encore ARROS.

Vivant. V. VIVANS.

Vivet de Montelus. *Juin*, 2e vol., 1737, p. 1447 ; *janv.*, 1er v., 1756, p. 223.

Vivien de Châteaubrun. *Mars*, 1775, p. 955.

Vivier (du). *Sept.*, 1705, p. 271 ; *avr.*, 1752, p. 209 ; *avr.*, 2e vol., 1758, p. 199 ; *oct.*, 2e vol., 1775, p. 212.

Vivier de Rovoy (du). *Août*, 1748, p. 214.

Vivier de Tournefort (du). *Déc.*, 1764, p. 205.

Vivonne, *Oct.-nov.*, 1703, p. 91. V. encore ROCHECHOUART.

Vivran. *Juin*, 1702, p. 367.

Vizé (de). V. DONNEAU.

Vizniek. *Juin*, 1er vol., 1754, p. 208.

Vocance. *Nov.*, 1756, p. 227.

Vogadre (la). *Juin*, 1er vol., 1756, p. 1234.

Vogué. *Mars*, 1700, pp. 74-80 ; *oct.*, 1748, p. 229.

Vogue-Dourdan. *Août*, 1773, p. 212.

Voigny. *Juill.*, 1741, p. 1694.

Volllaud. *Juin*, 1715, p. 205.

Voisenon. *Janv.*, 1er vol., 1776, p. 211.

Voisin. *Nov.*, 1693, pp. 270-275 ; *mars*, 1700, p. 104 ; *déc.*, 1705, p. 207 ; *mai*, 1706, p. 162 ; *mars*, 1708, p. 288 ; *sept.*, 1708, p. 173 ; *juin*, 1709, pp. 329-337 ; *mars*, 1710, p. 298 ; *janv.*, 1711, p. 143 ; *mai*, 2e part., 1711, p. 78, *juin*, 4e part., 1711, p. 44 ; *août*, 1721, p. 156 ; *janv.*, 1722, p. 193 ; *sept.*, 1726, p. 2175 ; *sept.*, 1727, p. 2134 ; *nov.*, 1727, p. 2560 ; *mars* 1728, p. 643 ; *mars*, 1729, p. 623 ; *avr.*, 1729, p. 828 ; *juin*, 1er vol., 1730, p. 1252.

Voisins d'Ambres. V. GÉLAS.

Vollant. *Avr.*, 1717, p. 207.

Vologer. V. HEUZE.

Volon de Montmain. *Janv.*, 1765, p. 201 ; *avr.*, 1706, p. 283 ; *avr.*, 1702, p. 296 ; *nov.*, 1725, p. 2741 ; *janv.*, 1738, p. 172 ; *janv.*, 2e vol., 1765, p. 201.

Voluire. *Nov.*, 1690, p. 242 ; *avr.*, 1702, p. 163 ; *avr.*, 1710, p. 291 ; *déc.*, 1721, p. 168 ; *févr.*, 1747, p. 205.

Volvire de Ruffec. *Août*, 1721, p. 157 ; *déc.*, 1721, pp. 168-172 ; *juin*, 2e vol., 1731, p. 1626.

Volx. *Avr.*, 2e vol., 1771, p. 213.

Vougny. *Oct.*, 1729, p. 2541 ; *févr.*, 1730, p. 209 ; *mai*, 1754, p. 208.

Vouldy. V. GUICHARD.

Vove (la). *Août*, 1724, p. 1817 ; *oct.*, 1733, p. 2296 ; *mai*, 1740, p. 1033. V. encore TOUROUVRE.

Voyer de Doré. *Oct.*, 1724, p. 2259.

Voyer de Paulmy d'Argenson. *Févr.*, 1693, pp. 217-226 ; *mai*, 1701, p. 201 ; *nov.*, 1700, p. 79 ; *nov.*, 1701, p. 575 ; *avr.*, 1702, p. 339 ; *nov.*, 1706, p. 177 ; *sept.-oct.*, 1710, p. 271 ; *janv.*, 1715, p. 194 ; *août*, 1715, p. 234 ; *juill.*, 1710, p. 193 ; *déc.*, 1718, p. 154 ; *mai*, 1719, p. 164 ; *mai*, 1721, p. 161 ; *sept.*, 1er vol., 1725, p. 2110 ; *nov.*, 1728, p. 2559 ; *déc.*, 1er vol., 1735, p. 2739 ; *mars*, 1745, p. 235 ; *sept.*, 1745, p. 212 ; *janv.*,

W

X

Y

Z

Zaille (la). V. Borstel.
Zedde. *Sept.*, 1705, p. 86.

Zurlauben. *Oct.*, 1704, p. 258; *janv.*,
2ᵉ vol., 1771, p. 225; *sept.*, 1777,
p. 212.

FIN.

Paris. — Imprimerie de Cusset et Cⁱᵉ, 26, rue Racine.